Urbanization Finance

城镇化金融

——金融格局与发展形态的新视角

李海峰◎著

中国金融出版社

责任编辑：戴 硕 肖 炜
责任校对：孙 蕊
责任印制：丁淮宾

图书在版编目（CIP）数据

城镇化金融——金融格局与发展形态的新视角（Chengzhenhua Jinrong：Jinrong Geju yu Fazhan Xingtai de Xinshijiao）/李海峰著. —北京：中国金融出版社，2015.1

ISBN 978 – 7 – 5049 – 7713 – 7

Ⅰ.①城… Ⅱ.①李… Ⅲ.①城市化—研究—中国②城乡金融—研究—中国 Ⅳ.①F299.21②F832.35

中国版本图书馆CIP数据核字（2014）第261058号

出版
发行　　中国金融出版社
社址　　北京市丰台区益泽路2号
市场开发部　　（010）63266347，63805472，63439533（传真）
网 上 书 店　　http://www.chinafph.com
　　　　　　　（010）63286832，63365686（传真）
读者服务部　　（010）66070833，62568380
邮编　　100071
经销　　新华书店
印刷　　北京市松源印刷有限公司
尺寸　　169毫米×239毫米
印张　　22.25
字数　　326千
版次　　2015年1月第1版
印次　　2015年1月第1次印刷
定价　　48.00元
ISBN 978 – 7 – 5049 – 7713 – 7/F. 7273
如出现印装错误本社负责调换　联系电话（010）63263947

序言：城镇化金融需要顶层设计

城镇化金融是中国金融体系的核心内容之一，决定着中国金融的发展走向，进而决定着中国金融在世界金融体系中的影响力和话语权。

过去30年中国经济发展取得了巨大成就，这和金融的支持是密不可分的。但必须同时看到，经济社会正发生的深层次变化对金融业提出了挑战。

中国的劳动力市场已步入刘易斯拐点，过去企业家只要把廉价的劳动力和银行的贷款结合起来，就能在国内市场乃至国际市场上盈利。但现在这种盈利机会对企业和银行业来说，都在大幅度减少。

中国的工业化和基础设施建设都已达到了一个较高的水平。过去一种通行的模式是，银行跟着项目走，项目跟着政府走。随着工业和基础设施项目投资回报率下降，这种模式的生命力会明显减弱。

中国追赶型技术进步模式的潜力在逐步消耗，在该模式中，政府可以确定技术进步的路径，并提供集中的金融支持。但是当经济体主要依靠自主创新时，技术进步路径有较多的不确定性，在产业升级过程中集中的金融支持可能带来大量的损失。

地方政府融资平台、金融衍生品、钢贸危机、房地产信贷等金融交易的高杠杆和虚拟化特征使得金融机构能够进行远超自身风险承受能力的操作，一旦发生危机则会放大和扩散风险，带来一系列连锁反应。

中国正在快速地步入老龄化社会，中国金融体系过去所做的更多的是资源跨地域、跨行业的配置。随着人口的快速老龄化，金融跨代资源的配置问题将更加突出。同时，人口老龄化之后，全社会的储蓄率有可能逐渐下降，这对金融体系也提出了新的挑战。

中国经济已由前期的高速发展进入平缓增长期，实体经济与金融的互动关系正在发生深刻的变化，在城镇化金融推进过程中出现了深层次矛盾不断积累、统筹推进的合力不强、协作配合难度大等问题，都迫切需要从全局上加强顶层设计。

加强城镇化金融顶层设计，需要协调经济发展方式的转变。新型城镇化在空间集群分布上，由过去的主要发展大城市向发展城市集群转变，促进大中小城市与小城镇的协调发展，由此将带来城市建设尤其是中小城镇建设、生态城市建设的资金需求明显增加；新型城镇化以新型工业化为动力，战略性新兴产业、工业园区、国内产业梯度转移以及技术创新等领域的金融需求明显增加，成长型企业更多、产业转移集聚加速等新特点，要求金融创造更多适合新型工业化发展的新产品、新服务；新型城镇化更加注重以人为本，失地农民进入城市后能否快速融入城市生活，将农村剩余劳动力转换为推动城市发展的新动力，是新型城镇化成败与否的关键。而解决农民"融入"城市的问题，给金融在支持保障房建设、教育、娱乐文化、生态保护等方面，提出了更高的要求。

加强城镇化金融顶层设计，需要统筹城乡金融发展。完善城镇基础设施金融服务体系、基础设施类金融服务需求是城镇化金融的基础和主体，也是长期以来金融服务城镇化的重点；打造现代农业金融服务体系，构建支持新型经营主体的服务模式，引导农村土地经营权向家庭农场、专业大户、农民合作社有序流转，使金融服务能够有效适应新型经营主体对生产效率提升的要求；城镇化建设意味着农村生产方式的转变，农业将向集约化和规模化发展，产业化资金的需求也会迅速增长，金融业应选择农业产业化和现代化水平较高、具有突出后发优势的地区，作为推动城镇化、支持城乡统筹的突破口，促进农村经济产业结构调整和升级。

加强城镇化金融顶层设计，需要强化金融监管。宏观经济的周期性波动、外部突发事件、金融市场不完善和金融机构的内生脆弱性都是造成系统性金融风险的原因。同时，现代金融市场上银行、保险公司、券商、投资银行等各种金融机构之间盘根错节的关系又大大加剧了系统性金融风险。金融监管的目标要以全球化的视野和中国特色相结合，制定金融监管的边界，既要防范类似于美国次债危机等金融风险的制造和扩散，也要让金融机构保持创新的活力。金融监管的目标从国家战略的角度考虑，至少包括以下几方面内容：一是加强协调，确保金融体系中各金融业务保持合理结构并有序健康发展；二是加强推动，确保国内经济发展所需要的金融有效支持；三是加强谋划，逐步实现中国金融在国际金融体系中的应有地位。在监管方式上，要借助先进的系统工具，从定性监管到与定量并重的监管方式转变。建立系统性金融风险的评估和预警机制，精确地识别、度量和预警金融体系的风险水平，守住不发生系统性和区域性金融风险底线。

金融顶层设计应用的例证之一就是"金砖国家开发银行"的成立，使金砖五国从一个跨空间的松散组织到各自产业优势的整合，不但会激活巨大的市场空间，同时以金融为切入点，打造属于发展中国家的金融平台。有望改变依赖世界银行和国际货币基金组织的情况，削弱发达经济体货币政策调整对本国经济的冲击，这将成为一个更为宏大战略的一部分。

在城镇化建设的背景下，金融发展的深化和金融要素的推动应充分发挥支持经济的作用，使之成为推动中国新型城镇化发展的重要原动力。城镇化金融的发展，需要从中国经济战略发展角度着眼，需要充分借鉴发达国家的经验，发挥后发优势，少走弯路。

金融机构要顺应要求，紧跟国家产业导向和政策导向，探求适合自身长远发展的地域和领域，寻找金融服务的对象和重点。如在城镇化建设中，可通过在承接产业转移中寻求到适合自己的金融服务和发展良机，坚持走创新型集约化的经营新路，切实找准自我角色定位，认真创新服务模式，突出把准集约脉搏，实时推出多维度的金融产品。

金融机构要增强服务城镇化建设的自觉性和主动性，找准自身的切入点，为城镇化建设提供综合化的金融服务。对于城镇化金融而言，不仅仅是提供资金，而应同时将金融规划与城镇规划协调融合，通过发挥金融的主动作用，更好地推进城镇化建设。

金融机构要顺应经济发展方式的转变，更好地为技术创新服务。同时，金融业还要顺应人口老龄化的趋势，把金融体系改革与完善社会保障体系结合起来，发挥好金融业在匹配长期储蓄投资、跨期风险管理等方面的作用。金融业要更好地为社会财富管理服务，使居民在金融利益的分配上占据更加有利的位置，保护居民的长期购买力。

金融机构要强化自律意识和自律能力，金融在某些地区、产业的集中无疑会促进这些区域、产业的快速发展，但同时也要看到，过度的集中，也带来了区域过度授信、行业过度授信的情况，由于金融资源肆虐以及追逐高利润的本质，使金融冲出了正常交易的滥觞而异化为炒作的筹码，其最终结果是，金融危机在区域、行业的爆发使经济受到巨大打击。

从这个角度讲，城镇化金融具有助推中国经济转型的功能，它将更为强调结构、质量和效率的内涵，更为突出发展方式的转变，它的历史意义在于迈过中等收入陷阱，实现人民币国际化。

可以说，围绕城镇化金融的发展和创新将成为未来中国金融重要的主线。

CONTENTS | **目 录**

第一篇
城镇化金融的
逻辑

第二篇

**城镇化金融的
支撑点**

第三篇

**城镇化金融的
再平衡**

第四篇
**城镇化金融的
主体形态**

第一篇

城镇化金融的逻辑

　　诺贝尔经济学奖获得者斯蒂格利茨曾预言，"21世纪人类发展进程有两大关键因素：美国的高科技和中国的城镇化"。

第1章 何谓城镇化金融

城镇化是中国经济增长的新引擎，是实现全面现代化建设目标的必由之路，而金融是现代经济的核心。那么，城镇化金融是什么？

在厘清这个概念之前，先看一下金融的概念。金融，通俗地讲，是资金的融通。现在常用的定义是，金融是货币流通和信用活动以及与之相联系的经济活动的总称。内容可概括为货币的发行与回笼，存款的吸收与给付，贷款的发放与回收，金银、外汇的买卖，有价证券的发行与转让，保险、信托、国内、国际的货币结算等。

《新帕尔格雷夫经济学大辞典》定义的金融，指资本市场的运营、资产的供给与定价。其基本内容包括有效率的市场、风险与收益、替代与套利、期权定价和公司金融。

现代金融的构成有五个要素：（1）金融对象：货币（资金）。由货币制度所规范的货币流通具有垫支性、周转性和增值性。（2）金融方式：以借贷为主的信用方式为代表。金融市场上交易的对象，一般是信用关系的书面证明、债权债务的契约文书等；包括直接融资：无中介机构介入；间接融资：通过中介结构的媒介作用来实现的金融。（3）金融机构：通常区分为银行业和非银行业金融机构。（4）金融场所：即金融市场，包括资本市场、货币市场、外汇市场、保险市场、衍生性金融工具市场等。（5）制度和调控机制：金融制度和调控机制对金融活动进行监督和调控等。

因此，狭义地讲，城镇化金融是与城镇化建设相配套的金融服务的总称，是包括银行、信托、保险和证券等金融机构为城镇化建设提供的结算、投融资、理财、保险等多种金融服务。

从更宏观的角度分析，当前，城镇化是扩大国内需求的战略重点，是促进城乡一体化发展的必然途径，是带动区域经济协调发展的重要动力。城镇化承担着推进工业化升级、信息化应用和农业现代化实施的重要作用，在"四化同步"（新型工业化、信息化、城镇化、农业现代化）中处于核心、纽带地位。

所以，在这样宏阔的背景下，城镇化金融超出了单纯为城镇化建设服务的内涵，而被赋予了更为宽泛和深远的时代属性，成为中国金融的主题词之一，成为助推现代经济发展的核心。

城镇化金融从地理形态上看，体现为金融空间集聚；从经济要素配置上看，体现为经济包容增长；从社会发展的阶段性目标上看，体现为突破"中等收入陷阱"；从中国的国际发展战略上看，体现为推进人民币国际化。

金融空间集聚

金融集群是复合性金融产品生产与交易的中间网络组织，具有区域金融创新优势、风险缓释优势以及生产经营效率优势，能够为区域内金融企业带来促进，也能够为区域经济金融发展提供强劲的成长动力，由此成为现代金融活动的基本组织形式和栖息地。

金融集聚的过程是货币资金、金融工具、金融机构、金融市场、整体功能性金融资源时空动态运动以及有机结合的过程。一定的地域空间在吸纳、动员、引导、传输、配置、开发金融资源上具有不同的能力和初始条件，在适宜的地域或空间内，金融资源通过与地域资源相结合参与地域经济凝结成金融产业，进而形成金融集聚。而由于条件、要素的地域差异，必然产生金融资源的地域流动，并向区位与其他条件优越的地区集中与聚合，从而形成不同层次的金融集聚。

金融集聚的内涵可以从四个方面展现：一是累积经济性，即对区域经济发展具有重要影响；二是空间性，即通过集聚和扩散形成集群；三是层次性，即金融产业集聚可分为宏观（国际）、中观（国家）和微观（区域）三个层次；四是递进性，即金融产业集聚由低层次向高水平方向发展。金融集聚是一个空间概念，也是一个内部结构问题：一方面，金融资源集中于某一种类，如中国金融资源绝大多数体现为银行信贷。另一方面，金融资源多集中于经济较为发达的东部地区，中西部地区金融发展相对落后。简单而言，金融资源向特定地区集中，向特定类型集中，都应理解为金融集聚的体现。

具体来说，金融资源包括银行业、非银行业金融机构以及储蓄、信贷、结算等金融工具和手段，包括流通中的现金、金融机构存款贷款、保费收入、股票融资、债券、基金、政府投资、外资等。

金融资源集中于金融中心

从影响力和作用看，金融中心大体可分为四大类：一是国际金融中心，其影响力和作用辐射全球，伦敦、纽约、东京是当前世界三大主要国际金融中心。二是国际区域性金融中心，其影响力和作用辐射全球多个国家和地区，如欧洲的法兰克福、苏黎世、卢森堡；亚洲的新加坡、巴林、中国香港；北美的洛杉矶、多伦多等。三是国内金融中心，也可称为"全国性金融中心"，是具有全国性金融影响力和辐射力的金融中心。如上海、北京和深圳等。四是国内区域性金融中心，其影响力和作用辐射国内区域一些城市，即以某一中心城市为依托，在经济迅速发展的同时，迅速集聚金融资源并辐射周边城市。如杭州、南京、大连等一些省会城市和区域性金融发展程度高的城市。

金融中心是金融机构集中、金融市场发达、金融信息灵敏、金融设施先进、金融服务高效的融资枢纽，区域性金融中心能够集中大量金融资本和其他生产要素，从而有力地推动了该城市及周边地区的经济发展。

以北京、上海、广州、深圳和天津这五个金融中心为例，这五个城市不论是经济发展水平，还是金融发展水平都处在中国的前列。其中，上海和北京是中国经济运行的核心城市，是全国性金融中心。天津紧邻北京，是中国华北、东北的交汇点，是环渤海经济区的金融中心。广州和深圳位于珠江三角洲，是华南地区的金融中心。

图1-1反映了五个金融中心的经济发展和金融集聚情况。五大城市的人口占全国的4%，地区生产总值之和占全国的15%左右，但金融资源集中程度要明显高于这一水平。具体来说，保费收入的集中程度最低，五大城市保费收入占全国保费收入的20%左右，信贷资源占全国金融机构存贷款的25%左

右，集中程度最高的是以股票成交额来衡量的证券市场，占全国股票成交额的40%左右。

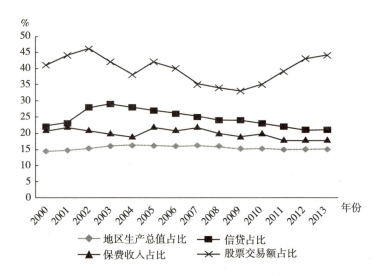

数据来源：根据相关年鉴数据整理。

图1-1　五大金融中心金融资源的集中程度

金融资源区域分布不均衡

从三大经济圈（长三角、珠三角和环渤海）来看，三大经济圈各有特色。长三角经济圈包括上海市、江苏省八个城市和浙江省六个城市，共计十五个城市，以后又有浙江台州市加入了长三角城市经济协调会，即所谓的"15+1"，城市化呈现结构性大发展，城市与城镇工业化水平较高；珠三角经济圈素有"珠三角"、"大珠三角"之分，近年来又提出了"泛珠三角"的概念，其包括广东、福建、江西、湖南、广西、海南、四川、贵州、云南九个省区和香港、澳门两个特别行政区，简称"9+2"，呈现出以农村城镇化为主导的"爆发式"城市化；环渤海经济圈位于中国东部沿海的北部地区，即河北、山西、辽宁、山东以及内蒙古中东部五个省区，北京和天津两个市，已形成了"5+2"战略合作格局的框架，是中国重要的工业密集区和大型城市群。这三大经济圈的金融总量约占全国的50%，从近年趋势上看，随着中西部的发展，这三大经济圈的金融资源占比有下降趋势。

表1-1　2013年末三大经济圈产业结构　　　　单位：%

	长三角	珠三角	京津冀	全国
	产业结构			
第一产业	4.7	2.0	6.2	10.0
第二产业	47.0	45.3	42.4	43.9
第三产业	48.3	52.7	51.4	46.1
	增长率			
第一产业	2.1	2.4	3.5	4.0
第二产业	8.9	7.6	9.9	7.8
第三产业	9.2	11.5	8.9	8.3

数据来源：中国人民银行。

从四大经济区域（东部、中部、西部和东北）来看[1]，由于四大经济带的经济发展水平上的差异，中国金融机构贷款的区域分布发生了较大变化，这一变化的原因及其对区域经济增长的影响，金融资源在相应区域的分布上也具有明显的特点。从四大地区银行业金融机构分布来看，2013年末法人机构占比东部地区最多，占比33.2%，从存贷款总量的角度来看，东部地区则占据了57%以上的存贷款资源。

表1-2　2013年末中国四大地区存贷款总量占比情况　　　　单位：%

项目	东部	中部	西部	东北	全国
本外币各项存款	57.6	16.2	19.2	7.0	100.0
其中：储蓄存款	52.0	19.2	20.4	8.4	100.0
单位存款	61.3	14.0	18.9	5.8	100.0
其中：外币存款	82.8	5.9	7.2	4.1	100.0
本外币各项贷款	57.7	15.2	20.0	7.1	100.0
其中：短期贷款	61.6	15.4	15.9	7.1	100.0
中长期贷款	53.6	15.5	23.5	7.4	100.0
其中：外币贷款	78.5	6.8	9.0	5.7	100.0

数据来源：中国人民银行。

---

[1] 根据国家统计局2011年6月13日的划分办法，我国的经济区域划分为东部、中部、西部和东北四大地区。东部包括：北京、天津、河北、上海、江苏、浙江、福建、山东、广东和海南。中部包括：山西、安徽、江西、河南、湖北和湖南。西部包括：内蒙古、广西、重庆、四川、贵州、云南、西藏、陕西、甘肃、青海、宁夏和新疆。东北包括：辽宁、吉林和黑龙江。

从资本市场情况来看，作为直接融资的证券业有了长足发展，证券市场基础性制度体系不断健全，多层次资本市场建设稳步推进，上市公司数量持续增加，期货交易趋于活跃，在不同区域上也有不同的表现。2013年末，东部地区的资本市场经营机构占据绝对数量，占全国2/3以上的比例。其中，证券公司总部设在东部地区的达到了68.7%，基金公司达到了97.8%，期货公司也在70%以上。从筹资额角度来看，东部地区A股筹资额占比57.3%，当年发行H股筹资额占比87.8%，当年国内债券筹资额占比70.3%。

表1-3　2013年末各地区证券业分布　　　　　单位：%

项目	东部	中部	西部	东北	全国
总部设在辖内的证券公司数	68.7	10.4	15.7	5.2	100.0
总部设在辖内的基金公司数	97.8	0	2.2	0	100.0
总部设在辖内的期货公司数	71.8	10.3	10.2	7.7	100.0
年末境外上市公司数	65.1	14.7	14.7	5.5	100.0
当年国内股票（A股）筹资额	57.3	14.9	24.7	3.1	100.0
当年发行H股筹资额	87.8	9.1	3.1	0	100.0
当年国内债券筹资额	70.3	13.3	12.8	3.7	100.0
其中：短期融资券融资额	81.6	8.1	8.7	1.6	100.0
中期票据筹资额	65.1	14	16.4	4.5	100.0

数据来源：中国人民银行。

从保险业务发展来看，近年来保费收入和赔付支出平稳增长，农业保险覆盖面持续扩大，经济补偿作用得到有效发挥。保险业机构规模稳步扩张，保费收入持续增长，东部地区保险法人公司占全国的86.8%。地区间保险密度差异较大，东部地区保险密度处于较高水平，东北地区次之，中部和西部地区保险密度总体水平偏低，但提升速度有加快的趋势。

表1-4　2013年末各地区保险业分布　　　　　单位：%

项目	东部	中部	西部	东北	全国
总部设在辖内的保险公司数	86.8	3.0	6.1	4.2	100.0
其中：财产险经营主体	76.2	4.8	12.7	6.3	100.0
人身险经营主体	90.2	2.8	2.8	4.2	100.0
保险公司分支机构数	46.5	18.8	23.8	10.9	100.0
其中：财产险公司分支机构	45.4	18.4	26.3	9.9	100.0
人身险公司分支机构	47.3	19.2	21.7	11.8	100.0

续表

项目	东部	中部	西部	东北	全国
保费收入	54.4	18.8	19.4	7.4	100.0
其中：财产险保费收入	54.8	17.1	21.0	7.1	100.0
人身险保费收入	54.1	19.8	18.5	7.6	100.0
各类赔款给付	53.5	19.1	19.4	8.0	100.0

数据来源：中国人民银行。

　　从国际上来看，世界上大的经济圈在世界经济和产业分工中具有重大影响。根据中国城市发展报告显示，全世界范围内，美国三大都会区（大纽约区、五大湖区、大洛杉矶区）的生产总值占全美国的份额为67%，日本三大都市圈生产总值占全日本的份额则达到70%。第二次世界大战后日本经济圈的建设，是在打破行政分割，积极发挥中心城市功能和发展城市与企业间的横向经济联系的基础上实现的。1969年日本政府制定的"新全国综合开发计划"中将全国划分为7个经济圈：以东京为中心的首都圈，以大阪为中心的近畿圈，以名古屋为中心的中部圈，以札幌为中心的北海道圈，以仙台为中心的东北圈，以广岛为中心的濑户内海圈和以福冈为中心的九州圈。前3个为三大城市经济圈，后4个属地方经济圈。大地域的经济圈一般都有原材料生产区、能源生产区、加工区和农业基地，从而构成一种综合产业圈，内部具有比较明显的同质性与群体性，与外部有着比较明确的组织和地域界限。

经济包容增长

　　从改革开放30多年的发展来看，国民经济迈上大台阶，综合国力和国际影响力实现了由弱到强的巨大转变，中国逐步摆脱低收入国家行列，不断向世界中等偏上收入国家行列迈进。

　　1978年，中国国内生产总值只有3645亿元，在世界主要国家中居第10位。人均国民收入仅190美元，位居全世界最不发达的低收入国家行列。而到了2013年，中国国内生产总值为568845亿元，增长了156倍，人均国民收入的6900美元，增长了约35倍。

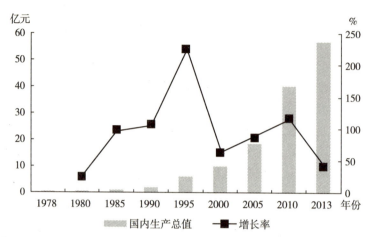

数据来源：国家统计局。

图1-2　1978~2013年国内生产总值

　　中国经济发展与中国城镇化进程保持了大致相同的走势，城镇化率是一个国家或地区经济发展的重要标志，也是衡量一个国家或地区社会组织程度和管理水平的重要标志。城镇化率通常用市人口和镇驻地聚集区人口占全部人口（人口数据均用常住人口而非户籍人口）的百分比来表示，用于反映人口向城市聚集的过程和聚集程度。

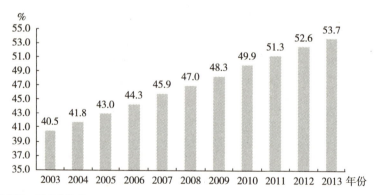

数据来源：国家统计局。

图1-3　2003~2013年中国城镇化率

中国区域发展新格局

　　邓小平在1988年提出了"两个大局"的思想：沿海地区要对外开放，

使这个拥有两亿人口的广大地带较快地先发展起来，从而带动内地更好地发展，这是一个事关大局的问题。内地要顾全这个大局。反过来，发展到一定的时候，又要求沿海拿出更多力量来帮助内地发展，这也是个大局。

当前，中国未来区域发展新格局的基本架构已经明确：第一，强调要由东向西、由沿海向内地，沿大江大河和陆路交通干线，推进梯度发展；同时强调要实施差别化经济政策，发展跨区域大交通、大流通，推动产业转移。这既体现了"两个大局"的总体战略要求，同时也明确了今后推进梯度发展的重要路径和重点领域，其目的是尽快缩小沿海与内地的发展差距，推动各个地区的产业升级与合理转移。第二，强调培育一系列新的区域增长极，明确提出要依托黄金水道，建设长江经济带；以海陆重点口岸为支点，形成与沿海连接的西南、中南、东北、西北等经济支撑带。这实际上确定了中国地区结构优化的主体框架，明确了以轴、带为支撑，以极、核为节点的网络化开发路线。第三，强调促进区域一体化发展与区域合作，提出要推进长三角地区经济一体化，深化泛珠三角区域经济合作，加强环渤海及京津冀地区的经济协作，增强这些地区对国民经济发展的拉动作用，为全国现代化建设提供持续动力。

中国区域经济及工业空间分布出现新变化：从集聚到扩散

"十一五"期间（2006~2010年），中国工业的空间分布呈现出扩散的趋势，地理集中度也由2006年的0.476下降到2010年的0.442，降幅达7.2%。在工业活动扩散化趋势的影响下，中国整体经济活动也从2006年开始打破以往不断集聚的趋势，呈现出空间扩散的特征。

中国工业发展的空间格局呈现出明显的"北上西进"趋势，即工业开始由东部地区向东北和中西部转移。由于工业化进程还远未结束，中国整体经济活动也"跟随着"工业的分布，呈现出由东部地区向北部环渤海区域和东北地区以及中西部地区转移扩散的新趋势。中国的整体经济布局正在由过去各种经济要素和工业活动高度向东部地区集聚的趋势，逐步转变为由东部沿海地区向中西部和东北地区转移扩散的趋势。这表明，中国区域发展总体战略实施效果开始逐步显现，区域经济发展已经进入一个重要的"转折"期。

对于这种产业转移，可以从两个方面来解释：一方面，随着中国区域总体发展战略的深入实施，在国家一系列优惠政策的支持下，东北和中西部地区的投资增长明显加快；另一方面，随着产业向东部沿海地区尤其是向珠三角和长三角地区不断聚集，各种生产要素成本大幅度提升，土地、能源等供应趋于紧张，资源和环境承载力不断下降，一部分劳动和资源密集型企业向中西部地区进行了转移。加之政府在政策和资金上的支持，中西部地区和东北地区的投资环境得到了较大的改善，也吸引了东部地区一些企业向该地区转移。

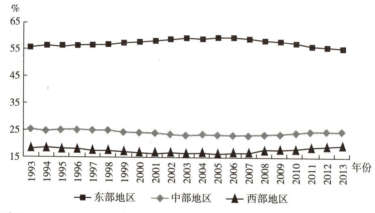

数据来源：Wind。

图1-4　1993~2013年中国四大区域资本形成总额占全国比重

区域总体发展战略以及新规划的实施，使自改革开放以来的中国区域经济增长不平衡的空间格局被打破，"十一五"末期，东部地区生产总值增长速度首次低于其他地区，区域协调发展战略作用开始显现。同时，区域之间的发展差距呈现出缩小的态势，中国的区域经济发展已经进入了相对均衡发展的时期。

随着新规划对东部沿海地区的指导作用开始逐步显现，东部地区经济增长方式将由过去过多依赖外部环境的支撑，向内生性、集约型的增长方式转变。虽然近几年东部地区全社会固定资产投资增速低于其他地区，而且其投资占全国比重也呈现出下降的趋势，但是其依然获得了大量的政策资源、劳动力资源和强劲的消费支撑，东部沿海地区依然是中国经济增长的

"重心"。

社会融资规模多样化

近年来，中国金融总量快速增长，金融市场多元化发展，金融产品和融资工具不断创新，证券、保险类机构对实体经济资金支持加大，商业银行表外业务对表内贷款替代效应明显。贷款新增已不能完整反映金融与实体经济的关系，社会融资规模成为全面反映实体经济的融资规模的重要指标。

第一，社会融资规模的构成。社会融资规模是指一定时期内（每月、每季度或每年）实体经济从金融体系获得的资金总额。这里的金融体系是整体金融的概念，从机构看，包括银行、证券、保险等金融机构；从市场看，包括信贷市场、债券市场、股票市场、保险市场以及中间业务市场等。社会融资规模由四个部分构成：一是金融机构表内业务，包括人民币和外币各项贷款；二是金融机构表外业务，包括委托贷款、信托贷款和未贴现的银行承兑汇票；三是直接融资，包括非金融企业境内股票筹资和企业债券融资；四是其他项目，包括保险公司赔偿、投资性房地产、小额贷款公司和贷款公司贷款。

第二，社会融资规模的基本特点。2002年以来，中国社会融资规模呈不断扩大趋势，中国金融市场多元发展，融资体系趋于完善。2013年社会融资规模17.29万亿元，是历史同期最高水平，是11年前的8.6倍。从结构看，全年人民币贷款占同期社会融资规模的51.4%，外币贷款占比3.4%。当年社会融资规模与国内生产总值的比率为30.4%。

第三，社会融资规模多角度反映实体经济融资状况。社会融资规模指标兼具总量和结构两方面信息，全面反映了中国实体经济融资渠道和融资产品的多样化发展。其不仅能全面反映实体经济从金融体系获得的资金总额，而且能反映资金的流向和结构。与货币供应量不同，社会融资规模可从多个角度进行分类统计，比如分地区、分产业、分来源等。因此，社会融资规模能从融资角度反映中国区域经济差别及产业发展情况。

第四，社会融资规模与货币供应量的关系。社会融资规模与货币供应量是一个硬币的两个面，但两者具有不同的经济含义。货币供应量从存款性金融机构负债方统计，包括M_0、M_1和M_2，反映的是金融体系向社会提供的流动性，体现了全社会的购买力水平。而社会融资规模则从金融机构资产方和金融市场发行方统计，从全社会资金供给的角度反映金融体系对实体经济的支持。因此，社会融资规模和货币供应量是相互补充、相互印证的关系，二者从不同角度为金融宏观调控提供信息支持。

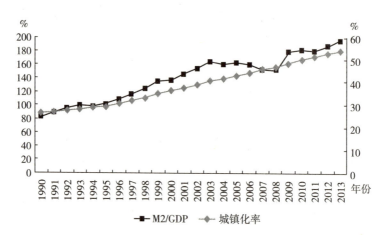

数据来源：国家统计局、中国人民银行。

图1-5　金融深化与GDP增长趋势

人民币国际化

人民币国际化是中国经济实力持续增长和经济活动日益全球化所提出的内在要求，自2010年起，中国成为全球第二大经济体，人民币的国际地位在日渐提高，也需要具备与经济规模相匹配的国际金融地位。人民币国际化的最终目标是促进中国成为世界金融强国，实现国家利益与全球利益的激励兼容。

人民币国际化是一种国际结算

2013年末，中国外汇储备余额为3.82万亿美元，再度创出历史新高。这一数据相比2012年末增长了5097亿美元，年增幅也创出历史新高。中国外汇储备占全球外汇储备总额的三分之一，全球排名第一。如果人民币对其他货币的替代性增强，不仅将改变储备货币的分配格局及其相关的铸币税利益，而且也会对西方国家的地缘政治格局产生深远的影响。

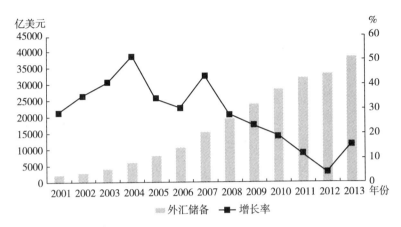

数据来源：中国人民银行。

图1-6　中国外汇储备走势

　　人民币在国际市场使用是从1997年亚洲金融危机后的东南亚开始的，人民币的稳定形象以及中国政府在亚洲金融危机中表现出的高度责任感，使人民币在东南亚国家中的流通逐渐增多。东南亚国家在与中国的双边贸易中更多地选择人民币进行结算。当前，人民币在东南亚地区已成为继美元之后的第二大重要货币，在缅甸、老挝、柬埔寨更是成为事实上的民间流通货币。为了满足东南亚国家对人民币的需要，从2001年中国人民银行同泰国银行签署总额20亿美元货币互换协议起，中国逐步与东南亚国家签署了货币互换协议。人民币在中国周边的东南亚地区流通范围较广，已经成为仅次于美元、欧元、日元的又一个"硬通货"。

　　在西北边境地区，人民币主要是在中亚五国、俄罗斯和巴基斯坦流通。在东北地区，人民币主要是跨境流通到俄罗斯和朝鲜以及蒙古国。特别是蒙古国，已经把人民币作为主要外国货币，蒙古国的各个银行都开展了人民币储蓄业务，在与蒙古国的边境贸易中，人民币现金交易量占双边全部交易量的1/3强。

　　进入21世纪以来，人民币有向世界部分发达国家和地区流通的趋势。随着中国游客的不断增多，在欧洲一些国家和美国、加拿大等国的机场以及饭店也开展了人民币兑换业务。2013年10月9日，中国人民银行与欧洲中央银行签署了规模为3500亿元/450亿欧元的中欧双边本币互换协议。通过货币互换，将得到的对方货币注入本国金融体系，使得本国商业机构可以借到对方货币，用于支付从对方进口的商品。这样，在双边贸易中，出口企业可以收到本币计值的货款，可以有效规避汇率风险、降低汇兑费用。

人民币能够跨越国界，在境外流通，成为国际上普遍认可的计价、结算及储备货币，进而成为世界货币，这至少要包括三个方面的条件：第一，人民币现金在境外享有一定的流通度；第二，以人民币计价的金融产品成为国际各主要金融机构包括中央银行的投资工具，以人民币计价的金融市场规模不断扩大；第三，国际贸易中以人民币结算的交易要达到一定的比重。这是衡量货币包括人民币国际化的通用标准，其中最主要的是后两点。

货币竞争是国家间经济竞争的最高表现形式

中国作为一个发展中国家，经济发展尤其依赖于资金财富。因此，一旦实现了人民币国际化，不仅可以减少中国因使用外币引起的财富流失，而且将为中国利用资金开辟一条新的渠道。人民币国际化至少有以下好处：

第一，实现中国经济存量保值。2013年中国的对外贸易实现历史性突破，中国货物进出口总额为4.16万亿美元，跃居全球货物贸易第一大国。中国的出口持续超出进口，累积起巨额的外汇储备，2013年末，中国的外汇储备额是排名第二的日本的3倍。中国的财富很大一部分是用外币（特别是美元）持有，并大量投资于美元国债之中，国际资本市场的轻微波动将可能导致国家外汇储备的账面亏损。降低外汇储备的规模有助于减少因国际金融市场波动对中国经济存量的影响。

第二，促进中国经济增量平衡。中国经济存在着投资与消费的不平衡、出口与内需的不平衡。中国庞大及持续的贸易顺差一方面将这种不平衡带到全球经济体中；另一方面也影响了自身经济持续与健康发展，并对中国的汇率、利率政策带来重重压力。人民币国际化本身虽不能直接减少这种结构上的不平衡，但它在有效控制外汇储备的增长，缓解汇率压力与加大中国与其主要区域及资源伙伴国之间经济与贸易平衡协同发展等方面有重要意义。

第三，获得更大的政治经济话语权。中国已经是世界第二大经济体，但是在国际经济和金融领域，中国的发言权和影响力还不能与之相称，这很大程度上与人民币缺乏国际地位有关。人民币被中国贸易伙伴逐步接受为结算货币，将加大中国在国际贸易中的影响力，更能为中国政府汇率政策增加主动性与灵活度。人民币在向国际储备货币迈进的每一步，都是中国在全球地缘政治话语权提升的具体体现。

第四，获得国际铸币税收入。实现人民币国际化后最直接、最大的收益就是获得国际铸币税收入。铸币税是指发行者凭借发行货币的特权所获得的纸币发行面额与纸币发行成本之间的差额。在本国发行纸币，取之于本国用之于本国。而发行世界货币则相当于从别国征收铸币税，这种收益成本是很低的。

当然，人民币国际化也给经济管理和金融发展带来新的压力。

第一，对中国经济金融稳定产生一定影响。人民币国际化使中国国内经济与世界经济紧密相连，国际金融市场的任何风吹草动都会对中国经济金融产生一定影响。特别是货币国际化后如果本币的实际汇率与名义汇率出现偏离，或是即期汇率、利率与预期汇率、利率出现偏离，都将给国际投资者以套利的机会，刺激短期投机性资本的流动，并可能出现像1997年亚洲金融危机时产生的"羊群效应"，对中国经济金融稳定产生影响。

第二，增加宏观调控的难度。人民币国际化后，国际金融市场上将流通一定量的人民币，其在国际间的流动可能会削弱中央银行对国内人民币的控制能力，影响国内宏观调控政策实施的效果。比如，当国内为控制通货膨胀而采取紧缩的货币政策而提高利率时，国际上流通的人民币则会通过各种渠道涌入，增加人民币的供应量，从而削弱货币政策的实施效果，使宏观调控变得更为复杂。

第三，加大人民币现金管理和监测的难度。人民币国际化后，由于对境外人民币现金需求和流通的监测难度较大，将会加大中央银行对人民币现金管理的难度。同时人民币现金的跨境流动可能会加大一些非法活动如走私、赌博、贩毒的出现。伴随这些非法活动出现的不正常的人民币现金跨境流动，一方面会影响中国金融市场的稳定，另一方面也会增加反假币、反洗钱工作的困难。

尽管人民币国际化会给中国带来种种消极影响，但从长远看，国际化带来的利益整体上远远大于成本。美元、欧元等货币的国际化说明，拥有了国际货币发行权，就意味着制定或修改国际事务处理规则方面的巨大的经济利益和政治利益。

人民币国际化需要经济实力作基础

综观全球主要国家的货币国际化的实践，一国货币国际化进程要求该货币发行国应具备以下条件：占有全球经济较大份额的经济实力，政治上高度稳定，宏观经济环境稳定和具有完善的市场经济体系及经济的可持续发展能力。具体来说，一国货币走向国际化首先是由该国的经济基本面决定的：较大的经济规模和持续的增长趋势是建立交易者对该种货币的信心的经济基础；经济开放度较高、在世界经济中占有重要地位的国家能够获得交易者对该国货币的需求。

2013年末，人民币已经跃居全球外汇市场交易最活跃的十大货币之列，交易地位也从2010年的全球第17位跃升至第9位，而日均成交额则增长了2.5倍。与此同时，海外人民币的资金存量也超过1万亿元。中国人民银行已与23个国家和地区的货币当局签署了货币互换协议，互换规模合计近2.5万亿元。汇丰银行调查显示，已经有越来越多的国家开始意识到人民币的重要性。英国有11%的企业开始用人民币作为结算货币；德国和美国各有9%的企业、澳大利亚有7%的企业也已经使用人民币结算。在中国香港，则有多达50%以上的企业正在使用人民币进行跨境业务结算。2014年6月18日，中国人民银行发布消息称，根据《中国人民银行与英格兰银行备忘录》的相关内容，中国人民银行决定授权中国建设银行（伦敦）有限公司担任伦敦人民币业务清算行，这是首次在亚洲以外的国家（地区）选定人民币清算行。2014年7月3日，中、韩两国央行签署《中国人民银行与韩国银行关于在首尔建立人民币清算安排的备忘录》，并指定交通银行作为在首尔的人民币业务清算行。

从中国的经济金融发展状况来看，推动人民币国际化进程尚存在诸多不足，存在难以支撑人民币迅速实施国际化进程的诸多问题。如利率市场化问题、人民币汇率机制完善问题、资本项目可自由兑换问题等。以资本项目可自由兑换为例，中国之所以采用资本项目可兑换的渐进模式，主要目的在于尽可能有足够的时间来创造实行资本项目可兑换的前提条件。这些前提条件，更加依赖于中国城镇化所带来的经济与金融的持续稳定发展。

显而易见，这种现状决定了人民币国际化是一个长期渐进的过程。人民币国际化需"三步走"。首先，推进跨境贸易人民币结算和跨境直接投资人民币结算，使人民币成为国际结算货币；其次，全面推进国际资本的双向流动，实现人民币在资本项目下完全可兑换，使人民币成为国际投资货币；最后，增强中国的综合国力，推进人民币利率和汇率市场化，逐步使人民币成为国际储备货币，实现人民币国际化。

中等收入陷阱

2013年中国人均国内生产总值约6900美元，按照世界银行的标准，已经进入中等收入偏上国家的行列[①]。但同时，中国也面临着陷入"中等收入陷阱"的风险。突破"中等收入陷阱"，让更多的人能够分享经济增长带来的收益和机会，成为中国经济发展中需要解决的关键问题之一。

跨不出的陷阱

当今世界，绝大多数国家是发展中国家，存在着所谓的"中等收入陷阱"问题。"中等收入陷阱"是2006年世界银行在《东亚经济发展报告》中提出的一个概念。新兴市场国家突破人均生产总值1000美元的"贫困陷阱"后，很快会奔向1000美元至3000美元的"起飞阶段"，但是到了人均生产总值3000美元附近时，快速发展中积聚的矛盾就会集中爆发，人均生产总值无法突破1万美元进入高收入国家行列，这种发展的停滞即"中等收入陷阱"。

国际上公认的成功跨越"中等收入陷阱"的国家和地区有日本和"亚洲四小龙"，但就比较大规模的经济体而言，仅有日本和韩国实现了由低收入国家向高收入国家的转换。日本人均国内生产总值在1972年接近3000美元，到1984年突破1万美元。韩国1987年超过3000美元，1995年达到了11469美

---

① 2012年世界银行对193个国家和地区的人均国民收入进行统计和分类，高人均国民收入水平国家的人均收入为不少于12616美元；较高人均国民收入水平国家人均收入从4086~12615美元；较低人均国民收入国家为1036~4085美元；低人均国民收入国家为不高于1036美元。

元。从中等收入国家跨入高收入国家，日本花了大约12年时间，韩国则用了8年。

拉美地区和东南亚一些国家则是陷入"中等收入陷阱"的典型代表。一些国家收入水平长期停滞不前，如菲律宾1980年人均国内生产总值为671美元，2006年仍停留在1123美元，考虑到通货膨胀因素，人均收入基本没有太大变化。还有一些国家收入水平虽然在提高，但始终难以缩小与高收入国家的鸿沟，如马来西亚1980年人均国内生产总值为1812美元，到2008年仅达到8209美元。阿根廷则在1964年时人均国内生产总值就超过1000美元，在20世纪90年代末上升到了8000多美元，但2002年又下降到2000多美元，而后又回升到2008年的8236美元。拉美地区还有许多类似的国家，虽然经过了二三十年的努力，几经反复，但一直没能跨过1万美元的门槛。

为什么发展水平和条件十分相近的国家，会出现两种不同的发展命运，能否有效克服"中等收入陷阱"的独特挑战是关键。从拉美地区和东南亚一些国家的情况看，陷入"中等收入陷阱"的原因主要有以下几个方面：

第一，错失发展模式转换时机。以阿根廷等拉美国家为例，在工业化初期实施进口替代战略后，未能及时转换发展模式，而是继续推进耐用消费品和资本品的进口替代，即使在20世纪70年代初的石油危机后，还是维持"举债增长"，使进口替代战略延续了半个世纪。而马来西亚等东南亚国家则因国内市场狭小，长期实施出口导向战略使其过于依赖国际市场需求，极易受到外部冲击。

第二，难以克服技术创新瓶颈。一国经济在进入中等收入阶段后，低成本优势逐步丧失，在低端市场难以与低收入国家竞争，但在中高端市场则由于研发能力和人力资本条件制约，又难以与高收入国家抗衡。在这种上下挤压的环境中，很容易失去增长动力而导致经济增长停滞。要克服这一挑战，就需要在自主创新和人力资本方面持续增加投入，培育新的竞争优势。马来西亚等东南亚国家在亚洲金融危机后再也没能恢复到危机前的高增长，就与经济增长缺乏技术创新动力有直接关系。

第三，对发展公平性重视不够。公平发展不仅有利于改善收入分配，创造更为均衡的发展，还能够减缓社会矛盾和冲突，从而有利于经济可持续发展。拉美国家在进入中等收入阶段后，由于收入差距迅速扩大导致中低收入居民消费严重不足，消费需求对经济增长的拉动作用减弱。如20世纪70年代，拉美国家基尼系数[①]高达0.44~0.66，到20世纪90年代末巴西基尼系数仍高达0.64。一些国家还由于贫富悬殊，社会严重分化，引发激烈的社会动荡，甚至政权更迭，对经济发展造成严重影响。

第四，宏观经济政策出现偏差。从拉美国家看，受西方新自由主义影响，政府作用被极度削弱，宏观经济管理缺乏有效制度框架，政策缺乏稳定性，政府债台高筑，通货膨胀和国际收支不平衡等顽疾难以消除，经济危机频发造成经济大幅波动，如20世纪80年代的拉美债务危机，1994年墨西哥金融危机、1999年巴西货币危机、2002年阿根廷经济危机，都对经济持续增长造成严重冲击。阿根廷在1963~2008年的45年间出现了16年负增长，主要就集中发生在20世纪80年代债务危机和2002年国内经济危机期间。

第五，体制变革严重滞后。在拉美国家，体制变革受到利益集团羁绊，严重滞后于经济发展，精英集团的"现代传统主义"片面追求经济增长和财富积累，反对在社会结构、价值观念和权力分配等领域进行变革，或者把这种变革降到最低限度。经济财富过度集中，利益集团势力强大，造成寻租、投机和腐败现象蔓延，市场配置资源的功能受到严重扭曲。

迈步从头越

从1996年至2011年的16年里，中国的城镇化迅速完成了加速发展阶段的前半段（城镇化率从30%提升到50%），使中国成功实现了从贫困陷阱向中等收入国家的转变。在未来20~25年里，中国的城镇化将进入加速发展阶段的后半段（城镇化率从50%提升到70%），在这段时间里，中国将面临着进入突破"中等收入陷阱"的历史性时期。中国与其他发展中国家相比，由于国情的巨大差异，更具有其特殊性。

第一，各社会群体收入的增加与收入分配差距的扩大并存。改革开放以

[①] 基尼系数（Gini Coefficient）为意大利经济学家基尼（Corrado Gini，1884~1965）于1922年提出的，定量测定收入分配差异程度。其值在0和1之间。越接近0就表明收入分配越是趋向平等，反之，收入分配越是趋向不平等。按照国际一般标准，0.4以上的基尼系数表示收入差距较大，当基尼系数达到0.6以上时，则表示收入差距很大。

来，随着经济的发展，中国居民的收入不断提高，与此同时，收入差距也在不断拉大，2000年基尼系数超过0.4的国际警戒线，并呈现进一步上升的趋势，2013年中国基尼系数为0.473。中国收入分配差距扩大，贫富差距在城乡之间、地区之间、行业之间表现得尤为突出。收入分配差距扩大、贫富悬殊一直是"中等收入陷阱"的重要表现。

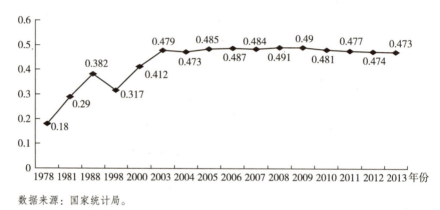

数据来源：国家统计局。

图1-7　中国基尼系数变化曲线

第二，产业结构调整失衡带来经济持续发展的困难。中国当前的经济结构失衡是全方位的，需求结构失衡表现为内需与外需、投资与消费的失衡；产业结构失衡表现为三次产业发展不协调、农业基础薄弱、工业大而不强、服务业发展滞后，部分行业产能过剩；城乡和区域结构失衡表现为城镇化发展滞后、中西部地区发展滞后、城乡和区域之间生活条件和基本公共服务差距较大；要素投入结构失衡表现为资源消耗偏高，环境压力加大，资源环境的约束日益突出，等等。

第三，对外经济关系扩展受到国际经济波动的冲击。改革开放之后的中国经济与世界经济的联系越来越频繁和紧密。随着对外经济关系的扩展和加深，中国经济与世界经济的关系也变得越来越复杂。中国已成为世界第二贸易大国和第一出口国。这种对外经济关系地位的改变，既加大了对外部经济的依赖，也蕴育着不断增加的贸易摩擦。

如果说中国在第一阶段由中等偏下收入国家进入中等偏上收入国家行列，靠的是市场驱动和要素驱动来实现的话，那么，跨越"中等收入陷阱"

进入高收入国家行列就应转变到依靠城镇化驱动来实现，实现经济转型、产业结构升级，处理好各个社会阶层的利益关系，壮大中产阶层。

城镇化过程是二元经济向现代经济过渡的必然阶段，从全世界范围来看，城镇化发展主要可以归纳为三大模式：一是以西欧发达国家为代表的政府调控下的市场主导型，市场机制发挥主导作用，政府通过法律、行政和经济等手段适当引导；二是以美国为代表的完全市场主导的自由放任型，城市化呈分散型、郊区化模式，城市人口密度明显下降，人口及产业向郊区扩散，在有效缓解"都市病"困扰的同时，造成了过度郊区化，带来了公共资源的严重浪费；三是以拉美国家为代表的过度城市化，城市规模不断膨胀，工业化严重滞后于城镇化造成了许多"不可持续发展"的问题。中国的城镇化必须吸取历史上各国城镇化的经验教训，找出一条符合自身实际的城镇化发展道路，特别是中国当前面临刘易斯拐点①与人口老龄化的双重挑战，需要加快城镇化进程与产业结构的升级，需要构建大中小多级城市、小城镇竞相发展的科学城镇发展体系，地域空间一体化网状结构——建构城镇地域产业价值链与地域产业分工体系。

同时也要看到，城镇化的发展速度大大超过工业化的发展速度，出现了过度城镇化和首位城市的过度膨胀现象，由此带来一系列问题给经济社会发展和现代化建设带来了诸多阻碍。拉美国家依托工业化强大的推力，城镇化也取得了令世人瞩目的成就，城镇化率由1950年的41.6%提高到1990年的72%，与发达国家的比重相当。2000年，拉美国家的城镇化率进一步上升到78%，阿根廷为89.6%，巴西为79.9%，墨西哥为75.4%，乌拉圭为93.7%。但由于城镇化速度与经济发展水平相脱节，大大超过了工业化速度，由此造成的结果是，农业衰败、乡村凋敝，城市人口增长过快，失业率高企，城市用地紧张，交通拥挤，公共服务欠缺，环境污染严重，社会治安恶化。过度城镇化带来的另一个不良结果是，大量失地的农民和失业造成收入分配两极分

---

① 刘易斯拐点，即劳动力过剩向短缺的转折点，是指在工业化过程中，随着农村富余劳动力向非农产业的逐步转移，农村富余劳动力逐渐减少，最终枯竭。其分为第一拐点和第二拐点，第一个转折点是指由二元经济发展由第一阶段转变到第二阶段，劳动力由无限供给变为短缺；第二个转折点意味着一个城乡一体化的劳动力市场已经形成，经济发展将结束二元经济的劳动力剩余状态，开始转化为新古典学派所说的一元经济状态。通常认为，中国已经进入了"刘易斯第一拐点"。

化、贫富差距加大，导致中低收入居民消费严重不足，消费需求的拉动力减弱，产业结构转型失败，对经济持续发展造成了致命的影响，并落入"中等收入陷阱"。

英国在1783年的工业革命，依靠产业资本与商业资本互动的配置效率提升而促进生产率提升，极大地释放了生产能力，实现了经济发展的收益递增。美国的强国梦，依靠产业资本、金融资本与人力资本互动的配置效率提升推动生产率快速提升而实现。中国梦的实现，需要以新型城镇化为引擎，通过"四化同步"、城乡统筹来实现。已经步入中等收入阶段的中国经济，需要正视可持续增长率问题。

第**2**章　城镇化金融的理论解析

城镇化一词最早是由英语单词"Urbanization"翻译而来的，早期称为"城市化"。"城镇化"与城镇化理论出现在中国是在20世纪70年代，由于城镇化过程的复杂性和内容的广泛性，它成为人口学、社会学、经济学、地理学、生态学等学科广泛研究的课题。城镇化金融与城镇化发展息息相关，伴随城镇化的快速发展，对于城镇化金融的研究也不断深入。

城镇化金融的理论概述

西方发达国家已基本实现城市化，对于城市化及金融问题的研究也相对系统、成熟，其中包括城市化发展阶段的 S 形曲线轨迹、城市化与经济发展尤其城市化和工业化的互促共进规律、城市化的聚集与扩散规律、城市化区域差异规律，等等。从总体上看，分为城镇化与经济增长、金融发展与经济增长的相关研究。

城镇化与经济增长关系的研究

有关工业化与城市化关系的研究，最为著名和权威的当数霍利斯·钱纳里和莫尔塞斯·塞尔昆提出的城市化与工业化的"发展模型"。根据发展模型，工业化与城市化发展历程是一个由紧密到松弛的发展过程，发展之初的城市化是由工业化推动的，在工业化率与城市化水平都达到 13% 左右的水平以后，城市化开始加速发展并明显超过工业化，到工业化的后期，制造业所占比重逐渐下降，工业化对城市化的贡献也由此开始表现为减弱的趋势。钱纳里的模型还给出了不同发展阶段工业化与城市化关系的经验数据，两人在 1975年出版的《发展的格局：1950~1970》一书中，通过模型回归，提出了城市化水平与人均生产总值的一般对应关系。1965年美国地理学家布莱恩·贝利选用了95个国家的43个变量进行主成分分析，证明了城市化与经济发展之间具有正相关关系。世界银行对1970~1995年间许多国家的资料进行分析，得出结论：人均生产总值与城市化水平成正比。随着城市化水平的提高，城市创造的生产总值在国民收入中所占份额日益增长。这一比重在低收入国家为55，在中等收入国家为73，在高收入国家为85，城市具有较高的经济效率，因而在城市化过程中城市经济比重的上升必将提高整个国民经济的效率，促进经济的增长。

金融发展与经济增长理论

对于经济增长与金融发展之间关系的研究，起码可以追溯到亚当·斯密的《国富论》，尽管斯密在书中没有更多的论述，只不过是提到而已。后人则逐渐有了系统的论述，并尝试使用数学模型进行分析。

1912年，奥地利政治经济学家约瑟夫·熊彼特在《经济发展论》一书中，论证了功能良好的银行通过识别并向最有机会在创新产品和生产过程中成功的企业家提供融资而促进了技术创新。他认为，由于创新来自于体系内部，新组合的实现，就意味着对经济体系中现有生产手段的供应作不同的使用。银行家通过提供信用，向企业家贷款，正好就把资源放在企业家手中供其运用，这就是银行家所起的杠杆和桥梁作用。在熊彼特看来，所谓资本，就是企业家为了实现"新组合"，用于"把生产指往新方向"、"把各项生产要素和资源引向新用途"的一种杠杆和控制手段。资本不是具体商品的总和，而是可供企业家随时提用的支付手段，是企业家和商品世界的"桥梁"，其职能在于为企业家进行创新而提供必要的条件。熊彼特进一步分析指出，当资本主义经济进入相对发达阶段之后，资本市场的建立和良好运转成为实现创新的基础。

1969年，雷蒙·W.戈德史密斯通过《金融结构与金融发展》一书的研究奠定了在学术界的地位，也奠定了金融发展理论的基础，从而成为金融发展理论鼻祖。戈德史密斯指出："金融理论的职责就在于找出决定一国金融结构、金融工具存量和金融交易量的主要经济因素，并阐明这些因素怎样通过相互作用而促进金融发展。戈德史密斯在对35个国家1860~1963年的经济和金融状况进行实证分析中，提出了金融相关比率的概念，并以此来衡量金融结构发展的程度。他运用翔实的统计资料，从比较经济学的角度，研究了各国经济发展与金融发展之间的关系，得出了金融发展与经济增长之间存在同步发展的结论。戈德史密斯认为金融发展与经济发展有着密切联系，并特别强调发达国家与欠发达国家在金融发展中的区别。对于金融发展与经济发展的联系，戈德史密斯认为："我们无法弄清这种联系意味着什么，到底是金融因素促进经济的发展呢，抑或是金融发展是由其他因素引起的经济增长的反应？也就是说，我们无法弄清金融发展与经济发展之间到底存在怎样的因果关系。"之所以如此，戈德史密斯认为，因为"估量金融发展和金融结构在经济增长中的作用，依赖于我们对经济理论或经济历史所持有的哲学偏好。我们将很遗憾地发现，由于经济增长理论当前的状况，以及当前对金融发展缺乏足够透彻的历史研究，我们不可能在这一领域得到明确答案"。

戈德史密斯认为，弄清金融发展与经济发展的因果关系是十分重要的课题，并对这一问题从理论和历史两个方面进行了粗略探讨。从理论上讲，金融机构对经济增长的效用必须从总量以及储蓄与投资的分配这两方面进行探讨。一方面，金融机构的存在与发展可以有效地增加储蓄和投资的总量，因为，在许多情况下，通过金融机构的间接融资比通过发行初级证券的直接融资要更有效一些。另一方面，金融机构的介入还能有效地将既定的资金分配给收益率较高的投资项目，从而使平均的投资效率得以提高。同时，戈德史密斯又指出，在某些情况下，金融机构的存在与发展也许会给经济发展带来负面影响。可见，从理论上来看，金融发展与经济发展的因果关系无法精确判断，而从历史经验来看，戈德史密斯又发现，在不同国家之间或在同一国家的不同时期，金融发展对经济发展的影响也大不相同。

1973年，美国经济学家罗纳德·麦金农和爱德华·S.肖分别出版了《经济发展中的货币和资本》和《经济发展中的金融深化》两本著作，两位经济学家放弃了以成熟市场经济国家为研究对象的方法，转而研究发展中国家的金融与经济的关系，开创了现代意义上的金融发展理论。这两本书针对当时发展中国家普遍存在的金融市场不完全、资本市场严重扭曲和政府对金融的

"干预综合症"等影响经济发展的状况,首次提出一套"金融自由化"理论。从那以后,国际上逐渐开始了一场意义深远的金融自由化运动,其范围之广,不仅涉及发展中国家和地区,而且也牵动了美国、日本等发达国家,到了20世纪80年代中期,金融改革的浪潮已席卷了整个太平洋沿岸地区。

他们论证了金融深化与储蓄、就业与经济增长的正向关系,指出"金融抑制"的危害,认为发展中国家经济欠发达是因为存在着金融抑制现象,因此主张发展中国家以金融自由化的方式实现金融深化,促进经济增长。金融自由化就是针对金融抑制这种现象,减少政府干预,确立市场机制的基础作用。主张改革金融制度,改革政府对金融的过度干预,放松对金融机构和金融市场的限制,增强国内的筹资功能以改变对外资的过度依赖,放松对利率和汇率的管制使之市场化,从而使利率能反映资金供求,汇率能反映外汇供求,促进国内储蓄率的提高,最终达到抑制通货膨胀,刺激经济增长的目的。

金融深化理论的产生,从根本上说,是基于这样一种信念,即在金融领域和在其他一切经济领域一样,也可以借助于市场机制的力量达到一种均衡状态。麦金农和爱德华·S.肖对金融、财政和外贸三者相互关系的考察,有助于人们深入了解经济扭曲的深层结构,同时这也使金融深化论从过去分散的观点上升发展为一个较为完整的体系。由此而产生的金融发展战略既不同于进口替代战略,又不同于出口导向战略,对发展经济学作出了有益的贡献。

D.Kunt和R.Levine(1996)对80个国家30年的数据进行采样,系统地控制影响增长的因素,表明金融发展和经济增长存在统计意义上的显著正相关,即拥有发达金融系统的国家经济增长较快,反之亦然。他们的研究也自此引发了寻找金融发展影响经济增长证据的高潮。R.Levine和S.Zervos(1998)将银行这一金融中介纳入了股票市场与经济增长关系的研究,他们利用47个国家1976~1993年有关数据,对股票市场、银行和经济增长三者之间的关系进行了实证检验,通过回归模型中引入一些反映股票市场发展状况的指标,扩展了和对金融中介体与经济增长关系的分析。其研究结果发现,银行发展、股票市场流动性,不但都与同时期的经济增长率、生产增长率以及资本积累率有着很强的正相关关系，而且都是经济增长率、生产增长率以及资本积累率很好的预测指标。Arestis等（2001）采集了来自5个发达国家的数据，运用时间序列研究方法，在控制银行体系效应和股票市场易变性的基础上，检验了股票市场发展，银行体系效应分别与经济增长的关系。其结果表明银行和股票市场都可能有利于经济增长，但两者相比银行体系对经济增长的效应更大。

当然，也有观点认为，金融发展对经济增长不产生影响。这种金融与经济发展的观点可称为"需求导向"论，持这种观点的研究者认为金融发展对经济增长是无关紧要的，金融的发展只是被动地对经济发展作出反应。早期的研究如琼·鲁滨逊（1952）、格林伍德和约万诺维奇（1990）、莱文（1993）、帕特里克（1966）、罗伯特·卢卡斯（1988）等。早在1952年，鲁滨逊就对金融对经济增长的促进作用提出了质疑，认为随着经济的发展，企业间的交易会产生新的摩擦，这些摩擦刺激了经济对新的金融工具和金融服务产生的需求，而新的金融工具和金融服务应经济的需要而产生，也就是"实业引导金融"。

通过对国外金融与经济发展关系的理论和实证研究现状的梳理，我们发现西方经济学界对于金融对经济增长的作用，一直存有激烈的争论。金融与经济增长之间存在复杂的关系，尽管金融发展与经济增长之间纽带关系可以通过引入了金融中介体和金融市场的内生经济增长模型加以解释——金融体系可以通过降低信息和交易成本来影响生产率和资本形成进而影响经济增长。但实证结果表明这种关系是复杂的，不同的国家、不同的经济发展阶段、不同的制度背景、不同的研究方法所得出的研究结论会存在差异。

国内相关研究状况

相对而言，国内对于城镇化、金融发展与经济增长理论研究起步较晚，但通过借鉴学习国外既有的相关理论研究成果，结合中国现实经济状况，运用了国外成熟的实证分析方法，国内学者在对城市化研究的基础上，对两者间的定性研究和定量研究方面作出了一些成果，得出了符合中国具体情况的很有价值的结论。

早在1979年，南京大学吴友仁教授根据世界城市化发展的一般规律，总结了新中国成立30年来中国城市化曲折发展的经验和教训，率先发表了《关于中国社会主义城市化问题》一文，揭开了中国国内城市化研究的序幕。1983年，费孝通的《小城镇大问题》关于城市化道路的讨论的焦点是主要发展大城市、小城镇、还是中等城市。许学强根据1981年美国人口咨询局的资料，对151个国家进行分析，绘制出了城市化水平与人均GNP之间的对数曲线，得出：城市化水平随人均GNP的增长而提高，但提高的速度又随人均GNP的增长而趋缓。林玲在《城市化与经济发展》一书中，综合比较研究了北美三国（美国、加拿大、墨西哥）城市化问题，提出了主导产业转换力和城市引力场理论。同时，在总结中国城市化与经济发展关系的特点与原因之后，探讨了城市化基本构成要素，并主张中国城市化道路应采取"经济推动型"的城市化发展战略。

中国社会科学院的经济增长前沿课题组（2003）的研究指出，中国的经济增长已经由工业化单引擎向工业化和城市化的双引擎推动转变，但低价工业化和高价城市化在加快经济发展的同时，也对未来经济增长的可持续性构成了挑战。

金融发展与经济增长研究方面也取得了很多的成果。宾国强采用最小二乘法和格兰杰因果检验的方法分析了中国实际利率、金融深化和经济增长之间的关系，回归结果验证了麦金农的理论，实际利率、金融深化确实与经济增长存在正相关关系，经济增长对金融深化有促进作用，得出金融发展是中国经济增长的原因。史永东对中国金融发展与经济增长间的关系进行了实证研究，得出结论是中国经济增长与金融发展在格兰杰意义上存在双向因果关系，即金融发展是经济增长的原因，经济增长也是金融发展的原因，同时得出了金融发展对经济增长贡献的具体数值，为两者间的定量研究提供了思路。袁云峰等研究了中国金融发展与经济增长效率之间的关系，间接度量了中国金融发展的资源配置效率，研究发现：中国金融发展与经济增长效率的关系具有明显的时空特征；金融发展通过资本积累促进了经济增长。

城镇化金融的新形态

城镇化金融，体现着城镇化发展的轨迹。中国的城镇化进程有着鲜明的特征：从时间上看，将是一个长期渐进的过程；从空间上看，将是一个先东后西、梯次推进、非均衡发展的过程；从形态和布局上看，将更加重视中小城镇建设；从动力上看，将更加注重产业支撑；从内涵上看，将更加注重以人为本和通过改革推动城镇化全面协调可持续发展。新型城镇化的特点决定了新型城镇化金融的特征。

第一，城镇化金融的多样性。从功能角度出发，城镇化金融是城镇经济发展的金融动力，其内部应包含复杂多样的金融产品和服务。因此城镇化金融应包含营利性金融及非营利性金融。营利性金融包括商业性金融，即正式商业性金融机构、其他金融机构经营城镇业务部分及城镇非正式金融。非营利性金融机构包括政策性金融、合作性金融及其他不以营利为目的的金融形式。新时期城镇化不是简单地增加城市人口比例和扩张城市规模，而是在产业支撑、公共服务、人居环境、生活方式等方面全面实现由乡到城的转变，是一项涉及多类经济主体、多种经济活动的系统工程。城镇经济的复杂多样性决定了金融需求的多层次、多元化，如：城镇基础设施建设金融需求具有大额、长期的特征；城镇新兴产业与成长型企业的融资需求具有高风险、高回报的特征；城镇小微企业与"三农"融资需求具有规模小、频率高、时间急的特征；就业、创业等民生领域融资需求则主要以小额、低成本为特征；城镇居民还有投资理财、资金汇兑等各类综合型金融服务需求等。

第二，城镇化金融的公益性。中国的城镇化具有发展转型的意义，更为强调质量和效率，更为突出发展模式的转变。从更大的范围来讲，中国的城镇化转型恰好契合后危机时代全球产业链的重新调整、新兴市场与发达国家之间再平衡的宏大主题。新时期城镇化离不开城镇基础设施与公共服务，需要加强城镇交通、能源、供水、通信、文化娱乐等城市基础设施建设，需要完善就业、教育、医疗、住房、养老等城镇公共服务。这些项目都具有较强的公共产品属性，公益性大于营利性，社会效益大于经济效益。部分基础项目投资额大、建设周期长。当前，中国金融组织体系以商业性金融为主体，追求盈利性、安全性与流动性间的平衡，对公益性项目的支持能力相对较弱。

第三，城镇化金融的均衡性。新时期城镇化既不能片面发展大城市，也不能盲目发展小城镇，需要走均衡发展道路，推进城市和城镇协调发展。加快发展中小城市和城镇，迫切需要增加中小城镇金融机构网点数量，加大对中小城镇的资金投入。当前中国金融体系在城乡之间布局失衡，金融机构网点设置、人员配备、信贷配置等都向大城市集中，在欠发达县域和小城镇的配置不足，大量县域资金流向大中城市，不能完全适应城镇化均衡发展的要求。这些特征决定了金融支持城镇化建设，必须坚持产业支撑，"四化"同步，将支持城镇化建设与支持工业化、信息化、农业现代化有机结合起来。新型城镇化必然需要新兴产业的支撑，带动工业产业布局调整，创造出更为广阔的投资空间。关注城镇化进程中的"三农"发展、产业承接转移、生态文明建设等新特点、新趋势，有利于掌握和了解城镇化金融服务的新需求，创新金融产品和服务模式，探索建立和城镇化发展相适应的可持续融资机制，完善融资服务体系，增强金融活力。

第四，城镇化金融的差异性。由于中国经济发展水平不同，各地金融与城镇化发展也处在不同的阶段。从全国角度看，东南沿海地区的城镇化水平较高，而中西部地区的城镇化水平仍然处在较低的或早期的起步阶段，同时也表现出与其他发达地区城镇化发展与金融发展不同的特征，并且在不同区域也表现出不同的发展模式。城镇特色不同，其金融需求必然存在差异。如以消费为经济模式的城镇的金融需求必然不同于以生产为经济模式的城镇的金融需求；以农业为特色产业的城镇必然不同于以工业或以服务业为特色产业的城镇的金融需求；以内需为主要增长动力的城镇的金融需求也必然不同于以外贸为主要动力的城镇的金融需求，等等。城镇化建设金融需求的特色化，也要求金融机构提供差异化的金融服务。

城镇化与金融的相关性

近年来，国内一些研究人员通过金融发展与城镇化之间因果关系研究，都得出相似的结论，金融发展和城镇化之间确实存在着因果关系。并且，随着金融的发展，金融对城镇化的支持作用会越来越大。当然，城镇化也会反过来作用于金融的发展。同时，研究也发现，中国的金融发展对城市化的作用在不同地区的作用程度是不同的，经济货币化程度的提高是影响城镇化水平的重要因素。同时，城镇化水平的提高促进了中国金融中介的发展。这种正相关关系，随着城镇化的发展金融深化程度会逐渐加深。

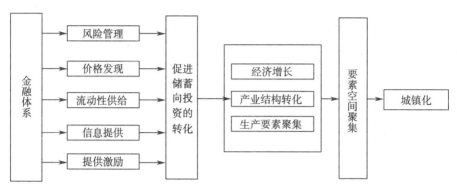

图2-1 金融体系的功能与城镇化关系图

金融发展可以通过不同的途径来促进城镇化进程，主要表现在：一是为城市建设提供资金支持；二是金融业的发展促进城市中中小企业的发展壮大进而吸纳更多的农村劳动力，促进农村地区剩余劳动力的转移，促进农村地区的城镇化；三是在城镇化进程中对生活方式转变的支持。

从区域的金融发展与城镇化之间作用的研究成果来看，与总体层面上的结论相比，地区的研究结论不尽相同，相对来说更缺乏一致性。原因可能是每个地区的具体情况各不相同，在数据的获取和指标选取上存在差别，所以在处理这些变量时导致的检验结果也不一致。但是结论的共同之处是都认为金融发展和城镇化之间存在着因果关系。因而需要从区域角度对金融发展和城镇化关系进行分析，从而使结论更有实际意义。

人民银行徐州市中心支行课题组曾从实证的角度，对苏北地区金融支持城镇化进行了分析。苏北地区是江苏省内的徐州、连云港、宿迁、淮安和盐城五个省辖市，与苏南、苏中地区相对应，经济发展水平落后于上述两个地区，发展水平总体上处于工业化和城市化的初、中期，对苏北而言，推进城镇化进程对促进农村经济发展、实现城乡经济一体化具有重要意义。但由于苏北地区农业回报率低，商业性金融逐利性强，城镇化金融服务不完善，农村各类经济主体的资金需求难以满足，城镇化速度受到明显制约。

第一，模型构建和数据来源。

面板数据模型是利用具有三维(个体、时间、变量) 信息的数据结构来分析变量间相互关系并预测其变化趋势的计量经济模型。模型既能从总体上反映变量间的相互关系，又能反映不同截面个体、不同时间的特性，同时又能克服多重共线性问题。一般线性面板数据模型可以表示为

$$\gamma_{it} = \alpha_{it} + \beta_{it}^{T} X_{it} + \mu_{it}, i = 1,2,\cdots,N; t = 1,2,\cdots,T;$$

其中，$X_{it} = (\chi_{1it}, \chi_{2it}, \cdots, \chi_{kit})$ 为外生变量向量，$\beta_{it}^{T} = (\beta_{1it}, \beta_{2it}, \cdots, \beta_{kit})$ 为参数向量，N为外生变量个数，T是时期总数。随机扰动项μ_{it}相互独立，且满足零均值等方差要求。

（1）指标选择

城镇化（URB）：为研究金融发展对城镇化水平的影响，以城镇化水平为因变量，以城镇人口占总人口的比重来衡量。

金融发展水平（FIR）：在进行金融发展水平的国家比较时，金融理论界通常采用戈德史密斯（1969）提出的金融相关比率来表示一国或一地区的金融发展深化程度。考虑到中国主要的金融资产集中在以银行为代表的金融机构手中，金融机构最主要的金融工具是存款和贷款，选用金融机构存贷款的规模作为金融资产的一个衡量标准，这一指标能大致反映出苏北金融发展水平。

固定资产投资（FI）：城市化的一个重要驱动力来源于固定资产投资带动的城市规模扩大。假设固定资产投资越高，城市化水平也越高。这一指标用城镇固定资产投资占GDP 的比重来表示。

进出口水平（IE）：出口导向的经济发展方式能够极大地转移农村人口。我们假设进出口额越大，城市化水平越高。这一指标用进出口总额占GDP 的比重（IE）表示。

（2）模型构建

根据上述分析，建立变截距模型如下：

$$LNURB_{it} = \alpha_i + BLNFIR_{it} + \gamma_1 LNFI_{it} + \gamma_2 LNIE_{it} + \varepsilon_{it}$$

其中：α_i代表截面单元的个体特征，反映模型中被遗漏的体现个体差异变量的影响，ε_{it}代表了模型中被遗漏的体现随截面与时间随时变化因素的影

响，服从均值为0、方差为δ_2的正态分布。为了数据处理的方便，对上述指标取自然对数，以平滑时间序列的指数关系，消除异方差。

（3）样本选取及数据来源

采用Eviews6.0计量软件，以苏北所辖5个城市数据作为分析的基础。这5个城市分别是徐州（XZ）、淮安（HA）、连云港（LYG）、盐城（YC）、宿迁（SQ），数据时间为2002~2009年。

第二，实证过程及结果分析。

首先将相关金融发展指标连同其他控制变量代入模型，进行随机效应的Hausman检验，以确定模型属于固定效应模型，还是随机效应模型。经检验，模型的P值为零，表明拒绝原假设随机效应模型，接受备择假设固定效应模型。为减少并修正截面中出现的异方差和短期自相关，模型使用"似不相关回归"方法（Cross-sectio SUR），利用横截面模型残差的协方差进行广义最小二乘估计（GLS），给出了加权后的计量结果。从模型可以看出，调整后的可决系数达到0.995，说明金融相关比率、固定资产投资、进出口等指标均在1%的显著性水平下通过了检验，表明模型的拟合优度较高。

综合比较，在众多影响城镇化进程的指标中，金融发展水平对城镇化起到最大的促进作用。因此积极拓宽金融支持苏北城镇化建设的渠道，创新融资方式，对于苏北农村城镇化进程的加快至关重要。

城镇化金融的发展空间

从总体上看，新型城镇化是一个资源要素集中的过程，是新经济形态和规模成形稳定的过程，是提高资源效率的过程。经济学中有个重要的"纳瑟姆曲线"[①]，它表明当城镇化水平达到30%而继续上升至70%的区间，是

---

① 纳瑟姆曲线表明发达国家的城市化大体上都经历了类似正弦波曲线上升的过程。这个过程包括两个拐点：当城市化水平在30%以下，代表经济发展势头较为缓慢的准备阶段，这个国家尚处于农业社会；当城市化水平超过30%时，第一个拐点出现，代表经济发展势头极为迅猛的高速阶段，这个国家进入工业社会；城市化水平继续提高到超过70%之后，出现第二个拐点，代表经济发展势头再次趋于平缓的成熟阶段，这时，这个国家也就基本实现了现代化，进入后工业社会。

城镇化率上升最快的发展阶段。显然，当前中国的城市化水平正处于这个快速发展阶段。从国际经验看，此阶段的一个突出特征就是需要大量的资金投入，中国也正面临着这样的问题需要解决，仅依靠政府的财政收入远远不够。

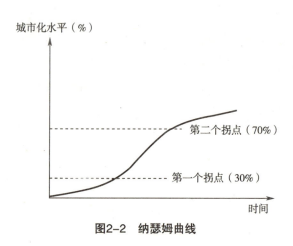

图2-2　纳瑟姆曲线

　　从发展规律来看，中国近年来出现了大规模的人口迁徙，城镇化水平已超过50%，表明城镇化正处在加速发展阶段。从公共产品和服务上看，新型城镇化能够实现基础设施的一体化和公共服务的均等化，促进城乡统筹和区域协调发展。从产业基础看，新型城镇化可以在更大范围内实现土地、劳动力、资金等生产要素的优化配置，推动农业规模化、产业化，增加农民人均资源量，提高农业劳动生产率和商品化率，提高农村经济社会和国家整体发展水平。

　　城镇化与工业化的关系是：工业化决定城镇化，城镇化反过来对工业化的持续增长起拉动作用。钱纳里在对世界上100个国家的经济发展规律进行分析后认为，城市化水平是随着工业化水平的提高而提高，以人均生产总值为标志的工业化率与城镇化率具有一定的正相关。在人均生产总值高于300美元时，城镇化率就应明显高于工业化率。当前，中国经过60多年的发展，按一般方法计算，城镇化率于2012年达到52.57%，从数据上看已超过工业化指标水平，表明中国正逐步进入以城市社会为主的新历史阶段和工业化发展后期（见表2-1）。

表2-1　2000~2013年中国城镇化率及工业化率　　　　单位：%

指标＼年份	2000	2001	2002	2003	2004	2005	2006	2007	2008	2009	2010	2011	2012	2013
城镇化率	36.2	37.7	39.1	40.5	41.8	43.0	44.3	45.9	47.0	48.3	49.9	51.3	52.6	53.7
工业化率 I	45.9	45.2	44.8	46.0	46.2	47.4	47.9	47.3	47.4	46.2	46.7	46.6	45.3	43.9
工业化率 II	22.5	22.3	21.4	21.6	22.5	23.8	25.2	26.8	27.2	27.8	28.7	29.5	30.3	31.1

注：城镇化率按城镇人口占总人口的百分比计算，工业化率 I 按第二产业产值占生产总值的百分比计算，工业化率 II 按第二产业就业人数占总就业人数的百分比计算。

数据来源：国家统计局。

城市的产业结构决定着城市的秉性特征。一个钢铁城市、一个轻纺城市、一个高新技术城市，即便地区生产总值相同，但对人口的吸纳能力却大不一样。有学者在2010年全国人口普查结果的基础上，拿出这样一组数据：2010年，中国当年的工业化率（46.8%）和城镇化率（51.3%）的比值为1.09，而全球这一比值的平均值是1.95，美国、英国、法国均为4.1，德国为2.64，日本为2.48。同样是提高1个百分点的城市化率，我们的工业化率要更高。也就是说，实现相同数量人口的城镇化，我们要办更多的工业。

这同样也说明，对于同样的工业化率，不同国家所带动的城镇化率也不一样。这其中的重要原因是，产业结构不同，吸纳的劳动力、提供的就业岗位也不同。发达国家以高端制造业、信息产业、现代服务业为主的产业结构相对较"轻"，有着较高的溢出效应和集纳效应，对城镇化的带动力自然强。为此，推进城镇化，必须坚定走新型工业化道路，大力发展战略性新兴产业，着力提高服务经济比重，推动形成以服务经济为主的产业结构，不断增强城市经济发展活力和吸纳就业能力，不断提升城镇这块"海绵"的吸水力。

中国城镇化水平被普遍认为滞后于西方工业化国家以及中国现阶段工业化发展水平。这一方面是相对于西方国家80%的城镇化率而言，中国城镇化水平明显不足。同时，城乡二元经济格局的显著存在和城镇内部二元结构现象的日渐显现，使得大量城市外来务工人员虽被划为城镇人口，但实际上就人口之外的意义而言，其未能成为真正的城镇化力量，对城市产业转型贡献有限，仅从统计上拉高了城镇化指标；另一方面，长期以来重工业优先发展的战略以及市场机制未能充分发挥对资源配置的决定性作用，使得整个国民经济产业化水平不高，工业化对城镇化、农业现代化的拉动能力不足，而粗放型经济增长模式对公共发展资源的过度浪费也阻碍了城镇化的推进。由此，受城市管理服务状况、经济发展水平等因素影响，中国城镇化水平从各方面来看仍相对滞后。

在城镇化的进程中，资金发挥着至关重要的作用，而金融又是资金融通的重要渠道。发展城镇化金融，需要评估城镇化建设中的金融机遇，把握城镇化金融的发展空间。

第一，金融发展为城镇化进程中基础设施建设提供支持。

首先，金融机构为城镇建设提供资金。城镇建设是一项耗资巨大的长期工程，往往需要大量的资金作后盾，根据联合国的标准，发展中国家城市基础设施建设投资应占固定资产投资的9.15%，或占生产总值的3%~5%。照此标准计算，每年中国城镇化建设需要数千亿元资金。新型城镇化更加重视城市的集群发展，基础设施尤其是中小城镇基础设施贷款需求大幅增加。新型城镇化在空间集群分布上，由过去的主要发展大城市向发展城市集群转变，促进大中小城市与小城镇的协调发展、聚合发展，增强城市辐射功能。同时，也更加注重生态发展，建设节能环保、和谐友好型城市。由此将带来城市建设尤其是中小城镇建设、生态城市建设的资金需求明显增加，以及轨道交通、高速公路建设的资金需求大幅增加。城镇硬件环境建设包括供水与排水系统、能源系统、交通系统、通讯系统、环境系统和防灾系统。2009年，中国的城镇人口为6.22亿人，城镇化率为46.6%，预计到2020年中国的城市化率将达到50%~60%，再加上人口的自然增长率，估计将转移农村人口1.2亿人。根据实践和测算，每转移一个农村人口平均需要的城市建设费用达5万~6万元，那么，转移需要的城镇化硬件环境建设投入就达6万亿~7万亿元。

其次，资本市场的发展为城镇建设提供资金。城镇建设不仅需要金融机构提供短期信贷服务，同时因为城镇建设中的许多项目是需要几年时间来完成，因此需要中长期资金支持。商业银行由于自身资产结构负债的特点和稳健经营的要求，银行的长期债务也要求有较高的风险溢价。因此，较强流动性的证券市场（股票市场和债券市场）的发展，将为一国或地区的经济增长带来长期资本来源，进而为城市建设需要的长期资本提供很好的筹资渠道。

最后，融资方式创新实现资本来源的多样化。在城镇化建设中，不仅要充分利用传统的融资渠道和融资工具来筹资，也可以利用一些新的融资方式和融资工具，实现资金筹集的多样化。如资产担保证券、融资租赁等。从城市建设来看，有相当一部分投资项目投资规模大、资金周转周期长、经营风险大，这些项目的特征决定了利用一般的银行借贷工具很难吸引资金。因此这类新的融资工具和融资方式为这些项目的资金筹集提供了新的途径。

第二，金融发展为城镇化进程中的产业结构调整提供支持。

发达国家和发展中国家的经历表明，产业结构变革是城镇化的主线之一，城镇化的过程也是产业结构不断演进发展的过程。这个过程表现为国民经济结构从第一产业→第二产业→第三产业，或者是由劳动密集型→资金密集型→知识密集型产业不断递进的过程。

首先，金融机构为产业结构调整提供支持。在城镇化进程中，通过发达国家的城市发展轨迹可以看到，通常是第一产业高度现代化，并且在国民总产值中的比例逐渐减少，远远低于第二产业、第三产业所创造的国民总产值。城镇化的过程往往是第二产业、第三产业比例增加，第一产业比例减少的过程。显然，在第二产业、第三产业增加的过程中通常需要大量的资金来推动实现。尤其是第二产业一般都是资金和技术密集型产业，它们在调整的过程中，例如技术改造和扩大生产都需要投入大量的资金，这一过程就需要银行的信贷支持。同样，第一产业比例减少也需要金融业的支持。

其次，金融机构为产业优化升级提供支持。新型城镇化以新型工业化为动力，战略新兴产业加速发展和产业集聚对金融提出了新要求。当前中国正迈入工业化中后期加速发展阶段，主导产业由传统产业向战略性新兴产业转变，产业分布由沿海向内陆转移、由分散向集聚化发展，产业驱动由简单加工、技术模仿向自主创新转变。新型城镇化中产业集聚发展的金融需求发生新的变化。一方面，战略性新兴产业、工业园区、国内产业梯度转移以及技术创新等领域的金融需求明显增加；另一方面，新型工业化过程中，成长型企业更多、产业转移集聚加速等新特点，要求金融机构更好地提供适合新型工业化发展的新产品、新服务。

最后，金融效率的提高促进产业优化。金融效率是指金融部门的投入和产出的比率，也就是金融部门对经济增长的贡献。首先，体现为商业银行效率的提高，即商业银行的资本配置效率、储蓄的聚集以及便利的金融交易等。其次，体现为证券市场的效率。证券市场最基本的功能就是对资金进行分配和优化，包括一级市场和二级市场，它的效率就是指发行和流通效率的提高。通过一级市场，募集的资金会自动流向具有发展潜力的产业和企业，同时使产业结构得到优化。

第三，金融发展为城镇化进程中的农村城镇化提供支持。

城镇化进程的主要条件之一就是农业人口向非农业人口的转变。而农业人口的非农化转变，不仅需要城市经济的发展，吸引大量的农村人口，更重要的是农村地区自身的发展转变，使农村地区自身可以通过发展把原有的农业人口转化为城镇人口。农村地区的城镇化主要表现在农业的现代化、农业生产的信息化、农民素质的提高三个方面。农村生活方式的转变，这些集中体现在：一方面，城市和农村的居民所享受的基础设施不同，而农村城镇化就是要享有和城市同等便利的基础实施。另一方面，农村和城镇的社会保障程度的不同，社会保障是城镇化很重要的一部分，这是农村城镇化的重要标志之一。农业的现代化、乡镇企业的发展和农村生活方式的转变，同样都需要大量的资金作后盾。

第四，金融发展为城镇化进程中的农民市民化提供支持。

发达国家的经验证明，工业化和农业现代化带动了城市经济的发展，造成了城市劳动力的稀缺，进一步吸引了农村劳动力向城市的流动，从而形成了"棘轮效应"，使城镇化的步伐不断加快，而农民向城镇的有序转移又进一步促进工业化和农业现代化的发展。伴随金融市场的发展、金融知识的普及以及农民市民现实生活的需要，产生相关金融需求：一是保险保障需求，新型市民的工作充满了预期收入不确定等风险，同时又缺乏针对伤病和失业等完善的社会保障，因此，需要保额较高、程序简化和服务渠道畅通的保险产品；二是贷款需求，由于收入不稳定、流动性强而导致资信难以保证以及难以满足金融机构的盈利需求，使得其贷款需求难以实现，因此，需要金融机构提供快捷方便、成本低又能够规避风险的小额融资；三是投资理财需求，需要得到全方位的金融咨询、理财投资和个人征信信息服务，能将剩余资金用于基金投资，购买国债，投资证券等，以分享现代金融理财投资所带来的较好回报。

以消费增长为例，到2020年如果中国的城镇化率提高到60%，城镇人口可达到8.7亿人，比2010年增加20022万人。按照联合国《世界人口预测》，中国2020年人口为14.54亿人，中国《人口发展"十一五"和2020年规划》明确2020年人口总量将控制在14.5亿人以内。假定从2010年到2020年城镇居民人均可支配收入年均增长7%，届时城镇居民年人均可支配收入将达到37591元。按照2010年城镇居民平均70.5%的消费倾向计算，2020年城镇居民人均用于消费的支出为26502元。以此测算，到2020年因城镇人口增长可增加消费53062亿元。

总之，中国城镇化蕴含着巨大的金融需求空间。

第**3**章　金融支持城镇化的路径

金融对经济发展的贡献和作用主要体现在金融功能的发挥上。当前，世界各国的金融体系主要有两类：一类是市场主导型金融体系，主要以美国、英国为代表；另一类是银行主导型金融体系，主要以德国、法国和日本为代表。虽然各国金融体系各不相同，但它们却具有相同的功能，即风险管理、资源配置、提供流动性、提供信息和解决激励等，通过其功能的发挥，提高储蓄转化为投资的效率，加速生产要素向城镇聚集和产业结构调整，提高非农收入，从而推进城镇化进程。而经济增长、产业结构调整和生产要素的聚集和集中，又为金融发展水平的提高创造了条件。

从国际上城镇化与金融发展的机制看，两者的互动发展呈现出阶段性，可分为三个阶段：起步期、成长期和成熟期。第一阶段为起步期，以城镇化的发展为核心，以工业的发展来带动城镇化，并以城镇化促进金融发展。在这一时期工业占据主导地位，金融作为服务业围绕着工业运转，金融的发展以城镇的发展为前提。第二阶段为成长期，是以金融的发展带动城镇的发展，特别近些年来特大城市的出现，金融服务经济的功能逐渐深化，从而促使分工的进一步细化，使企业之间的空间距离缩小，交易成本降低。第三阶段为成熟期，城镇化与金融的互动发展特征最为明显。一方面，金融、教育等服务业不断扩充内容，并成为第三产业发展的拉动力。另一方面，人口和资金向城镇的流动速度加快，人口规模的扩大扩张了消费市场的范围，资金规模的扩大强化了金融市场的作用，随着市场内容的丰富，城市功能逐步完善，并由工业型城镇向服务型城镇转变。

美国的资本市场主导模式

美国城市基础设施建设主要依托发达的资本市场，实现了多元化的投资主体和融资体制。在纯公共物品性质的基础设施领域，政府主要依托财政性融资手段，采取发行市政债券和政府采购这两种方式发挥主导作用。

美国的市政债券起源于19世纪20年代，由于城市化进程加快，城市建设需要大量资金，一般的企业债券、股票以及银行贷款不能有效满足公共服务部门、公共项目的资金需求，美国开始使用发行债券的方式为公共交通等基础设施建设融资，因此市政债券市场应运而生，现已成为美国经济发展融资的重要组成部分。美国的市政债券是地方政府或其授权代理机构发行的有价证券，地方政府根据信用原则、以承担还本付息责任为前提，所筹集资金用于市政基础设施和社会公益性项目的建设。美国的市政债可分两大类：一般责任债券（general obligation bond）和收益债券（revenue bond）。一般责任债券是未与特别项目挂钩的市政债券，其本息的偿付来自发行当局的综合收入，主要为地方政府的各种税收；收益债券是为特定项目（如收费公路）融资而发行的市政债券，其本息的偿付由相关项目的收入支应。1990年以来美国市政债券发行量在2000亿~4500亿美元，相当于美国国债的1/2、公司债的1/4，2008年末余额为2.6万亿美元。同时美国建立了严格的市政债券监管制度，规定发行市政债券必须由律师出具法律意见书，确认债券的合法性和债务约束力，市政债券的举债规模也受到严格的监督和约束。

美国的市政债券发行比较普遍，在全美8万多个地方政府中，大约有5.5万个是市政债券发行者。美国的卫生保健、高等教育、交通（高速公路、收费公路、港口和机场）和公用事业（供水、污水处理、电力天然气）等项目主要发行收益债券，一些收益不足偿还债务的建设项目，如会展中心、路灯系统，地方政府则发行一般责任债券，通过特定的销售税、燃料税或两者结合起来偿债。在美国各州和地方政府每年通过发行长期债券为公共资本支出提供60%左右的资金，在城市基础设施建设中发挥了极其重要的作用。比如美国水务市场（含供水、污水处理、污水管网、河道疏浚等），每年的建设性投资需求为2300亿美元，其中85%来自市政债券，政府财政投资仅占15%。

　　同时，美国政府非常重视社会化的项目融资，把引入社会资本作为提高城市基础设施建设效率和降低成本的手段。其主要做法是通过提供市场优惠、特许经营权和管理权或由政府提供信用等方法吸引私人部门投资，而不是以直接投资者或直接借款人的身份介入。其中，较为典型的模式有BOT、TOT和PPP。BOT（Build-Operate-Transfer）模式，即政府公共部门承担的基础设施领域引进私人资本投资基础设施项目。TOT（Transfer-Operate-Transfer）模式，即政府将已建成的大型基础设施项目有偿转让给私人资本，政府再将收回的资金投入新的基础设施建设之中。PPP（Public-Private-Partnership）模式，即公共政府部门与民营企业合作模式，是公共基础设施建设中发展起来的一种优化的项目融资与实施模式，这是一种以各参与方的"双赢"或"多赢"为合作理念的现代融资模式。其典型的结构为：政府部门或地方政府通过政府采购形式与中标单位组成的特殊目的公司签订特许合同（特殊目的公司一般有中标的建筑公司、服务经营公司或对项目进行投资的第三方组成的股份有限公司），由特殊目的公司负责筹资、建设及经营。政府通常与提供贷款的金融机构达成一个直接协议，这个协议不是对项目进行担保的协议，而是一个向借贷机构承诺将按与特殊目的公司签订的合同支付有关费用的协议，这个协议使特殊目的公司能比较顺利地获得金融机构的贷款。采用这种融资形式的实质是，政府通过给予私营公司长期的特许经营权和收益权来换取基础设施加快建设及有效运营。

　　美国的城市基础设施建设是以私营经济为主体，能够由市场进行调控的行业政府就不干预，市场化程度很高。而由民间资本控制的基础设施企业可以自主定价，使民间资本的投资率保持在较高的水平上。使民间资本成为基础设施建设的投资主体，这是美国政府对投资来源的选择思路。美国政府将自己放在引导者和监管者的位置上，把引入社会资本作为提高城市基础设施建设效率和降低成本的手段。其主要做法是通过提供市场优惠、特许经营权和管理权或由政府提供信用等方法吸引私人部门投资，而不是以直接投资者或直接借款人的身份介入。据统计，美国联邦政府公共财政支出和地方政府公共财政预算仅占总投入的25%，其他都是民间资本，在一些经营性城市基础设施建设项目中，私营企业和社会资金所占份额甚至更大。对于一些不涉及国家安全的非经营性项目，政府也在积极创造条件鼓励民间资本进入。

此外，美国还积极利用资产证券化、基础设施投资基金等方式为城市建设融资。基础设施投资基金品种很多，包括电力建设基金、通讯建设基金、公路建设基金和航空建设基金等。数额巨大的共同投资基金将分散的民间资本集中起来，交给专家经营，进行基础设施等项目的长期投资，以获得长期稳定的收益。由于为各项投资基金提供了完备的法律保护和法律监管基础，投资基金在美国发展也十分迅速，有效地使资金供给和需求尽量平衡。

以美国的城市交通融资为例。美国城市交通以私家车为主，公共交通处于辅助地位。为了解决这种交通模式造成的交通拥堵、环境污染等问题，美国从20世纪60年代开始通过各种立法，扶持城市公共交通的发展，尤其从投融资方面进行探索。美国城市公共交通投融资模式可以归纳为"政府投资+营运收入+市政债券+项目融资"。美国通过国家立法保障城市公交投资和补贴，1998年颁布的《21世纪交通平衡法》（TEA—21）的基本思想是：改进安全，保护环境，增加就业，重建美国运输基础设施，协调发展各种运输方式。该法令提出，不仅要在高速公路、桥梁方面进行投资，还要在公共运输系统、联合运输和诸如智能运输系统这类先进技术领域进行投资，并列入国家财政预算。1999年有26亿美元按照一定公式分配给人口超过5万的城市化地区，其中约70%用于公共汽车。2003年为公共交通提供360亿美元的公共交通基金，另有50亿美元可用于各种拨款。但经营性补贴范围不断削减，联邦政府只照顾小城市和农村的公交系统。现在，美国公共交通的资金来源60%是政府补贴（其中5%是联邦政府补贴、21%是州政府补贴、34%是地方政府补贴），37%是票价收入，其余则通过营业税、消费税或发行债券补齐。

德国的财政主导模式

在德国，政府是建设项目的投资主体，政府在城市基础设施的投资中起到了重要的作用。其做法是，把基础设施分为两类：一类是非经营性的或社会效益非常大的项目，如城市道路、地铁等，这类项目完全由政府财政预算投入，若政府资金不能满足投资需求，则由政府向银行贷款，但贷款数额必须控制在财政长期预算收入可偿还的范围内；另一类是经营性的或可收费的项目，如供水、供气、污水处理、垃圾处理等，政府允许企业进入，鼓励企业通过市场融资，但视企业的重要程度，政府会提供一定比例的注册资本金。

德国城市基础设施建设的投融资活动具有两个重要的特点。一是强调各种政策制度的法制化；二是通过具有前瞻性的前期规划确保基础设施建设的合理性。德国政府在城市基础设施建设方面极具战略眼光和前瞻性，政府长期规划的周期可长达十年。德国对外国资本进入本国各类产业基本持"国民待遇"的态度，在税收和投资激励方面保持与德国企业的同等待遇。外国投资者非常认同这种公平的竞争环境，投资德国的积极性非常大。在吸引外国资本进入方面，德国政府通过投资宣传机构推进海外资本的对德投资。德国政府在20世纪70年代专门成立了德国各新州工业投资公司，负责为德国东部地区引进投资。1998年德国又成立了科佩尔投资公司，负责从整体上宣传以吸引外资进入德国。

财政政策发挥引导作用。为了实现地区平衡发展，德国政府通过一系列政策措施进行调控，以不断缩小各地发展差距。两德统一期间，东德经济发展总体落后于西德。这造成了统一后东德人口大量流失，当地经济更加不景气。为了平衡这种发展，联邦政府采取"团结补贴"，收取税率为5%的"团结税"，每年给东部新联邦州提供120亿欧元（约合人民币980.41亿元）的补贴，一直持续至2019年。这笔补贴一方面用于旧城改造和基础设施修建，以提升城市的生活质量和形象；另一方面，为入驻的企业提供土地、税收、贷款等方面的优惠。在这种政策的鼓励下，东部形成了以莱比锡、德累斯顿、魏玛等各具特色和吸引力的城市。各州财政平衡制度也是德国实现地区平衡发展的重要制度。该制度规定，财政收入高的州要通过财政平衡去补贴财政收入低的联邦州。慕尼黑所在的巴伐利亚州在六七十年前是一个落后的农业州，要靠其他州补贴财政。在财政平衡制度政策扶持下，巴伐利亚州现在是德国最富有的州，每年财政反哺其他州也最多。

积极拓展新兴投融资模式。德国政府在推行城市基础设施建设投融资模式市场化的同时还积极倡导模式创新，采取多种国际性融资，BOT、BOB或

TOT等新型投融资模式层出不穷。德国政府掌握特许经营权力，在确定城市基础设施建设方案之后，政府通过转让一些自然垄断行业的经营权来达到融资目的。对于自然垄断行业，如自来水供应、煤气供应、污水处理等，在政府决定建设基本项目后，通过该行业若干企业之间的平等竞争，政府选择一家优势企业，特许其进行该项目的经营。政府与企业签订协议，保证政府提出的目标的实现。特许经营权使政府在城市基础设施建设项目融资中占据有利的地位。

对使用者进行收费。在城市基础设施建设投资上，未来的使用者，包括居民和企业也要分担一部分费用。这相当于间接地融资。如居民使用天然气，就要负担与管网连接的费用。即遵循"谁用谁交，多用多交，不用不交"的原则。这种付费制度被主要运用于垃圾处理，废水、污水处理，娱乐设施，公园等城市基础设施领域。这种制度不仅降低了这些公共事业的运行成本，同时也在潜移默化中提高了人们的环保意识，改善了城市软环境。

从德国的公路建设融资可以看出其融资的特点。德国的公路被分为联邦级、州级和乡镇级3等，作为世界上先进的工业国，其公路交通十分发达。德国公路养护和管理所需资金主要有几种渠道与筹措方法：一是一般税收，公路使用者税收和道路通行费；二是上市募集融资；三是发行企业债券，用于区域内基础设施建设；四是开发建设物业设施等，并用每年定期获得的租金作为抵押，向银行申请长期贷款。如高等级公路投资公司以一定范围的土地为标的物，以地产开发后的销售权益为依据定价，发行地产投资券，所筹资金用于该片土地的规划设计、征地拆迁、土地平整、道路建设及供电、供水、排水等"五通一平"的开发。当前德国公路融资活动从整体上呈现出两种状况：一是以政府投入为主，并进一步发展资本市场融资。联邦资助是德国发展公路的主要资金来源，一般情况下联邦政府资金在项目投资中占90%左右，州政府资金占10%。但是部分州也存在一些收费公路，其建设资金主要来自非政府渠道，融资方式是发行公路债券，2002年各种运输类债券发行280亿美元，其中公路债券150亿美元，占该年运输类债券的53%。二是对收费公路实行特许经营制度，收费公路融资比重较大。通过吸收私人资本和发行非国家担保债券，开辟了公路建设资金的新来源。对特许经营性公路的融资和管理制度进行改革，主要公路特许经营公司的资金来源发展到现在，由公司自有资金、发行公债取得的资金、中央政府给予的预付款和地方政府给予的无偿补助金构成。

日本的银行主导模式

第二次世界大战以后的半个多世纪中，日本经济迅速崛起，其融资模式随着经济的发展也在不断发生演变。总体上看，日本融资模式的特征可以概括为以间接融资为主、直接融资为辅。但在不同时期这两种方式的重要性有所变化。在经济高速增长时期，间接融资是筹资的主要渠道，而直接融资由于受到制约过多，发挥的作用极为有限；在随后的经济低速增长时期，间接融资中的企业贷款比重下降，通过银行投资于有价证券的比重上升，直接融资随着国债的大量发行而逐步兴起；20世纪90年代以后，金融全球化、自由化进程不断加深，日本所面临的环境发生变化，政府的过度保护和过多干预已不适应新形势的需要，资本市场在改革进程中得到迅速发展，进一步发挥直接融资的作用已成为必然趋势。

20世纪50年代中期至70年代初期，是日本经济史上的高速增长期，也是现代日本经济腾飞的起点。这一时期日本金融领域最大的特点是以银行为主的间接融资占据主导地位，直接融资所发挥的作用十分有限。在这一时期，间接融资所占的比重平均高达80%以上，其中大约80%属于金融机构贷款。相比之下，直接融资所占的比重极小，在经济发展中所发挥的作用十分有限。政府主导的政策性金融体系推动了间接融资的发展。为了筹集更多的长期建设资金，日本政府塑造了独特的政策性金融体系。当时，日本的政策性金融机构主要包括两大部分：一部分是日本兴业银行、日本长期信用银行、日本债券信用银行三家长期信用银行，它们主要通过发行长期金融债券，在政府主导下向大企业集团提供中长期贷款，三家长期信用银行在高速增长期提供的设备融资占整个金融系统设备融资总额的四分之一。另一部分是日本开发银行、日本进出口银行以及国民金融公库、冲绳振兴开发金融公库等10家金融公库，这些机构由政府出资建立，各自向特定的行业和部门提供政策性融资。在所有金融机构贷款总额中，以上两类政策性金融机构的贷款约占

30%。

日本在20世纪50年代初到60年代中期，对以电力、交通运输为代表的基础设施进行了8~15年的集中投资，为60年代及以后的经济高速增长打下了坚实的基础。日本中央政府在城市建设中承担责权较多，主要通过金融市场依托政策性金融机构的中长期信贷和发行地方公债为城市建设融资。1951年日本政府成立了"开发银行"，由中央政府全资拥有，取代在此之前的"复兴金融公库"，主要向国内能源、交通等基础设施部门提供长期低息贷款。该银行的资金大部分来自财政投融资计划，同时也在国际债券市场上发行由中央政府担保的债券。政策性金融不仅促进了基础设施部门的高速增长，还对民间资本产生了很好的引导作用，大量民间金融机构开始向政策性银行投资的部门提供贷款，有效地保障了大规模基础设施建设对资本的需求。

日本的地方债券十分发达，以市场规模来衡量，其发行量仅次于美国的市政债券，位居第2，2008年市场规模达到2万亿美元。日本的地方债券包括地方公债和地方公营企业债两种类型，其中地方公债是地方债券的主体。地方公债是地方政府直接发行的债券，主要用于地方道路建设、地区开发、义务教育设施建设、公营住宅建设、购置公用土地以及其他公用事业；地方公营企业债是由地方特殊的公营企业发行、地方政府担保的债券，使用方向主要集中于下水道、自来水和交通基础设施等方面。日本的地方债券并不是真正意义上的市场性融资，与美国等西方国家的市政债券制度有比较大的区别，具有比较强的私下协调的财政性质。

日本政府每年直接投入基础设施建设上的资金数额庞大，政府资金直接参与投资。根据2009年日本统计年鉴提供的数据表明，仅2008年一年直接投入大型基础设施建设中的政府资金就达9.4兆日元，其资金分布如图3-1所示。政府主要通过两种直接投资方式来引导民间资本加入城市基础设施建设。一种是筑巢引凤的方式，政府先行投入一定资金，对区域进行基础设施建设，使其更利于今后发展，然后以此作为优势来吸引民间资本共同建设更加大型的基础设施，最后将该区域建设得更加完备和舒适。另一种为联合投资方式，即政府和民间团体共同投资参与基础设施建设。

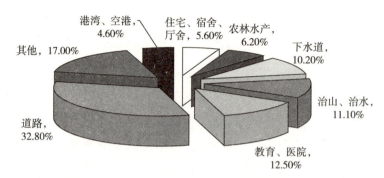

图3-1　2008年日本政府公共设施投资额比例

　　日本政府金融机构通过各种方式积极探索多元化的融资渠道。以日本开发银行为例，它通过吸收人们的储蓄金、养老金等向国内基础设施建设提供长期低息贷款，不仅促进了城市基础设施建设高速增长，还对民间资本产生了诱导效应，使得大量民间资本竞相向政策性银行投资部门提供贷款，有效地保证了大规模城市基础设施建设对资金的需求。而作为补充性政府金融机构，住宅金融公库、北海道东北开发金融公库、冲绳振兴开发金融公库等，也从不同角度弥补了民间金融机构资金的不足。在电力、铁路等大型基础设施建设领域，日本政府金融机构除通过发行长期金融债券来为基础设施建设融资外，财政和政策性金融机构也为民间资本提供担保，而且担保最高可达80%。如在日本电信业投资不足的情况下，日本政府制定了一个新的规定，每一个安装电话的用户都必须认购一定数量的政府债券。日本政府金融机构以这种通过发行特殊债券的方式为电信业融资，促进日本通信产业迅速发展。

城镇化金融的路径选择

　　从中国城镇化融资的历史表现来看，城镇化融资作为城镇化建设的重要推手，在支持产业发展、完善城镇基础设施等方面发挥了重要作用，但也存在着一些问题：

　　第一，投资主体单一，难以满足基础设施建设庞大的资金需求。当前，财政投资在城镇化基础设施建设中仍占较大份额。但是财政资金毕竟有限，并且部分地区地方财政收入增速已经出现了大幅回落。以全国为例，2013年全国公共财政收入12.91万亿元，比上年增加1.2万亿元，增长10.1%。与之相对应的是，2013年全年全社会固定资产投资44.7万亿元，比上年增长19.3%，扣除价格因素，实际增长18.9%。由此会带来巨大的资金缺口，在这种情况下，仅靠财政资金投入不能满足城镇化基础设施建设快速发展的需求。

第二，金融支持小城镇建设方面存在着城乡失衡的问题。金融体系在城乡之间布局失衡，金融机构的网点布置、人员配备、信贷配置等都集中于中心城区，在欠发达县域和小城镇的配置明显不足，吸收的县域资金也大量聚集到中心城区，优先用于中心城区的建设与发展，使得原本就缺乏资金的小城镇捉襟见肘，城镇化建设缺乏必要的投资资本。城镇化基础设施建设项目存在周期长、资金占用额大、成本回收时间长的特点，并多为公益性项目，项目本身不产生现金流，需要政府财政补贴或提供政策优惠维持运营，因此还款来源较难保障，金融机构对城镇化基础设施建设项目信贷投入的积极性不高。

第三，融资渠道狭窄，难以满足城镇化建设中现代农业发展的多元化需求。近年来，现代农业得到了较快发展，金融支持力度进一步加大。据调查，当前现代农业资金主要来源于银行贷款，占全部资金来源的60.4%，农民自筹占20.9%，财政补贴占8.9%，通过民间融资等其他渠道获得的资金不足10%。农业信贷市场仍然缺乏对需求度日益提高的3~5年的中长期信贷品种的开发与使用，诸如农业专业合作组织、农村水利建设、农业科技创新、生态环境治理、创办涉农相关企业投资等，金融供给模式难以满足现代农业多样化的资金需求。

第四，政府融资平台风险逐渐显露，城镇化融资存在潜在经济金融风险。从现实情况看，作为城镇化主导力量的地方政府，其融资模式比较狭窄，政府融资平台仍然是地方政府城镇化建设资金的主要来源。随着上一轮经济刺激过程中的政府融资平台贷款进入偿还高峰期，而地方政府财政收入没有明显改观甚至增速下滑，财政支出和投资却在大幅增加，财政偿债压力愈发加大。地方财政的入不敷出，已经给城镇化建设融资埋下了潜在的信用风险。

中国城镇化金融的可持续发展，应从经济和金融的高度，进行城镇化金融顶层设计，从理论与实践相结合的层面，根据自然区位特点、资源禀赋、历史文化传承和地域生产力结构差异等要素对城镇化金融进行战略管理、分类指导和分层建设，实现金融对城镇化之间的相互支撑与良性互动。

第一，构建面向城镇化金融发展的机构体系。

城镇化金融模式在很大程度上影响城镇化建设的路径，制约城镇化建设的质量。走集约智能绿色低碳的城镇化道路，要求构建与之相适应的金融体系。

首先，构建布局合理的多层次金融组织体系。进一步完善新型城镇的金融组织体系，形成政策性金融、商业性金融、民营性金融等多种形式并存的金融服务格局，不断提高城镇建设的金融服务覆盖面。金融机构应加大对城镇的金融资源配置力度，增加城镇机构网点、人员配置和基础设施，根据自身比较优势和经营发展战略明确市场定位，开展差异化、特色化竞争。

其次，构建适应不同融资需求的多元化融资渠道。应根据城镇化建设的多元化金融需求特点，探索多元化融资渠道，实现以间接融资为主向直接融资与间接融资并重转变，向体制外引入更多民间资本转变。另外，构建能够破解融资难题的金融产品体系。如有序开展土地经营权抵押融资业务，探索更多土地资本化方式，充分利用城镇化进程中的土地增值集聚金融资源。

最后，充分发挥资本市场的直接融资功能。利用股票、债券市场融资规模大、期限长、使用稳定的特点，鼓励符合条件的农业产业化龙头企业、现代农民专业组织、新兴行业的中小企业上市发行股票、债券，利用资本市场开展直接融资。

第二，完善有利于城镇化金融发展的体制机制。

从世界主要经济体金融支持城镇化的经验看，政府均扮演了非常重要的角色，加强城镇化建设的金融支持离不开政府的调控和引导，需要完善有利于城镇化建设融资的体制机制。

首先，完善与城镇化建设相对应的地方财政体系。加快推进财税体制改革，赋予地方政府与城镇化建设事权对应的征税权，探索对城镇化进程中不断增值的土地和房地产征收财产税，加快培育相对稳定的地方税源，提高基层政府公共服务能力和偿债能力。规范发展城镇建设投融资平台，充分发挥投融资平台在发行新型城镇建设债券、对基础设施资产进行证券化等方面的作用，加快资金周转、分散投资风险。

其次，完善有利于城镇化建设融资的金融生态环境。应加快利率市场化改革步伐，促使金融机构改变规模扩张、同质竞争，依据自身优势明确市场定位，实施差异化、特色化竞争。尽快推出存款保险制度，为各类金融机构创造公平竞争的金融市场环境。强化城乡一体化金融基础设施建设，加强农村社会信用体系建设，为金融机构合理布局提供基础条件。

再次，完善支持激发城镇化金融创新活力的相关产权制度。修改、完善相关的政策法律制度，允许农村集体土地使用权或承包经营权进行抵押融资，支持金融机构创新土地金融产品。加快推进农村集体土地承包经营权流转交易，建立一定区域范围内产权交易市场，为金融机构创新土地金融产品、落实金融债权提供条件。

最后，构建金融支持城镇化建设的激励机制。应发挥货币金融政策的激励引导作用，对参与城镇化建设力度较大的金融机构在再贷款、再贴现、存款准备金、合意贷款规模等方面给予倾斜，在相关金融市场准入、新金融业务开办等方面给予优先考虑。应充分发挥财政对金融资源配置的引导作用，通过给予财政补贴、税收优惠、风险补偿等方式，引导金融机构资源投向。

第三，明确城镇化金融支持的重点领域。

新型城镇化对应的金融市场跨度广、纵深大、层次多，服务好这个市场，需要把握主线，突出重点。

首先，加大城市建设金融支持，推动多维城镇化进程。在继续加大对城镇道路改造、供水供气、物流网络等基本建设金融支持力度的同时，进一步创新金融服务和融资产品，增加环境保护、居民服务、文化教育、医疗卫生、社会保障等领域的资金投入，努力提升城镇化的"软件"水平。加大城市集群化发展的金融支持力度，完善城市群的金融体系和结构，实现金融资源的城镇之间共享，加大对城镇群之间的道路干线、运输管道等金融支持力度，提升城市群的集聚作用和辐射能力。

其次，加大产业结构优化升级的金融服务，推动产业城市化进程。坚持"绿色信贷"导向，加大对战略性新兴产业、产业转移和工业园区的金融支持，加大对城镇特色产业、中小企业的支持。加大农业现代化支持，支持新型城镇农业产业化龙头企业扩大生产、提升品牌效应。围绕培育现代产业体系，支持城镇实体经济。

再次，支持农业现代化和城镇化协同发展。加大对现代农业金融服务模式和手段的创新，探索和推广农业产业链和供应链金融服务。提高对农业关联产业基地建设、产业链整合等领域金融服务水平，促进农户增收致富，筑牢城镇化发展基础。

最后，围绕农民市民化主线，深化民生金融服务。发展消费金融，改善客户体验，做好"便民"金融服务，打造综合性金融服务平台。

第二篇

城镇化金融的支撑点

　　牢牢把握发展实体经济这一坚实基础，实行更加有利于实体经济发展的政策措施，强化需求导向，推动战略性新兴产业、先进制造业健康发展，加快传统产业转型升级。

第 **4** 章　城市综合承载力

　　城市综合承载力是城镇化建设的关键要素，加强城镇基础设施建设，是提高城市综合承载能力的重要途径，只有当基础设施建设方面的金融需求得到较好的满足，具备现代城镇经济发展所必需的基础条件，在城市综合承载力范围内运转，城镇化进程才可能有序推进。

何谓城市综合承载力

　　"承载力"一词最早出自生态学，其作用是用于衡量特定区域在某一环境条件下可维持某一物种个体的最大数量。从20世纪中叶以来，随着全球性的人口膨胀、资源短缺、生态环境恶化，人地矛盾日趋尖锐，促进了承载力研究向纵深发展。综合承载力包括资源承载力、环境承载力和生态系统承载力、基础设施承载力，它们构成了综合承载力的主要部分，起着决定性作用。

城市综合承载力是具有相对极限内涵的概念

　　城镇化和工业化发展战略直接推动了中国经济实力和综合国力的不断提升，但与此同时，城市用地的不断扩张和人口的剧增也引发城市公共需求快速增长、资源环境约束持续强化、生态环境问题日渐突出、城市建设瓶颈不断凸显等问题，严重制约了城市经济、社会、生态的可持续发展和公众身心健康。

　　总的来看，城市承载力具体表现为城市的自然资源、生态环境、基础设施、就业岗位和公共服务对城市人口及其经济社会活动的承载能力，是资源、环境、经济、社会各种承载力的有机结合。它是一个与资源禀赋、技术手段、社会选择和价值观念等密切相关，包含"短板"约束的因素，当然并非是固定不变、静态和单一的。城市综合承载力的水平能随着技术进步和调控措施的完善而提升。但必须看到，无论在什么样的技术水平下，人类社会层面的承载力始终会低于生物物理等自然层面的承载力，存在资源环境约束的自然规律。即使从经济学成本效益的视角考量，开放环境下资源的要素流动也会受到要素总量的限制，超越了城市承载力的阈值，这种要素结构的调整反过来也会成为一种成本，成为城市发展、影响城市市民"幸福感"的瓶颈。

落实中国城镇化战略的质量水平实质上就是把握社会发展速度与城市综合承载力的匹配程度，衡量城市综合承载力的构建、结构是否合理以及如何提升城市综合承载力。

合理的综合承载力即一定时期、一定区域和一定社会、经济、生态与科技条件下，城市资源在自身功能完全发挥时所能持续承载的城市人口各种活动规模和强度的阈值。可持续发展的城镇化与综合承载力二者相辅相成，内涵相通，都是城镇化过程中面临人口、经济、资源与环境矛盾日益突出的情况下提出的。强调经济发展与人口、资源、环境协调发展，实现新型城镇化，必须提高城镇综合承载能力，并切实降低人居成本和城镇运行的商务成本，与农业转移人口的劳动生产率和经济承受力相适应。

资源、环境、经济发展和资源利用效率这些要素决定了城市承载能力的硬实力。相对于资源、环境、经济发展等这些城市内在的承压能力而言，人口增长、生活水平及其需求是外加于城市的压力因素，在其压力条件下，城市呈现出的承载能力就是社会承载力，也是软实力。如果人口各种需求和排污超过了承压方的城市载体所能供给和消化的能力，就会出现城市生产、生活的失衡，就会出现城市承载力超载的问题。

由中国社科院、首都经贸大学等单位专家共同撰写的《京津冀发展报告（2013）：承载力测度与对策》称，北京的城市综合承载力超过了警戒线，处于危机状态。主要原因是城市承载压力过大，城市支撑力随人口增加而下降。水源枯竭、垃圾围城、雾霾肆虐、交通拥堵、人口超载所带来的不良后果正在逐渐显现。京津冀属于"资源型"严重缺水地区，人均水资源远低于国际公认的严重缺水标准。2011年，北京水资源总量为26.81亿立方米，按照2011年末常住人口2019万人加上流动人口约240万人算，人均水资源占有量仅为119立方米，远低于国际人均水资源占有量1000立方米的重度缺水标准。报告分析，北京市的水资源人均需求量约为345立方米，依此推算，北京当地水资源只能承载667万人，相当于现有人口规模的40%。2011年北京全年水资源缺口量为9.2亿立方米，这种巨大差额不得不依靠过度开发地表水、超采地下水以及依靠外来水源的补给。北京市的人口密度由1999年的766人/平方公里增加到2011年的1230人/平方公里，近5年年均净迁入近50万人，已超出了土地资源人口承载力。

可持续的城镇化必须建立在合理的综合承载力的基础上，统筹考虑城镇化运行的各个方面，构建城镇化科学发展的指标体系及生态城市的指标体系，既要有经济指标，也要有人均可支配收入、医保覆盖率等民生指标，还要有义务教育平均年限等人文指标，基础设施和环境指标也不可少。比如，自来水、燃气等普及率、生活垃圾无害化处理率、污水处理率、道路网密度、医疗床位供给率、城市绿地覆盖率等。

基础设施建设需要统筹布局

在《国家新型城镇化规划（2014~2020年）》中，提出发展集聚效率高、辐射作用大、城镇体系优、功能互补强的城市群，使之成为支持全国经济增长、促进区域协调发展、参与国际竞争合作的重要平台。构建以陆桥通道、沿长江通道为两条横轴，以沿海、京哈京广、包昆通道为三条纵轴，以轴线上城市群和节点城市为依托、其他城镇化地区为重要组成部分，大中小城市和小城镇协调发展的"两横三纵"城镇化战略格局。强化综合交通运输网络支撑，来保障城镇化优化、城镇化空间布局和城镇规模结构。在交通基础设施方面主要加强以下方面的建设：

第一，完善综合运输通道和区际交通骨干网络。强化城市群之间的交通联系，加快城市群交通一体化规划建设，改善中小城市和小城镇的交通，发挥综合交通运输网络对城镇化格局的支撑和引导作用。到2020年，普通铁路网覆盖20万以上人口城市，快速铁路网基本覆盖50万以上人口城市；普通国道基本覆盖县城，国家高速公路基本覆盖20万以上人口城市；民用航空网络不断扩展，航空服务覆盖全国90%左右的人口。

第二，完善城市群之间综合交通运输网络。依托国家"五纵五横"综合运输大通道，加强东中部城市群对外交通骨干网络薄弱环节建设，加快西部城市群对外交通骨干网络建设，形成以铁路、高速公路为骨干，以普通国省道为基础，与民航、水路和管道共同组成的连接东西、纵贯南北的综合交通运输网络，支撑国家"两横三纵"城镇化战略格局。

第三，构建城市群内部综合交通运输网络。按照优化结构的要求，在城市群内部建设以轨道交通和高速公路为骨干，以普通公路为基础，有效衔接大中小城市和小城镇的多层次快速交通运输网络。提升东部地区城市群综合交通运输一体化水平，建成以城际铁路、高速公路为主体的快速客运和大能力货运网络。推进中西部地区城市群内主要城市之间的快速铁路、高速公路建设，逐步形成城市群内快速交通运输网络。

第四，建设城市综合交通枢纽。建设以铁路、公路客运站和机场等为主的综合客运枢纽，以铁路和公路货运场站、港口和机场等为主的综合货运枢纽，优化布局，提升功能。依托综合交通枢纽，加强铁路、公路、民航、水运与城市轨道交通、地面公共交通等多种交通方式的衔接，完善集疏运系统与配送系统，实现客运"零距离"换乘和货运无缝衔接。

随着基本的道路、桥梁等建设完善之后，政府的社会公共职能就愈显重要，城市公共交通、城市污水的处理、燃气管道的铺设、城市绿化、垃圾处理、公园的建设等公共设施投资必将继续加大。与发达国家相比，中国的路网、城市绿地、供排水、垃圾处理等城市基础设施仍显薄弱。未来新型城镇化的基础设施建设涉及全国20个左右城市群、180多个地级以上城市、1万多个城镇和数十万个行政村，涵盖路网（铁路、公路、轨道交通等）、电网、供排水、污水处理、垃圾处理、网络通讯、园林绿化、应急减灾等多个系统。

从经济学的角度来看，城镇化基础设施具有公共物品的属性。而按照公共物品的具体属性又可以划分为纯公益设施、经营性设施和准公益设施三类。城市绿化、生态环境、城市防灾等设施具有非排他性和非竞争性的特点，因此属于纯公益设施。垃圾处理、污水处理、城市轨道交通等设施具有一定的非排他性和非竞争性的特点，因此属于准公益设施。电力、电信、自来水等设施没有外部特征，具有竞争性和排他性，因此属于经营性设施。同时，城镇化基础设施也具有外部性特征，即一些城市基础设施能使第三者受益，但受益者无须付出任何代价；使第三者受损，而不会受到任何经济处罚。

以地铁和快速公交为代表的城市交通体系建设为例。研究表明，城市的拥堵正是城市的基础设施未跟上人的发展步伐所致。以北京为例，一个人口超过2000万的特大都市，运营的地铁总长度为456公里。天津、重庆则更是缺乏，与国际都市尚有较大差距。纽约市公共交通占总交通量的53%，市区铁路共27条，长1056公里，所有车站通宵服务。基于此，截至当前已有30多个城市的轨道交通项目通过发改委的审批，东北地区的沈阳、长春和哈尔滨也开始走上建设地铁的道路。根据各地公开资料统计，33个城市合计在"十二五"期间将新增轨道交通里程2467公里，2016~2020年新增5538公里，如果以每公里5.5亿元的平均建设资本计算，那么到2020年将会有3万亿元的资金投入。

表4-1　城镇基础设施建设需求表

路网建设	"十二五"期间，全国轨道交通建设规划3300公里，快速公交系统3000公里，综合性交通枢纽200座，城市群之间的城际铁路、高速公路等交通建设空间巨大
电网建设	农民市民化后用电需求将增大，电网扩网和升级改造投资空间大
供水、气、暖	2020年，生活用供水总量将较2012年增长30%，煤气需求将增长44%，供暖需求将增长49%
污水处理	"十二五"期间，中国污水处理率由77%上升到85%，城市污水处理投资预计超过7000亿元
垃圾处理	2012年全国规划及新开工建设的垃圾发电项目规划为64535吨/日，同比增长26.3%
网络通讯	2011年，全国平均家庭宽带普及率为29%，其中农村家庭宽带普及率仅为10%左右，发展空间巨大
园林绿化	2010年城市园林绿化固定资产投资超过2000年的15倍，2010年以来复合增长率为70%，预计未来将持续增长

资料来源：国家统计局。

除去城市交通体系，中国城市供水供气、垃圾处理等生活服务体系也亟待加强。具体而言，中国当前的城市居民的用水普及率达到97%，其中北京、天津、河北以及上海已经达到了100%，但是黑龙江、内蒙古、贵州、四川以及西藏等地的用水普及率仍较低，尚不到92%。全国城市的用气普及率为92.4%，其中北京、天津达到了100%，但是贵州、云南、甘肃等地的用气普及率尚不足75%。对于生活垃圾的无害化处理，全国都尚处于一个较低的水平。这些都对中国城镇化的发展战略提出了具体需求。

基础设施建设融资创新

解决新型城镇化过程中的基础设施建设等一系列问题，需要大量的资金，而资金短缺是城镇建设中非常普遍的问题。过去，中国的融资主要依赖于财政支出、土地融资、银行信贷、地方融资平台等。据国家发改委测算，城镇化在未来10年内将拉动40万亿元的投资规模，如果还依赖于以土地财政和土地金融为主导的融资模式，不仅难以实现，而且还会产生巨大的债务风险。基础设施建设融资过程中必须重视债务的可持续性问题，进行融资渠道的创新。

发达国家城镇化融资的成功经验

世界发达国家的城镇化水平远远高于中国，其推动城镇化建设的成功经验值得我们学习和借鉴，主要先进的融资模式有以下一些特点：

第一，城镇化融资过程中除运用银行贷款外，主要借助于一些先进的金融工具，如资产证券化、市政债等。市政债是一种国际上广泛应用的金融工具，美国是市政债券的起源国，也是当前市政债券发行规模最大和最发达的国家。

第二，吸引民间资本，充分利用外资以及各类金融机构等多元化投资主体，拓宽民营资本投资领域，鼓励并引导有实力的民间资本积极参与具有经营性质的城镇基础设施，开放融资渠道支持城镇化发展。国外很重视公私合作的融资模式。英国是世界上最早推进和实现城镇化的国家，近二十年来，英国一直积极鼓励私人财力参与甚至主导公共投资计划，其核心是私人融资优先权。韩国政府设立国民投资基金，同时也制定了一系列政策法规来吸引民间投资，使民间资本能够充分发挥作用，有效地把民间资本用于基础设施建设；同时也为民间资本提供投资的渠道，使之能够在服务城镇化的同时，也能享受城镇化的收益，确保民间资本的利益和地位。

表4-2　美国和日本的市政债券

发行国家	债券名称	债券特点	债券类型
美国	市政债券	以政府的信用作为担保，由州和地方政府以及它们的代理机构和授权机构发行的债券，为市政建设和基础设施项目融资的主要工具，具有两个重要特点：一是市政债券的利息收入享受税收优惠，二是一半以上新发行市政债券进行了保险	分为两种类型：一般责任债券和收益债券。一般责任债券并不与特定项目相联系，而是以发行机构的全部声誉和信用作为担保的债券，其还本付息得到发行政府的信誉和税收支持。收益债券与特定项目或部分特定税收相联系，其还本付息来自投资项目的收费，因此其风险要高于一般责任债券
日本	地方债券	并不是真正意义上的市场性、金融性融资，与美国等西方国家的市政债券制度具有比较大的区别，带有私下协调性质的财政性融资制度	分为两种类型：地方公债和地方公企业债。其中，地方公债是日本地方债券制度的主体。地方公债是地方政府直接发行的债券，主要用于地方道路建设、地区开发、义务教育设施建设、公营住宅建设、购置公用土地以及其他公用事业；地方公企业债是由地方有影响的公营企业发行、地方政府担保的债券，使用方向主要集中于下水道、自来水和交通基础设施等方面

城镇化基础设施融资模式

城镇化基础设施建设项目融资可按照经济学物品属性，划分为公益性、准公益性与经营性项目融资三种类型。公私合作伙伴管理模式在中国未来城镇化进程中将会发挥越来越重要的作用，未来社会的发展也会越来越多地依赖公私合作管理模式为社会提供公共产品和公共服务。

第一，公益性基础设施融资。

对于公益性市政项目，应采取财政性资金投入，包括政府预算内支出、政策性收费和经营资源收入。同时，政府可以通过创新型供给方式，以弥补由于市场缺位所导致的供求失衡。如采取城投债、政府补偿费质押贷款、基金融资、PFI（Private Finance Initiative）等方式进行融资。

城投债融资的选择。以城市开发建设投融资平台为主体，将多个市政项目（如排水管网、污水处理、垃圾处理设施等）集合发债。债券的偿付保证主要来源于政府的预算拨款，发起人设立专项偿债基金，并将基金账户交由银行监管。政府根据项目开支，将每年核算出的财政预算拨付至发行人的偿债基金账户，用于还本付息。而项目建成后运营所产生的收益，如污水处理费、垃圾处理费等也将作为专项偿债基金的补充。

政府补偿费质押贷款的选择。政府项目补偿费质押贷款方式是指在无未来现金流的公益性项目下，政府代替公益性项目的所有使用者向政府性项目建设单位承诺，在一定时期内以项目补偿费形式拨付财政性资金给项目建设单位，作为其项目收入，项目建设单位再以政府的项目补偿费作为质押担保向银行（包括政策性和商业性银行）申请贷款。其适用条件包括：项目本身不具备收费条件或不产生未来现金流；项目是一种纯公益性公共工程，以政府财政资金的拨付作为项目建设开发的收入，项目的建设单位是政府授权或新建的政策性公司或事业机构。

基金融资方式的选择。以社会资本、保险资金、政策性资金为主要募集渠道，设立城市基础设施投资基金和基础设施债权基金。投资基金采取封闭式运行方式，在特定期限内进行项目直接投资，并建立相应退出机制安排。债权基金采取开放式运行方式，以组合管理方式与投资基金形成伞形分配机制，将风险在不同基础设施投资基金间分散，同时面向相对成熟的基础设施项目，尤其是成为夹层融资的准债权性资金供给，部分替代短期信贷资金。

服务型PFI融资模式的选择。PFI，是一种公私相互合作提供基础设施服务的方式。政府与私人部门合作，由私营部门承担部分政府基础设施生产或提供公共服务，政府购买私营部门提供的产品或服务，或给予私营部门以收费特许权，或政府与私营部门以合伙方式共同营运等方式，来实现政府公共物品产出中的资源配置最优化，效率和产出的最大化。由政府部门在私营部门对项目的运营期间，根据项目的使用情况或影子价格向私营部门支付费用。

第二，准公益性基础设施融资。

由于准公益性基础设施本身的收益特征，政府的财政补贴及政策优惠是关键。因此，其投融资模式是政府、投资者以及银行之间的三方博弈。借鉴国内外准公益性项目投资经验，以PPP模式和合营型PFI模式进行融资。

以PPP模式进行的融资。一是选择与准公益性市政项目合作的私营企业（包括私人或私人团体），并合作成立特别目的公司（以下简称SPC）。二是政府赋予SPC项目的特许开发权，由SPC取代政府组织项目的开发。三是项目的资金主要来源于私营企业的出资以及SPC向银行的贷款。项目的一切开支（如设计费、建设费、咨询费等）由SPC负责。四是项目建成后，SPC通常在一定期限内拥有项目的经营权，在经营期限内，SPC以向享受公共产品服务的使用者收费的方式回收资金，经营期满，经营权转交给政府。五是在项目运营过程中获得的收入扣除当期的运营成本和税金，构成当期利润。税后利润按照资金规划进行分配，包括向金融部门还贷和向SPC的主体分配红利等。

以合营型PFI模式进行融资。准公益性项目既有一定的公共产品性质，又具有一定的开放性，适合采用合营企业型（Joint Ventures）的PFI模式。这类项目由地方政府融资和私人部门共同出资、分担成本和共享收益，但是项目的建设主要由私营部门进行，合营公司代表政府只是对项目中的非经营的部分给予一定补助。

第三，经营性基础设施投融资。

经营性基础设施投融资是政府不对经营性项目投资，而是通过特许权合约将项目建设和经营的特许权转让给私人投资者，私人投资者进行融资安排，采取项目收益权质押、BOT、自立型PFI、信托融资和融资租赁等方式。

项目收益权质押融资模式。收益权质押贷款是以未来收益权质押担保还贷本息的贷款模式，属于中国《担保法》明确规定的一种权利质押，是一种创新的金融产品。它主要应用于现金流量稳定的电厂、道路、铁路、机场、桥梁等大规模的基本建设项目。对政府而言，这种形式能够引导投资者资金参与城建，解决资金来源问题，减轻财政负担，大大加快了城建速度；对投资者（尤其是私人投资者）而言，则增加了一种投资获利的渠道，是进入城市建设和经营领域的有效途径。

BOT模式。即建设—运营—移交，核心是特许经营权的授予，即政府对某项目的建设和经营权特许授予私人资本或外资，由中标人成立项目公司，由该项目公司负责融资，承担风险，建设项目，并在特许权的期限内运营该项目，获取利润，在特许权到期后，项目公司根据协议将该项目转让给政府。深圳沙角B电厂项目是中国第一个成功运作的BOT基础设施项目，也是第一个已正式移交的BOT项目，总投资42亿港元。项目中方为深圳电力开发公司，外方为香港合力电力（中国）有限公司。项目合作期为10年，期满后，外方将项目的资产所有权和控制权无偿移交给中方并退出项目。在BOT模式的基础上，又衍生出了BT、BOOT、BOO等相近似的模式，城镇供水、污水处理、水电，特别是小水电开发项目可以采用BT或BOT模式；河堤整治开发建设、部分水源建设项目也可以采用BT模式。

融资租赁。基础设施建设中，有些设备投资占总投资的比例一般达到30%以上，有的项目这个比例会更高。在建设过程中可以采用直接融资租赁方式。对于基础设施建设和运营中所需的一些购置成本特别高的大型设备的融资，利用直接融资租赁的方式难以实现，可以采取杠杆租赁。对于有可预见的稳定的未来收益的基础设施资产，如大规模的火电厂、水力发电厂、城市轨道交通等重大的基础设施项目，都可以尝试采用售后回租方式进行融资。

房地产信贷的是与非

房地产信贷笼统地说是服务房地产业的信贷业务，具体包括对房地产企业发放的用于住房、商业用房和其他房地产建设的房地产开发贷款以及对居民购房、建房的消费性个人住房贷款。房地产信贷是当今世界金融业最活跃的传统业务之一，房地产信贷与房地产发展息息相关，房地产涉及住宅，与个人生活紧密相连。

"十年九调控"的房地产

从2003年的"18号文"①，到随后出台的"国八条"、"国六条"、"国四条"、"新国八条"，再到新出炉的"国五条"，这十年，楼市的风吹草动牵动人心，回顾这十年的楼市发展以及调控历程，真可谓步步惊心。其历程可以分为四个阶段。

第一阶段，正名（2003~2004年）。18号文开启了十年楼市调控的序幕，明确房地产业为国民经济支柱产业；2003年8月，人民银行下发通知，对房地产企业和项目加大信贷支持。在利好刺激下，兴起的房地产市场赢得了快速发展，很快成为经济增长的重要引擎之一。

第二阶段，降温（2005~2008年）。人民银行2004年末开始紧缩"银根"，商品房开发资本金比例上调、加息接踵而至。2005年3月，国字号条文首次出现，"国八条"出台后不到半年，更严格的"新国八条"进一步加大调控力度。2006年，更具针对性的"国六条"出台，随后，"限价房"应运而生。

第三阶段，救市（2008年下半年至2009年）。为应对国际金融危机对中国经济的冲击，楼市成为支持经济稳定增长的一针强心剂，政府出台的一系列刺激政策给房地产释放了活力。

第四阶段，控制（2010年至今）。国务院多次常务会议研究房地产市场调控，"国十条"祭出限贷政策，"新国八条"打出了"限购杀手锏"，限购、限贷、限价三管齐下。总体上，房价这匹"脱缰的野马"放慢了脚步。

十年持续调控，房价一路走高。十年来，国务院及相关部委共计出台70余项重要的宏观调控政策，主要集中在金融、财税、土地、行政四个方面。政府在房地产调控的目标主要包括两个方面：一是实现居者有其屋；二是保证房地产业与国民经济协调发展。采取多方面措施：一是多管齐下，稳定房价，抑制房价过快增长；二是抑制房地产投资性需求，防止房地产业出现泡沫；三是调整住房供应结构，加大保障性住房供应力度。十年调控，房价始

---

① 《国务院关于促进房地产市场持续健康发展的通知》（国发18号文）。

终没有"回归到合理水平",城市普通居民购房难问题没有大的改善,房地产发展成为社会问题。

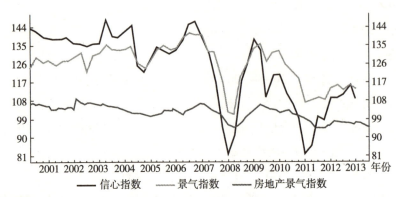

数据来源:Wind。

图4-1 房地产景气指数

金融信贷支持房地产业发展

房地产业是国民经济的重要组成部分,与投资和消费两大因素密切相关,是启动内需、拉动投资的主要行业之一。据世界银行研究报告,发展中国家房地产投资对相关产业乘数效应为2倍以上。房地产开发业是集房屋、市政、工业、建筑和商业等综合开发为一体的产业,它的关联度高,带动力强,产生了巨大的"拉动效应",特别是对建筑业、房地产中介、物业管理以及建材工业拉动作用较大。同时,房地产业作为消费终端产业,通过商品房消费者的消费作用提供一定的供给效应。发展房地产业有其积极的意义,绝不能因为当前房价的过快增长,而将房地产业"妖魔化"。因此,应辩证看待新型城镇化与房地产业的关系。

房地产开发建设周期长,周期性波动大,资金需求大,单靠企业自有资金难以支撑起整个项目的开发建设,需要金融业给予融资支持。另外,面对高昂的房价,房地产消费者单靠自身积蓄也难以满足购房需求,需要金融业给予住房消费贷款支持。金融业提供房地产开发建设与住房消费的融资渠道,通过房地产开发信贷、消费信贷、信托等形式,支持了房地产开发建设和住房消费。金融业在支持房地产业发展的过程中也为自身的发展开辟了广阔的前景,拓展了业务规模。

截至2013年末，金融业房地产贷款余额13.6万亿元，房地产贷款余额占金融机构贷款总额的20.3%。其中：房产开发贷款余额3.5万亿元，地产开发贷款余额1.1万亿元，个人住房贷款9万亿元。巨额的房地产贷款无疑起到了推动房地产业发展的作用，金融机构也因此而对房地产形成了一定程度的依赖。

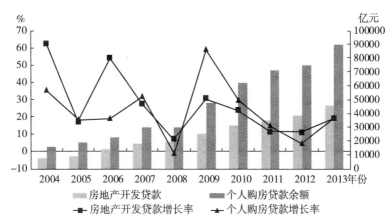

数据来源：中国人民银行。

图4-2 房地产开发贷款和购房贷款余额

信贷支持与房地产价格紧密相关，房地产价格的稳定有利于降低房地产信贷风险，同时房地产信贷支持也影响了房地产价格。一般消费性商品的价格主要是由供需状况决定的，但具有双重属性的住房其价格很难用供需状况进行分析。供需决定价格的前提是供需实现的无障碍，而在房地产市场上，供需两方面都存在实现障碍，首先是土地的稀缺性使住房供给受阻；其次是消费者的货币购买力有限，不能实现现实住房需求，而信贷支持则直接影响了消费者的货币支付能力。

当前银行资金已经成为房地产业的主要资金来源，银行信贷资金的增加推动了房地产价格的上涨，因此房地产经济得以迅速发展，但是在房价上涨的同时，房地产信贷风险也随之加大。随着大量银行资金加入，一旦房地产经济发生大幅波动，企业的经营风险将转变成银行风险，大量信贷资金就会难以收回，必将形成大量银行不良款项，银行系统承担了房地产转嫁的金融风险。

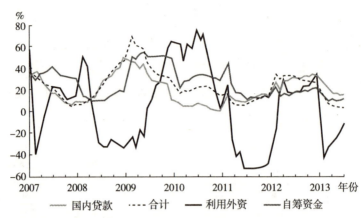

数据来源：Wind。

图4-3 房地产开发资金来源同比增速

房地产市场上最大的市场风险是由于房地产市场价格的快速上涨容易造成价格严重偏离价值，导致房地产泡沫的产生，一旦泡沫破灭就会对房地产造成重要一击，房产价格下降，作为对商业银行抵押物的房产就会大幅贬值和缩水，这是商业银行房地产信贷市场风险的直接表现。

表4-3 中国和部分发达国家住房金融体系对照表

	商业性金融机构		政府性金融机构		
	住房专营	其他	直接融资	信用补充	债权流通
美国	储蓄贷款联合会储蓄银行	商业银行	地方公共团体	联邦住房厅，退伍军人厅	联邦抵押金融机构，政府抵押金融机构，联邦住房贷款抵押机构
英国	住房金融联合会	商业银行	地方公共团体	—	—
德国	建筑储蓄金融机构	储蓄银行，抵押银行	储蓄银行、抵押银行、建筑储蓄机构、地方公共团体	州政府	
法国	—	银行，普通储蓄金库	国民储蓄金融机构	—	债权共同基金
日本	住房专业金融机构	银行，信用金库，信用组合	住宅金融公库，住宅都市整备公司	公库住宅融资担保公司	
中国	—	商业银行，信托			

资料来源：根据相关报道整理。

阿房宫遗址咏叹调

古都西安计划投资380亿元再造"新阿房宫"的媒体消息在2013年下半年掀起波澜。

西安阿房宫是秦王朝的巨大宫殿，遗址在今西安西郊15公里的阿房村一带，是中国历史上最著名的宫殿建筑群，为全国重点文物保护单位。1994年联合国教科文组织实地考察，确认秦阿房宫遗址建筑规模和保存完整程度在世界古建筑中名列第一，属世界奇迹和著名遗址之一，被誉为"天下第一宫"。对于阿房宫的历史教训，杜牧在《阿房宫赋》中说："秦人不暇自哀，而后人哀之；后人哀之而不鉴之，亦使后人而复哀后人也"。

看来，如何建设好城市，也是一个延续了2000多年的课题。

鬼城与睡城

在中国城镇化发展过程中，新城、新区建设是一个重要标志。从京、津、沪、穗到其他一些省份，这些年的"造城运动"可谓进行得如火如荼。但随之而来的是，一些缺乏产业支撑的新城、新区的资源配置不合理问题日益凸显。国家发改委城市和小城镇改革发展中心2012年调查显示，中国90%的地级市正在规划新城、新区，此外，12个省会城市一共规划建设55个新城、新区，其中一个省会城市要新建13个城区。部分城市新城总面积已达建成区的7.8倍，空城、"睡城"等现象频现。

提到"鬼城"，人们最为熟知的是鄂尔多斯，其因房产泡沫陷入了"鬼城"尴尬，有些地方，马路清洁工甚至比行人还多，一到晚上，各小区漆黑一片，所谓鬼城也就因此得名。2013年"鬼城"现象愈演愈烈，出现了12座新"鬼城"，在这些城区内，多数楼房都是空置率极高，鲜少有人。这些"鬼城"基础设施齐全，规划时早已计算好为了几十年后的繁荣。

"鬼城"什么都不缺，只缺人。

"鬼城"最直接的危害一目了然：浪费了资源和土地，破坏了环境，无人居住造成社会资源浪费，投资难以增值。

当前，中国部分城市的房地产市场出现空置率危机是不争的事实，作为房地产泡沫的产物，"鬼城"正在三线、四线城市蔓延。大拆大建、依赖土地财政、圈地造城、唯GDP论、土地滥用，这些都是中国式"鬼城"形成的要素。

克而瑞研究中心近期发布的《2013年中国城市房地产发展风险排行榜》显示，一线城市供求比仅为0.64，而三线、四线城市，例如甘肃武威供求比则高达8.06，山西大同供求比达到5.7，陕西延安为4.34，均存在严重供过于求的现象。

"鬼城"产生的主要根源在于政府垄断一级土地和行政力量、长官意志主导城市化进程，普遍的求大求快心理，不顾人口兴衰与流动的规律，过度追求空间城市化；开发商、建筑商和个人投资者、住房消费者过度跟风，导致城市空间和住房供应的大量过剩。

与"鬼城"截然相反，"睡城"的晚上极具人气，但是这种繁华也是短暂的，由于"睡城"与城区的"遥远"距离，大部分上班族生活规律均是回家"洗洗就睡"的节奏。这些地方都有一个共同的特点，那就是居住在这里面的人，大部分早上涌到城区里去，晚上又涌回来，形成一个钟摆式的城市

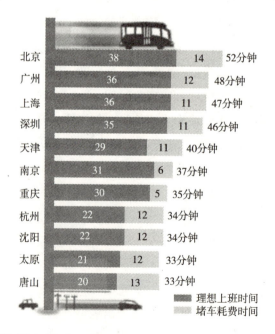

数据来源：《中国新型城市化报告2012》。

图4-4　城市上班平均花费时间

交通，这在地铁上的人流还有道路交通上的人流体现得最为明显。无论是钟摆式还是候鸟式，都表达了人流的趋势。北京的天通苑，号称"亚洲最大社区"，就是一个典型的"睡城"，很多人通勤距离超过20公里，70%的居民出行时间在1~2小时，远超北京平均52分钟的出行时间。天通苑社区的本地就业人数约占总人口的3.8%，附近另一个超大社区回龙观约为6.5%，职住分离现象造成城市交通日益恶化。有专家称，像北京回龙观、天通苑这类北京第一代新城是失败的作品。

英国曾经经历了三代新城，也走过弯路。英国第一代新城，就像北京的回龙观、天通苑，新城区里有30多万人口，但却很少有就业岗位，这造成巨大的钟摆式城市交通；第二代新城出现在丘吉尔时代，规划学家们逐步认识到，新城人口规模应该在20万人以上，就业岗位的50%需要就地解决；第三代新城人口规模为30万人左右，就业岗位基本上能够在新城内自己创造，实现职住平衡，也就是就业居住平衡。

只有把这些居住区变成一个功能齐备、人居环境比老城高、公共服务质量比老城好的区域，才能形成对老城人口的吸引力。在一线城市中，上班路上耗时长已经是一种普遍存在的"城市病"。以河北三河市燕郊镇为例，高房价与限购政策的实施，使得数以万计的北京上班族选择和北京城郊接壤的燕郊作为置业之地。由于燕郊没有地铁、轻轨，居住在该地的北京上班族只能依靠拥挤不堪的公共汽车出行，过着"朝五晚九"的生活。

卫星城也有与时俱进的发展轨迹。第一代卫星城就是睡城。第二代卫星城是在第一代卫星城的睡城的基础上，进行基础的设施以及各种配套的建设，第三代卫星城就是引进一些产业，让它有一定的支柱的平衡。第四代卫星城就是现在西方一些新设计的卫星城，叫新都市主义，或者叫新区域主义的卫星城。它们基本上都是摆脱了中心城市控制的具有单独的城市功能的新城。

新型城镇化不能只发展房地产，还需与工业化、信息化和农业现代化同步发展。工业化是发展的动力，农业现代化是发展的根基，信息化为发展注入新的活力，而城镇化是载体和平台，发挥着不可替代的融合作用。中国城镇化应该走产业集聚之路，以产业为支撑，集聚人口、产城互动，新型城镇化才有出路、有活力。

产城融合

解决"鬼城"、"睡城"问题，最重要的是发展"产城融合"，将城市与产业相互结合，产生强大的双重经济效应。如果一个城市只发展产业，缺乏基础设施配套，难以留住人，最终会形成'鬼城'；相反地，过度进行房地产开发，缺乏产业支撑，也将形成"鬼城"的另一种形式——"睡城"，即城市没有工作岗位和娱乐设施，只是提供市民居住。

"产城融合"是指将相关产业园、工业区与城市融合在一起，有两层意思：其一，产业是支撑，没有产业支撑就会造成就业困难，没有就业就难以解决其生活问题；其二，就业与居住地点最好融合在一起，从而改变"睡城"现状。要达到产城融合：其一，就业与居住地需要拥有便利的交通；其二，需要强调以产业发展作为支撑点。

产业、人口和新型城镇化是个铁三角，缺一不可。而产业集聚区可以将这三者很好地结合起来，并形成了良性互动。推进产业集聚区建设，发展主导产业，需要大量产业工人。而集聚区内产业集中、人口集中，又需要大量的服务业从业人员。

工信部调研的数据显示，当前已经有6000多个产业园区分布在中国各个角落，其中省级以上园区达1500多个。但是，众多产业园区中，产业新城的数量却屈指可数。由"园"到"城"的衍变过程中，除了基本的产业功能之外，还需要建设有居住、商业、休闲等城市功能配套，如此，才能真正实现"产城融合"，使区域从业人员享受到职、住、娱一体化的综合服务。

以前，国内大部分产业园区在规划中均将重心放在"产"上，将精力主要放在追求产业的聚集，而城市功能配套基本被剥离在外，造成园区成为"有业无城"的大型工厂，催生了"鬼城"，而且制约了城市化进程和影响了城市形象，如此模式对区域经济的拉动作用也很有限。而现在，产业地产在业态、产业关联度以及企业服务上有了一定的升级，但仍然局限于研发楼、办公楼、总部的集合，城市功能配套虽然有所照顾，但仍不能从根本上解决"业"与"城"的矛盾。

传统的"业"与"城"分布不均匀的弊端早已显露，从世界上的先进经验来看，唯有实现城市功能与产业发展的兼顾，如此不仅能为园区带来可持续性发展，而且还能根本解决"鬼城"、"睡城"问题。唤醒"睡城"，避免"鬼城"重点是做好规划定位。形成这些问题的原因是规划出了问题，必须要从规划上找方法，但要想彻底解决问题，绝非一朝之功。

可见，思路决定出路，高度决定深度，格局决定结局。

第**5**章 产业升级需要金融给力

中国经济在快速发展中积累了三个"不可持续"，即重工业化主导的经济增长方式不可持续，高消耗、高投入和高排放特征的经济增长方式不可持续，以及低附加值出口导向的经济增长方式不可持续。现在中国经济正处于创造新的战略机遇的关键期，金融应主动服务经济转型需要，共同用勇气和智慧打造中国经济的升级版。

打造中国经济升级版

以2008年作为一个分界线，中国的改革与转型发展可以分为两个阶段。1978年到2008年的30年，可以称为第一次改革与转型发展，或者说是中国经济的1.0版，中国已经有四个"第一大"——世界第一大出口、世界第一大外汇储备国、世界制造业和利用外资第一大国。第二次改革转型按照总体布局，主要有三大目标：一是注重以质量效益导向来推进竞争；二是更加公平地追求经济发展，实现公平改革；三是追求经济的可持续发展，导入绿色发展、循环发展、低碳发展等，这构成了中国经济的2.0版。

中国经济"1.0版"已难以为继

近年来，中国经济增长呈现"四高四低"特征，即"高投入、高消耗、高污染、高速度"与"低产出、低效率、低效益、低科技含量"。发展积累的矛盾较多，运行风险加大①。

---

① 王保安. 中国经济升级版应如何打造[J]. 求是，2014（1）.

第一，经济运行效率较低。首先是资源利用效率较低。中国单位国内生产总值（GDP）能耗是世界平均水平的2.6倍。土地利用率不断下降，中国城镇人均建设用地从2000年的130平方米上升到2012年的142平方米。城市用地单位产出率上海只相当于纽约的1/29、香港的1/14。农业生产集约化、规模化水平不高，不仅化肥、水资源浪费严重，还造成土壤污染。

第二，经济效益较低。据统计，中国每个就业者创造的GDP仅为美国的21%、日本的32%。由于多数行业处于国际分工低端，产品附加值整体偏低。多年来中国工业增加值率基本在26%~30%，而发达国家一般为35%左右，美国、德国等超过40%。中国投资效率低，据测算，中国GDP每增长1美元，大约需要5美元的投资，资金投入成本比日本和韩国经济起飞时期要高40%之多。

第三，资源配置效率较低。在钢铁、平板玻璃、造船等行业产能严重过剩的同时，新兴产业也出现了生产能力的闲置。中国太阳能光伏电池组件产能达到35GW，占全球产能的60%；风电设备产能30GW~35GW，其闲置都在40%以上。在产能过剩的情况下，经济依然在增长，主要靠的是庞大的储蓄和高投资率在勉强支撑。中国的投资率已接近50%，有的省份甚至达到80%。

第四，产业结构亟待调整升级。我们一般用第一产业、第二产业、第三产业的比例、新兴产业占比来衡量产业结构合理性，这是一个误区。其实，产业竞争力的核心取决于产品附加值的高低。农业可以带来高附加值，新兴工业也可能是低附加值。虽然中国经济体量已居世界第二，但产业结构呈矮化态势，处于国际产业链的低端。2011年中国已有220种工业品的产量居全球第一，但基本是低端产品。附加值高低是决定产业发展的关键性因素。

第五，市场缺乏创新动力。创新是经济升级的动力，而创新必须依赖市场主体。据统计，中国科技人员3800多万人，研发人员320多万人，均为全球第一。但企业研发人员过少，且缺乏科研投入积极性。中国企业研发投入占销售收入不足1%，远低于发达国家2.5%~4%的水平；大中型企业建立研发中心的仅为27.6%。

打造中国经济2.0版，重点在于以新型城镇化释放内需潜力，以创新驱动提升经济质量效益,以加快服务业发展扩大就业,以绿色发展破解资源环境约束,以改革开放促进转型激发活力。

中国经济升级待迈四道坎

2013年,中国的人均GDP约6900美元,如果未来10年我们能保持一个持续健康的发展态势,那么到2020年就可以实现双倍增长目标,到2022年就可以跨入高收入国家行列,即人均GDP达到12000美元,就可以进入高收入国家行列,这对世界经济格局和人类历史的影响将十分深远。最重要的要过四道坎,实现四个硬指标。

一道坎:农业的劳动生产率要赶上第二产业、第三产业的劳动生产率。

当前,中国农业劳动生产率只有第二产业、第三产业的28%,农业生产率占全社会劳动率的36%,农业增长值占GDP的比例是10%,这就决定了农民的收入跟城市居民的收入相比,差距比较大。差距较大的原因在于虽然农村创造出来财富,但农业生产率低,城乡差距很难缩小。根据国外经验,凡是进入高收入行列的国家,农业的劳动生产率都是赶上或者超过了第二产业、第三产业的劳动生产率,城市化率都达到70%左右。改革的路子是,通过推进新型城镇化来富裕农民,使中国农村能够在发展水平、农村人的生产水平等方面跟城镇基本拉平,能够过上现代化生活。

二道坎:发展战略性新型产业,培育新的投资热点和经济增长点。

产业结构要实现从劳动密集型、资源密集型为主,向技术密集型、知识密集型为主的转变。从中国产品的出口结构看,基本上还是出口劳动密集型的产品,进口知识技术密集型的产品。实现这一指标的改革路子是,通过自主创新实现产业结构升级,发展战略性新型产业,培育新的投资热点和经济增长点。

三道坎:单位GDP的能源消耗要继续大幅度下降。

"十一五"期间,环保的硬指标是单位GDP能源消耗下降20%,最后这个指标降低了16%,成效是很明显的。如果"十二五"、"十三五",每个五年计划都能够再下降单位GDP的能源消耗20个百分点,到2030年,我们就可以实现单位GDP的能源消耗下降到40%以下,接近美国的单位GDP能源消耗。再经过两个五年计划,或者更长一些时间的努力,环境污染的压力,资源消耗的压力，将会大幅度下降。

四道坎：提高服务业从业人员比重。

对服务业发展提出的目标是，服务业从业人员比重要达到50%以上，这也是一个红利。现在中国服务业从业人员的比例只有35%，全世界平均水平是62%，发展中国家平均水平是50%，中国服务业的发展还需大力提升。提升的路子是通过"营改增"等税制改革，用10年的时间把服务业的从业比重由现在的35%提高到50%，这样可以新增1亿多个就业岗位，可以向服务业寻找就业机会。

产能过剩的金融困局

中国产业政策具有强烈干预市场与限制竞争的特征，这种具有强烈"扶大限小"特征的政策模式，扭曲了企业竞争行为，导致企业具有强烈过度产能投资和规模扩张倾向。当前中国产能过剩已经从潜在的、阶段性过剩转变为实际的、长期性过剩；从低端的、局部性过剩转变为高端的、全局性过剩。

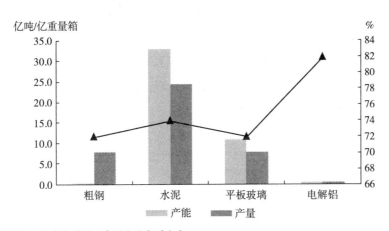

数据来源：国家统计局、中国企业家联合会。

图5-1 部分行业2013年产能利用率

中国制造，幸福的烦恼？

2008年国际金融危机引发国内外市场需求大幅萎缩，导致中国制造业产能过剩问题凸显。为此，近年来中央政府不断加大治理产能过剩的工作力度，采取了如名单淘汰制、暂停批复项目、提高准入门槛等一系列政策措施。上述政策在控制过剩产能总量和淘汰落后产能方面取得了一定效果，但就当前制造业的实际表现看，产能过剩并未得到有效抑制，甚至出现进一步加剧和蔓延的趋势，在500多种主要的工业品当中，中国有220多种产品产量居全球第一位，产能过剩形势异常严峻。

第一，多个重点行业产能过剩愈演愈烈。

根据国家统计局数据显示，2013年第二季度末工业产能利用率平均只有78.6%，闲置产能高达21.4%。另据财政部发布的报告，从行业产能利用率看，钢铁下降到67%，水泥和平板玻璃均低于75%，船舶工业为50%。此外，有色、石化等其他产业均存在严重产能过剩，部分行业甚至出现长期性和绝对的产能过剩。特别是钢铁行业，据国家统计局统计，2006~2012年这8年间国内累计减少粗钢产能7600万吨，但同期累计新增粗钢产能却达到了4.4亿吨，新增加的粗钢产能是已淘汰产能的近6倍。另据中钢协发布的新数据，2013年上半年钢企平均销售利润率只有0.13%，已经到了1吨钢的利润都不够买1根冰棍的程度，6月钢铁行业亏损面高达40.7%。中国的钢铁产量已经超过欧盟和美国总和的1倍还多。据世界钢铁协会提供的数据，整个中国的粗

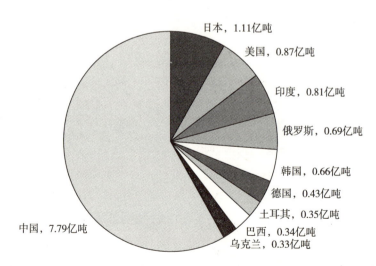

日本，1.11亿吨
美国，0.87亿吨
印度，0.81亿吨
俄罗斯，0.69亿吨
韩国，0.66亿吨
德国，0.43亿吨
土耳其，0.35亿吨
巴西，0.34亿吨
乌克兰，0.33亿吨
中国，7.79亿吨

数据来源：世界钢铁协会。

图5-2　2013年十大钢铁生产国粗钢产量对比

钢产量是7.165亿吨，欧盟与美国总计不过约2.6亿吨，中国钢铁已占全球总产量的46.3%。

　　统计部门公布的数字显示，2013年中国水泥总产量约24.1亿吨，已经超过《水泥工业"十二五"发展规划》对2015年总需求的预测，约占全球水泥总产量的60%。2013年中国电解铝产能约达3100万吨，实际产量为2200万吨。中国电解铝产量已经占到世界电解铝总产量的近50%，连续十三年位居世界第一，但全行业九成以上的企业亏损。

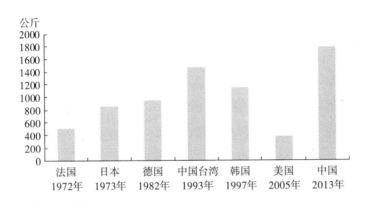

数据来源：世界钢铁协会。

图5-3　工业化国家和地区人均水泥消费量峰值

　　中国的过剩产能主要集中在高耗能、高污染的钢铁、冶金、焦化、水泥、电解铝等领域，这更衍生出对上游大宗能源产品和原材料的庞大需求。海关统计数据显示，自2003年至2013年，中国煤炭进口量从1100万吨到3.27亿吨，激增近29.7倍；铁矿石进口量从1.48亿吨到8.19亿吨，增长5.5倍；铝土矿进口量从88万吨到7077万吨，暴增80倍。

　　国际货币基金组织公布的国别报告估计，中国的整体制造业产能利用率仅为60%，即便在2008年国际金融危机爆发前产能利用率最高的时期也不到80%。商务部信用与评级中心发布的《2012年中国实体经济发展报告》称，中国风电整机行业产能过剩率在50%以上。此外，中国大宗商品研究中心发布的《2012年度大宗商品经济数据报告》认为，当前中国大宗商品产能过剩品种与非过剩品种比为6:4；而在产能过剩产品中，产能利用率低于80%的产品数占了近九成；利用率小于70%的占了51.51%。该报告表示，产能过剩程度位列前十的主要工业产品有：阔叶木浆、不锈钢板、冷轧板、锡、甲醇、镍、PVC、无缝管、沥青、铅。金属领域就包揽了其中六成，而产能利用率最低的为不锈钢板，仅为45%。

第二，产能过剩从产业链某个环节或某个产品快速蔓延至整个行业。

从产业链看，当前某些产业的高端产品也开始出现过剩，同一产业内部甚至出现了高端产品卖不过低端产品的情况。更为严重的是，过剩的产品已从产业链某个环节快速发展和蔓延至整个行业。如钢铁产业，国际金融危机爆发前钢铁行业低端产品产能过剩，而2009年后钢铁行业主要是部分高端的板材产能过剩，当前生产高端板材的大中型企业经济效益反而低于生产长材和建筑用材的中小企业。钢铁行业的产能过剩当前已经快速蔓延至全国26个主要钢材市场，覆盖几乎所有的五大钢材品种。另外，光伏产业2009年以前也仅仅是多晶硅行业产能过剩，现在已快速发展到包括硅片、电池片、电池组件三个基础环节的产能全面过剩局面。

第三，产能过剩从部分行业的过剩快速蔓延至制造业的普遍过剩。

2009年以前，中国的产能过剩主要存在于钢铁、水泥等若干传统产业，而2012年除上述传统行业产能大量过剩外，氮肥、电石等一度热销的化工产品也因产出大于需求而出现销售困难，甚至太阳能电池、风电设备和多晶硅等新兴产业也出现了产能过剩。据统计，在2006年仅有10个制造业行业被国务院列为产能过剩行业，而到2009年产能过剩行业达到了19个。当前中国制造业大约有30%的产能处于闲置状态，另有35.5%的制造业企业产能利用率在75%以下。此外，新兴产业中当前光伏电池的产能过剩达到了95%，风电设备产能利用率低于60%。如此大范围、大规模的普遍产能过剩如果得不到及时有效地化解，将使中国工业陷入长期萧条。

落后产能为何越淘汰越过剩？

在中国市场经济发展尚不完善的条件下，造成落后产能"越淘汰越过剩"这一怪现象的原因极为复杂，需要从国家、地方政府、企业以及体制机制等多个角度全面加以认识和剖析。

第一，以GDP为导向的政绩考核机制是根本原因。长期以来，中国地方官员的政绩考核完全是由上级政府决定，考核标准就是主要看GDP指标完成情况。正是由于这种评价体系，促使地方政府不惜一切代价地提高GDP增长，从而使得地方政府在产能过剩中扮演了一个异常积极的角色。

第二，落后产能相关行业的"进入易、退出难"是关键原因。从进入壁垒看，现阶段中国的产能过剩行业均存在较低的进入壁垒，例如钢铁、水泥等行业因产品的差异度小和技术成熟而进入门槛较低；多晶硅等新兴产业因尚处于产业发展之初而难以形成规模经济壁垒。从退出壁垒看，中国企业退出过程中要同时面临经济性和体制性双重壁垒，后者更是占据主导地位。各地方政府因考虑落后产能企业给地方经济带来的收益、就业、社会安定等因素，促使其为落后产能企业提供保护而形成企业退出中的制度性壁垒。2012年中国的钢铁行业大约亏损289.24亿元，而政府当年对钢铁行业的补贴额高达45亿元，大量落后产能钢企因得到政府保护而"淘而不汰"。

第三，企业面临资产损失、债务处理和失业人员安置等现实困难是重要原因。大量落后产能企业一旦遭到淘汰，将面临资产损失、债务处理和失业人员安置等重大问题，导致这些企业成为淘汰落后产能的直接阻力。具体来看，一是失业人员安置。当前产能过剩行业中大多为劳动密集型企业（且多为国有企业），如果大规模淘汰将导致大量人员失业而引发一系列社会问题。二是资产损失和债务处理问题。很多企业的设备投入时间短、折旧成本高，淘汰落后产能将会大量拆卸这类设备而给企业造成巨大损失。此外，许多企业是通过银行贷款等方式进行投资的，一旦遭到淘汰将面临巨额债务压力。

第四，不合理的财政分权制度的存在是深层原因。中国落后产能分布比较多的地区大多是经济发展相对落后的地区，淘汰落后产能近似于淘汰其支柱产业，砍掉了其财政收入的重要来源，这将直接威胁这些地区的经济和社会稳定。因此，尽管近年来国家淘汰落后产能政策不断出台，但是对于落后产能的"既得利益者"——地方政府而言，努力使落后产能企业继续存活，从而给当地经济带来持续稳定的收益往往是一个更优的选择。

巨大的金融资产质量堪忧

制造业是一个国家综合国力的象征，是就业的大水库，改善民生的主渠道和社会财富的根本来源。制造业真正强大起来，中国经济发展才有良好的基础。在中国金融资产中，制造业一直占据了比较高的比例。2013年末，制造业贷款余额为12万亿元，占银行业贷款总量的15.67%，是房地产开发贷款余额的3倍。

根据中国银行业协会公布的数据，2012年银行业"两高一剩"行业①贷款余额为18675.39亿元，占总贷款比重为2.87%。2013年银行业不良贷款余额分布最多的是制造业，达2149.8亿元，不良贷款率为1.79%。

尽管"两高一剩"贷款较以往已得到有效控制，但受累于产能过剩的蔓延，部分行业产能过剩导致商业银行不良贷款反弹。2012年，银行业金融机构不良贷款余额8年来首次出现反弹，年末余额1.07万亿元，比年初增加234亿元，不良贷款率1.56%。商业银行关注类贷款和逾期贷款余额分别为15093亿元和5281亿元，分别比年初增长8%和46%，表明客户违约风险增大，不良贷款有进一步增加的可能。2013年全行业不良贷款余额1.18万亿元，比年初增加了1016亿元，不良贷款率1.49%，其中商业银行不良贷款率1%，同比上升了0.05个百分点。从行业看，光伏、钢贸、造船、钢铁、煤化工、水泥等产能过剩行业成为不良贷款反弹的主要行业。

当前，中国经济正处于经济增长速度换挡期、结构调整阵痛期、前期刺激政策消化期三期叠加期，所谓增长速度换挡期，就是中国经济已处于从高速换挡到中高速的发展时期；所谓结构调整阵痛期，就是说结构调整刻不容缓，不调就不能实现进一步的发展；所谓前期刺激政策消化期，主要是指在国际金融危机爆发初期，中国实施了一揽子经济刺激计划，现在这些政策还处于消化期。在"三期叠加"的背景下，中国经济增长呈现"缓中趋稳"的特点，中国经济发展需寻求改革与增长的平衡。

从中长期看，产能过剩的继续释放将影响银行信贷资金的安全，进而诱发金融风险。在中国当前的整个社会融资结构中，银行贷款依然占据主导性地位，部分产能过剩行业曾经是盈利前景看好的行业，吸引了银行大量信贷

---

① 两高行业是指高污染、高能耗的资源性的行业。一剩行业即产能过剩行业是指总供给量与总需求量相比出现过剩的行业。经济发展有起伏涨落，一般而言是有周期性的，可以将其简单分为高峰—衰退—萧条—复苏四个阶段，之后再进入高峰期，循环往复。产能过剩是经济处于符合高峰回落时的经济现象。

资金。从维护国民经济健康发展的角度看，压缩过剩产能是中国宏观调控与产业结构调整的重要任务，而压缩过剩产能就有可能产生相当数量的不良资产。

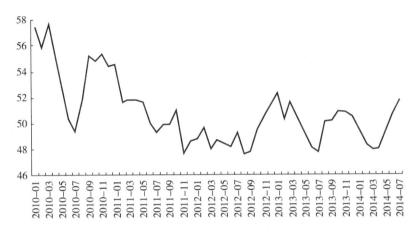

数据来源：汇丰银行。

图5-4　汇丰中国制造业采购经理人指数（PMI）[①]

实际上，近年来已经出现了产能过剩行业中企业贷款损失的案例。无锡尚德曾是中国光伏产业的领军企业，全球最大的光伏组件制造巨头，在光伏产业产能过剩的重压下，因受企业债务危机影响，被法院依法实施破产重整。商业银行贷款损失40亿元左右（损失比例约70%），同时债权银行在无锡尚德的债权债务关系将清零，不再与无锡尚德有任何业务关系。

温州之殇的前世今生

温州曾被称为中国民营经济的发源地，中国金融的聚宝盆，但截至2013年末，温州市金融机构不良贷款率为4.41%，是全国平均水平的4.4倍，风险之高，令人咋舌。温州模式和温州金融，注定要在中国市场经济发展的历史上留下浓墨重彩的一笔。

---

① PMI指数的英文全称为Purchasing Managers' Index，中文含义为采购经理人指数，PMI指数50为荣枯分水线。当PMI大于50时，说明经济在发展，当PMI小于50时，说明经济在衰退。

通常来讲，温州模式是指浙江省东南部的温州地区以家庭工业和专业化市场的方式发展非农产业，从而形成小商品、大市场的发展格局。这种模式，就是马歇尔所说的典型企业和典型市场，也就是19世纪企业模式。它的主要特点是：业主自营，规模小，聚集效应，竞争激烈和价格接受者。马歇尔在《经济学原理》中论述了规模经济形成的两种途径，即依赖于个别企业对资源的充分有效利用、组织和经营效率的提高而形成的"内部规模经济"和依赖于多个企业之间因合理的分工与联合、合理的地区布局等所形成的"外部规模经济"。他提出了规模经济报酬的变化规律，即随着生产规模的不断扩大，规模报酬将依次经过规模报酬递增、规模报酬不变和规模报酬递减三个阶段。温州模式经历收益递增后，正转向收益不变和递减。如果没有其他经济因素的扰动，温州模式由内源驱动必然转向结构重整，以持续规模收益递增。

温州商人一直保持着勤奋、坚韧、拼命、草根的形象，是全中国对市场最敏锐的人群之一，他们及时捕捉到了许多市场机会。温州商人在民间金融圈内保持了很好的信用，庞大的民间借贷资金的运行就是明证。

现在，温州模式遇到了自模式建立以来最大的危机，正遭遇着冰火的洗礼。首先是温州的实业发展遭到大面积打击，"跑路"变成一个专有术语，成了温州模式的另外一个代名词。其次，以民间信贷为代表的温州金融市场的垮塌，更加重了温州经济的创伤。最后，温州的经济发展和个人财富增加，没有形成相应公共基础建设和公共服务的支撑。公共投资的不足、产业升级的瓶颈带来了实业发展的困乏，实业空心化、资金热钱化的泛滥趋势则动摇了温州模式最核心的基础。

温州模式从衰落走向新的繁荣需要突破几个劣势：一是产业层次不高问题。温州以轻工业为主的产业结构，总体技术含量不高。与部分经济发达地区相比，有一定差距。二是要素资源短缺矛盾日益凸显。其中以土地供应紧张问题最为突出，人才缺乏、能源短缺等问题也不容忽视。三是没有很好的区位优势。温州"七山二水一分田"，远离长三角与珠三角经济增长带，区位优势与上海、深圳等无法相比，与绍兴等周边城市比也不具有优势。四是社会管理成本偏高。这些都制约着温州经济的转型升级。在实体经济方面，曾经创造过无数辉煌奇迹的温州民营经济，由于其一直处于低端制造业和出口领域，至今仍是温州支柱产业，其高新技术产业对GDP的贡献仅10%。温州经济的现状简单概括就是，高端产业引不进来、中端产业转移出去、低端产业留在本地。温州区域经济整个工业产业链越来越低端化。

温州区域经济一个显著的特征被普遍认为是：实体经济发展滞后与金融业快速发展之间的严重不匹配，导致产业空心化和经济虚拟化或经济金融化。对此特征的另一种描述是：由于在实体经济中寻找不到更多的投资机会，资本开始脱离温州实体经济、脱离温州本土区域经济。

温州区域经济遭遇了产业空心化问题。所谓"产业空心化"，是指以制造业为中心的物质生产和资本，大量地转移到国外或区域外，使物质生产在经济中的地位明显下降，造成国内或区域内物质生产和非物质生产比例关系严重失调。"产业空心化"问题并非温州区域经济的特殊现象，而恰是温州区域经济的民营市场经济快速发展的一个必然现象。

20世纪70年代初，美国著名经济学家提出"金融抑制"理论之后，一时风靡全球，成为解释发展中国家经济增长与金融发展关系的最重要的理论。而所谓"金融抑制"一般是指一国金融体系不健全，金融市场的作用未能充分发挥，政府对金融实行过分干预和管制政策，人为地决定利率和汇率并强制信贷配给，造成金融业的落后和缺乏效率，金融与经济之间陷入一种相互制约的恶性循环状态。这种金融抑制假说和市场分割假说揭示了民间借贷在发展中国家产生的体制性根源，正是因为金融抑制的存在使得部分经济主体的融资需求难以从正规金融渠道获得满足，民间借贷由此应运而生。

由于金融抑制的长期存在，民间金融不仅成为中国民营经济的主要资金供应者，而且成为改革开放30多年，中国财富增长的主要推动力量之一。但与此形成鲜明对照的是，中国整个金融体系对资金的供应却呈现相反的扭曲状态：对经济增长贡献不到40%的国有经济部分，获得的贷款资源却占金融机构贷款总量的70%以上，而对国民财富贡献高达62%的非国有经济，只能从主流金融机构拿到不到30%的贷款。就此而言，可以说，如果没有民间借贷等地下金融的发展，非国有经济很难想象能有今天的发展。

既然民间借贷已经成为中国金融生态中长期存在的事实，为什么今天的民间借贷却蕴藏着如此巨大的风险？民间借贷之所以异常疯狂，是因为在实体经济萎靡的情况下，整个经济弥漫的浮躁和炒作之风放大了民间借贷的风险，使得民间借贷超越了安全边界而出现了高利贷化、全民化的危险倾向。其一，大量的民间借贷流向了房地产等投资领域，在房价疯涨的情况下，资金链貌似很坚固，但一旦房价下跌，依靠高利贷维系的资金链就会立即面临断裂的风险。其二，民间借贷高利贷化，民间借贷长期处于灰色地带，缺乏主流制度的关怀和监管，一旦主流机构的资金链收紧，民间借贷高利贷化的趋势就会非常明显。其三，中小企业也卷入了以钱炒钱的财富游戏。在民间借贷的利率不断创新高的情况下，中小企业通过民间借贷获得的资金投资实业只能是亏损，一些中小企业只能将获得的民间借贷资金再次高利贷出去，以钱炒钱，成倍放大了风险，使得以前主要为民营经济输血的民间借贷逐渐脱离了实业。如果说金融抑制是滋生高利贷的土壤的话，中小企业产业空心化和投资炒作无疑成了随时可能爆炸的地雷。

温州模式衰落有实业方面的问题，从金融角度也能清晰地看到温州模式衰落背后的另一层原因，那就是区域过度授信带来的巨大危害。

贷款与经济GDP的关系，一般理论认为，贷款与经济是相互作用的，贷款余额变化既是经济规模变化的原因又是它的结果。经济增长需要资金支持，引发了贷款需求，贷款增长又反过来促进了经济增长。贷款作为经济主体的一种融资形式，其实质在于创造货币和配置金融资源，增大了货币总量并加快了金融资源的流转速度。贷款增大投资和消费需求，并扩大了生产能力，进而推动了GDP增长。贷款使用效率实质上从贷款的质量方面反映了贷款与GDP的关系，可以用L/GDP来衡量贷款的使用效率。

以温州危机爆发时的2012年末的数据为例，温州市的贷款余额为7013亿元，地区生产总值为3650亿元，比值为1.92，而同期全国平均水平为1.30，比全国平均水平高出了48%，比广东省平均水平则高出了63%。可见，温州市的贷款使用效率是低的，或者从另外一个角度来说，温州地区贷款投放量过大了，超出了真实经济发展所需要的资金水平。这也就不可避免地出现了大量过剩资金（按全国平均水平计算，则约有2263亿元）游离于实体经济以外，进行炒房、炒矿、高利贷以及其他虚拟金融业务。当然，这只是用银行账面贷款进行计算，如果再加上据估计的温州民间资本8000亿元左右，上万亿元的资金在涌动，金融泡沫、资产泡沫的形成与贷款投放过度有着密切的关系。

2013年末，中国企业贷款的本金与利息合计约为国内GDP的38.6%，美国在2008~2009年是27%，芬兰20世纪90年代经济崩溃时达到30%。这是从企业贷款层面提出的一个关于贷款与经济总量关系的研究问题。也同时表明，贷款增加越来越多，增加贷款带来的经济增长却越来越少，当超过一定比例以后，对于经济发展可能会带来巨大的灾难。

为了防止区域信贷投放过度的问题，保持合理的贷款使用效率，有必要建立一个指标，作为区域货币政策调控和区域信贷风险防范的预警指标。可以把这个指标称为区域金融比指标（Economy Finance Index，EFI），从可测性和相关性角度出发，当前可以用一个地区的贷款金额/地区生产总值来计算，在未来数据统计完善后，可以用社会融资总量来代替贷款金额。可设立预警指标，如，当比值超过平均水平25%以上时，可以进行黄色预警；当超过40%以上时，可进行红色预警。当然，还要具体地分析区域经济特征、融资结构、贷款异地使用等情况，进行合理地比对，使这一指标更加合理和现实，以此来防范一个区域信贷投放过度所带来的区域金融风险。

谁吹大钢贸信贷的泡沫

防火防盗防钢贸！行业风险拉响了金融警报。

原本极其普通的钢材贸易行业现在成了令金融机构谈之色变、避而远之的高危行业。一个曾经助推福建钢贸民营企业在上海迅速发展的担保链条，现今演化为风险蔓延的导火索。2011年无锡地区钢贸信贷风险集中暴露，钢贸相关产业链的不良贷款还将陆续暴露，钢贸行业的洗牌在延续。

钢贸泡沫的产生

2008年以来，以福建周宁地区为代表的钢贸商开办的钢材市场由上海向无锡迁移，在此过程中，钢贸商本能的投机意愿与商业银行天然的信贷扩张冲动一拍即合，在信贷资金助推下，钢贸信贷泡沫逐步产生并不断膨胀，于2011年达到顶峰。

第一，商业银行对业绩的追逐诱发泡沫滋生。一方面，商业银行的业务考核指标多而重，基层支行客户经理绩效工资占总收入的一半以上，考核指标完成情况与实际收入高度关联，极易引发基层支行经营行为的扭曲。另一方面，钢贸市场及商户能完美迎合商业银行的考核需求。效益指标方面，钢贸贷款年化综合收益率达20%~30%。存款指标方面，钢贸企业可提供担保公司保证金、全额银票保证金、大额结算往来资金，关键时点甚至可以从外部拆入资金满足银行考核需要。中间业务指标方面，钢贸商户可以满足包括信用卡、理财、基金、保险、黄金销售等在内的各项要求。商业银行过度的考核制度为钢贸信贷泡沫的滋生提供了温床，成为钢贸信贷风险积聚的火药桶。

第二，同业竞争乱象助推泡沫炮制。远高于一般行业的综合回报率使得钢贸业务成为商业银行眼中的"金饽饽"。一方面，前期已介入的银行对钢贸依赖度越来越高，营销力量进一步倾斜，由于钢贸业务业绩好、见效快，诱惑系统内其他分支机构纷纷进军钢贸市场。另一方面，部分前期未开展钢贸业务的银行，通过对钢贸市场及商户降价、放大担保倍数、增加贷款额度等手段抢夺市场及客户资源，大举杀入钢贸业务。钢贸业务暂时带来的巨大经营效益，使得银行风险管理部门的视线和独立评判的能力被强烈的业绩冲动和盲目乐观的情绪所弱化或遮挡，风险得不到应有的重视，贷款"三查"流于形式。个体非理性演变为集体非理性，为钢贸信贷泡沫推波助澜，成为钢贸信贷风险加剧的催化剂。

第三，"钢贸模式"的扭曲性扩张。在与银行的博弈中，一批投机意识浓厚的钢贸商开始转向，以套取更多信贷资金。同时，在四万亿元政策的刺激下，加上前期成熟市场的示范效应，部分钢贸商扩张意愿强烈，相继去异地兴办市场。部分新设市场股东实力弱、经营缺乏优势、招商难度大，在负债压力下，催生出一批脱离钢贸主业的空壳公司、影子公司，成为融资套贷的工具。同时，银行信贷资金还被挪用投向于房地产、煤矿等其他高风险领域。资金被挪用成为钢贸信贷风险的导火索。

被刺破的钢贸泡沫

然而，2011年下半年以来受国家加强房地产调控和清理整顿地方融资平台等多种因素的影响，钢材下游需求随之走弱，钢价开始大幅下跌，钢材滞销日益严重，钢贸企业经营愈发困难。特别是银监会和上海银监局发布钢贸行业贷款风险提示后，商业银行普遍收缩钢贸贷款规模，钢贸行业资金紧张局面"雪上加霜"，贷款风险开始显现。法定代表人"跑路"事件的报道，银行对部分存量贷款实行到期收回或压降，加速了钢贸市场信贷风险暴露的进程。在多重不利因素聚集之下，信贷资产质量急剧下降并持续恶化，市场逃废债行为蔓延，市场担保公司名存实亡。至此，一度绚烂无比的钢贸信贷泡沫彻底破灭。钢贸信贷破灭的主要原因如下：

第一，对钢铁相关行业走势缺乏正确的判断。钢贸行业是钢铁行业和建筑、汽车等钢材终端消费行业的中间行业，其效益受制于上下游的供求情况。然而，无论是钢贸商还是商业银行，都对2009年的"四万亿元"政策可持续性和刺激效果过于乐观，同时又对中国钢铁行业的产能过剩程度估计不足，导致对钢价走势乃至钢贸企业效益出现误判。事实上，虽然近年来中国钢材需求稳定增长，但刚性的产能过快释放却使钢材终端价格持续处于历史较低水平，特别是房地产和高铁投资降温后，钢材价格一落千丈，钢贸企业经营效率急转直下，各类风险凸显。

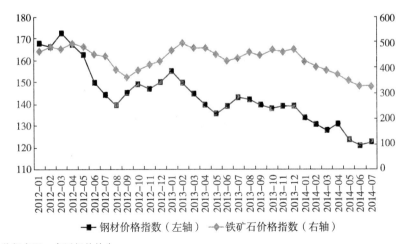

数据来源：中国钢铁协会。

图5-5　钢材价格指数、铁矿石价格指数走势

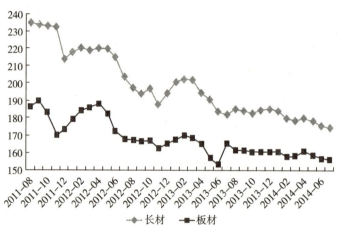

数据来源：中国钢铁协会。

图5-6　长材、板材价格指数走势

第二，钢贸企业多属于中小企业，经营欠规范，市场地位低，抗风险能力弱。当前，中国有20多万家钢贸企业，其中绝大部分为中小型企业。特别是在行业效益欠佳、自身资金紧缺的情况下，钢贸企业有通过重复质押、虚假仓单等骗贷以及挪用贷款炒股、炒房、发放高利贷的冲动。

第三，担保方式本身存在引发系统性风险的缺陷。钢贸贷款主要有不动产抵押、担保公司担保、仓单质押、联保四种担保方式。其中联保是钢贸贷款繁荣时期最为流行的一种担保方式，约占当时所有贷款的20%~30%。这种方式是多家钢贸商"抱团取暖"，组成联保小组，共同获得银行授信，成员之间相互承担连带保证责任，或者企业间两两互保，且相互承担连带担保责任。该模式在市场上升期有助于集中规模优势，更易获得银行批贷，且能得到更大的信用倍数，有利于钢贸企业的发展壮大。但是，一旦市场反转，一家或多家钢贸商出现偿付困难，风险系数将被倍数放大，形成系统性风险。部分地区的钢贸企业从"抱团欠款"转向"抱团逃废债"，区域信用风险有所恶化。

第四，商业银行疏于防控。将钢贸贷款的风险爆发主要归咎于钢铁行业的不景气、钢贸企业小、信贷产品缺陷亦并不客观。事实上，相当多的钢贸贷款不良都是商业银行在贷款过程中囿于各种原因疏于监管所致。包括对钢贸贷款质押物缺乏时点监控、质押物权属要件不全、资金流向监管不力，钢材已经成为房地产、股市、民间借贷投机的融资"金融品"。

钢贸风险在扩散

银行忽视信贷结构的平衡性，造成钢贸类企业涉及银行较多、贷款余额和占比过大，导致风险过度集中，贷款损失大。以无锡地区为例，钢贸行业贷款的损失率达到50%。从某种意义上说，银行陷入漫长的问题贷款处置流程，也是在为几年前激进放贷买单。

就在大型银行和股份制银行纷纷对被业内称为"风险高发区"的钢贸企业贷款亮起"红灯"之时，一些迹象显示，钢贸融资开始从股份制银行转向地方金融机构，钢贸风险开始从长三角扩散到其他地方。据报道，2011年末全国钢贸类贷款总额已近1.89万亿元，占银行业贷款总额约3.5%（同期全国贷款总额约54万亿元）。

在行业景气度低迷、贸易业务造血能力差、历史债务负担重、银行收紧信贷支持的背景下，钢材流通行业过去积聚下的信贷风险还会陆续爆发。另外，除钢贸行业本身外，钢贸产生的信贷风险将波及在钢材交易中提供变现融资服务的托盘商（国内大型流通企业借助低成本的融资能力多从事该业务获取利差）、提供保税仓模式的上游钢铁生产企业、涉及担保或钢材存储的仓储企业等关联方。

一个原本正常的贸易业务，在金融机构的参与下，运用金融杠杆进行非正常经营的操作，在短期内多方获取了巨大的收益。但同时，企业的经营风险以杠杆的倍数转移到银行，严重时可能在局部区域形成金融危机。金融是现代经济的核心，一着棋活，全盘皆活。但要警惕"一着不慎，满盘皆输"，最好不要用惨痛的代价来验证这句话所蕴含的朴素的市场价值。

特色鲜明的区域产业

1990年迈克·波特在《国家竞争优势》一书中首先提出用产业集群一词对集群现象进行分析。区域的竞争力对企业的竞争力有很大的影响，波特通过对10个工业化国家的考察发现，产业集群是工业化过程中的普遍现象，在所有发达的经济体中，都可以明显看到各种产业集群。产业集群是在一定区域内特定产业的众多具有分工合作关系的不同规模等级的企业与其发展有关的各种机构、组织等行为主体，通过纵横交错的网络关系紧密联系在一起的空间积聚体。

很多国家的地方政府通过培育地方产业集群，使本地生产系统的内力和国际资源的外力有效结合，提高了区域竞争力，取得了不少成功的经验。产业集群实际上是把产业发展与区域经济，通过分工专业化与交易的便利性，有效地结合起来，从而形成一种有效的生产组织方式，是推动地方区域经济增长的重要方式。

产业集群是推动区域经济增长的重要方式

产业集群超越了一般产业范围，形成特定地理范围内多个产业相互融合、众多类型机构相互联结的共生体，构成这一区域特色的竞争优势。产业集群发展状况已经成为考察一个经济体，或其中某个区域和地区发展水平的重要指标。产业集群具有几个特征：一是地理集中的特征。在地理上的集中是产生集聚经济的基础，也是集群作为一种地域经济现象存在的基础。二是专业化特征。集群内单个企业的生产总是集中于有限的产品和过程，专业化的分工是与生产的技术可分性以及垂直分离的生产组织方式相关的。三是企业网络。通过生产系统形成本地网络，进行着商品、服务、信息、劳动力等贸易性或非贸易性的交易、交流和互动，共同促进地区的发展和企业的持续创新。四是企业的根植性。集群与当地的社会网络密切联系在一起。

纵览当今世界上众多富裕的区域，绝大多数都是通过发展产业集群而实现的（见表5-1）。美国境内比较均匀地分布着数以千计的各类产业集群，一些州还有多个不同的产业集群；意大利的"第三意大利"更是产业集群的代名词；法国的产业集群也不少，不过主要分布在四周，而中间地区较少；德国则在前西德境内分布着数以百计的各类产业集群；一些发展中国家的较富裕地区亦不例外，如印度的一些富裕地区基本上是产业集群发展得较好的地区；墨西哥、印度尼西亚、巴西等国亦如此。在当今的世界经济版图上，由于大量产业集群的存在，形成了色彩斑斓、块状明显的"经济马赛克"，世界财富的绝大多数都是在这些块状区域内被创造出来的。

表5-1　世界知名产业集群一览表

国别或地区	所在区域	产品领域
美国	硅谷	微电子、生物技术、风险资本
美国	美国北卡三角科学园	微电子、生物工程、环境科学、通讯技术
德国	法兰克福	化工、金融、电信、传媒
意大利	第三意大利	纺织品、鞋、机械、食品
法国	索菲亚·安蒂波利斯科技园	电信、生命和健康科学、地球科学
日本	丰田城	汽车及零部件
瑞士	制表区	钟表业
印度	班加罗尔	计算机软件
中国台湾	新竹	半导体硬件

发展产业集群，可以提高区域生产效率。大量的中小企业集聚于一定区域，可以进一步加深区内生产的分工和协作。在这种集群内发展，除了可以分享因分工细化而带来的高效率外，而且还由于空间的临近性，大大降低了因企业间频繁交易而产生的交通运输成本。此外，在现代产业集聚体内，经济活动主体的合作交易往往能够在社会文化背景和价值观念上达成共识，这种基于社会网络信任基础的合作分工，可以减少企业之间的相互欺诈，对于维持集群稳定和提高生产效率起着非常重要的作用。

发展产业集群，可以产生滚雪球式的集聚效应，吸引更多的相关企业到此集聚。在产业集群内部，集聚着数量众多的相关生产企业、科研机构、商会、协会、中介机构等，在产生较强的知识与信息累积效应的同时，大量生产企业也时刻面临同行竞争的压力，这一方面为企业提供了实现创新的重要来源以及所需的物质基础，另一方面也使集群内的企业时刻保持创新的动力。

发展产业集群，可以促进集群内新企业的快速衍生与成长。不仅有很多的相关企业在此集聚，而且还有很多相应的研发服务机构及专业人才，新企业在此发展，可以获得更多的市场机遇，获得更丰富的市场信息及人才支持，从而降低市场风险。而且由于集群内部分工的不断细化，可以衍生出更多的新生企业，这些专业化的产业集聚体内部的生产率不断提高，创新活动不断涌现，从而呈现很强的区域竞争力。

从行业类型、发展诱因、要素类型和主要经济优势等方面看，产业集群各具特点，具有一定的代表性。具体而言，以东莞为代表的IT产业集群主要是依靠外资投入和海外产业转移发展起来的，这类产业集群关键是要保持地区的成本优势并强化集群内部发育。以温州为代表的低技术专业化产业集群，其主要特点和优势就是以高度发达的流通网络为背景，实现低成本、低技术的经济规模扩张，但这类产业集群是很容易被模仿的，集群的竞争优势难以保持，不断增加技术投入是保证其进一步发展的关键。宁波的服装产业集群与其他产业集群的最大区别是它依靠品牌优势带动整个产业集群发展，因此它具有独特的竞争优势，但如何进一步提升这些品牌的含金量，发挥这些品牌的市场效用，并且逐步打入国际市场是当前宁波服装产业集群面对的困难。

产业集群的发展是可以引导和调控的，地方政府可以通过实施集群化战略，在那些有条件的地区或者已经形成一定产业集聚的地区，充分发挥政府和市场的作用，积极培育和发展产业集群，由此提升整个区域的综合竞争力。这种依靠培育产业集群来提升区域竞争力的战略思路，我们把它称为基于集群的区域竞争力提升战略。这种新的战略思路，是以引导和促进产业集群健康发展为手段，以提升区域产业竞争力为目标。

2014年初，北京市对中关村建立产业集群规划，确定了下一代互联网产业集群等六大产业为优势产业，将享受政府政策和资金的重点支持。计划到2015年，中关村将形成一个至两个5000亿元级的产业集群，五个至六个千亿元级的产业集群，其中六个优势产业集群的总收入力争超过1.6万亿元，成为首都创新驱动发展的支柱和引擎，而对全国的创新引领和辐射带动也将更加显著。培育5家规模超千亿元的龙头企业，50家规模超百亿元的行业领军企业，2000家规模超亿元的特色企业。这六个优势产业集群分别是下一代互联网产业集群、移动互联网和新一代移动通信产业集群、卫星应用产业集群、生物和健康产业集群、节能环保产业集群、轨道交通产业集群。

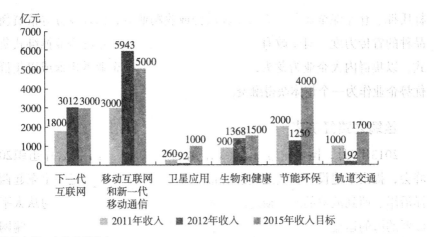

数据来源：中关村管委会。

图5-7 中关村六大优势产业集群收入

产业集群化发展与金融的关系密切。一方面，产业集群化对金融服务的需求不同于单个企业，对资金的需求量更大，对金融服务方式的需求更趋多元，对金融服务的便捷性、成本和效率都提出了更高的要求。另一方面，产业集群化为金融业发展创造了有利条件。集群化发展的产业通常为当地优势产业，政府扶持较多，未来成长空间较大，是金融机构重要的客户群，集群内企业的协同发展有助于节约金融机构外部信用评级的搜寻成本。因此，金融机构根据地方经济发展战略，积极支持当地优势产业集群化发展不仅是地方经济发展的要求，也是金融业自身发展的需要。

集群产业金融有助于提高产业资源配置效率金融机构借助其掌握的信息，有效识别具有成长潜力的产业，对投资收益率高、市场竞争力强的产业增加其资本供给，促进这些产业的快速发展，同时放弃对收益率低、缺乏市场竞争力的产业的投资。这样，资金从低效率产业向高效率产业转移，进而调整资源配置状态，促进生产要素从衰退产业向新兴产业转移，推动产业结构的升级。

创新产业集群信贷品种，拓展信贷支持途径。金融机构应加强针对性，把握产业集群的动态变化与静态特征，创新产业集群信贷品种，针对不同的集群类型，采取不同的信贷支持方式。对于市场创造型产业集群，对产业集群内部以产业链为载体或购销关联度高的上下游企业实行整体授信。加大商标质押、仓储保全业务、应收账款质押或收购业务、保理业务等信贷新业务品种的宣传力度。对于政府主导型产业集群可以探索集群企业捆绑式贷款模式，以集群内大企业为龙头，为其关联度高的其他企业做担保或以集群内的优势企业作为一个整体获得融资。

丝绸之路经济带

2013年9月，国家主席习近平访问中亚四国、出席上海合作组织2013年峰会，提出了建设"丝绸之路经济带"的宏伟设想。这将是一个东起西太平洋沿岸、西到波罗的海、横跨欧亚大陆的新兴经济合作区。打通从太平洋到波罗的海的运输大通道，逐步形成连接东亚、西亚、南亚的交通运输网络。丝绸之路经济带总人口约30亿，市场规模和潜力独一无二。

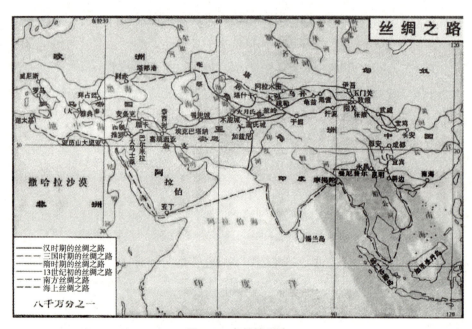

图5-8　古丝绸之路

"古丝绸之路"作为贯通东西方的贸易通道，是经济全球化的最早实践，被誉为全球最重要的商贸大动脉。"新丝绸之路"将再次成为连接中国与欧洲的重要通道，对于中欧经济发展的意义不言而喻。贸易合作将更具广度深度，能源合作将进一步深化。中亚地区拥有丰富的油气等资源，但基础设施和工业技术相对薄弱，而中国对这些资源有大量需求，并可以在技术转让和基础设施投资方面提供有力支持。在2014年5月的上海亚信峰会上，中国和俄罗斯签署了一项高达4000亿美元的天然气合同。

建设新丝绸之路经济带，同样也是建设了一条金融大动脉。在当前全球流动性收紧、美元币值波动较大、各国亟需发展资金的情况下，加强亚欧各国之间的金融合作十分必要。中国和俄罗斯等国在本币结算方面开展了良好合作，取得了可喜成果，也积累了丰富经验。未来，中亚各国在经常项下和资本项下实现本币兑换和结算，就可以大大降低流通成本，增强抵御金融风险能力，提高本地区经济国际竞争力。

当前，中国人民银行先后与乌兹别克斯坦、哈萨克斯坦等中亚国家央行签署了双边本币互换协议，这些协议的签署，不仅有利于双边贸易规避美元币值波动的风险，还有利于扩大人民币跨境贸易结算范围，推动人民币国际化。

推进境外直接挂牌交易与多币种直接兑换也是规避汇率风险的有效尝试，人民币对卢布交易2010年12月在莫斯科银行间外汇交易所挂牌上市，这是人民币首次在中国境外实现直接挂牌交易，标志着人民币国际化迈出非常重要的一步。

中国"智造"大格局

在过去的30年中，廉价劳动力、低资源价格和高退税补贴，造就了"中国制造"的辉煌。但是，这种发展方式，也屡屡遭遇贸易壁垒。在环境污染治理的压力下，在不断攀升的成本"倒逼"下，更是步履维艰，转型升级成为唯一的选择。

十面"霾"伏的隐忧

2013年，"雾霾"成为年度关键词。1月，4次雾霾过程笼罩30个省（区、市），在北京，仅有5天不是雾霾天。有报告显示，中国最大的500个城市中，只有不到1%的城市达到世界卫生组织推荐的空气质量标准，与此同时，世界上污染最严重的10个城市中有7个在中国。2013年全国有74个城市实施了新的空气质量标准。根据全年监测，74个城市仅有3个城市达到了空气质量二级标准，其他71个城市均不同程度地存在超过新的空气质量标准的情况。

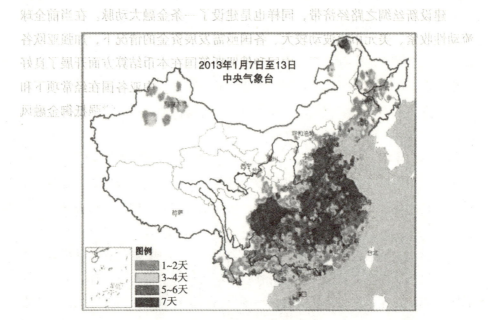

图5-9　中国雾霾实况图

京津冀、珠三角、长三角，单位面积的污染物排放强度是全国平均水平的5倍。三大区域占全国国土面积的8%，却消耗了全国煤炭的43%，其中以京津冀为主。这三大区域生产了占全国55%的钢铁、40%的水泥、52%的汽柴油，其主要污染物排放量占了全国排放量的30%。污染物排放最大的源头是燃烧排放，燃烧排放最大的来源是燃煤。

天蓝水绿、半城绿树半城楼是众多人对南方城市的一贯印象。在北方雾霾严重的时候，一些人就开始"迁徙"南方，成为躲避雾霾的候鸟。然而，现在南方的天空不仅难逃雾霾的"魔爪"，"日出江花红胜火，春来江水绿如蓝"的美丽也难以寻觅。

雾霾天气，并非中国特有。1952年12月5~8日，一场灾难降临了英国伦敦。地处泰晤士河河谷地带的伦敦城市上空处于高压中心，一连几日无风，风速表读数为零。大雾笼罩着伦敦城，又值城市冬季大量燃煤，排放的煤烟粉尘在无风状态下蓄积不散，烟和湿气积聚在大气层中，致使城市上空连续四五天烟雾弥漫，能见度极低。在这种气候条件下，飞机被迫取消航班，汽车即便白天行驶也须打开车灯，行人走路都极为困难，只能沿着人行道摸索前行。由于大气中的污染物不断积蓄，不能扩散，许多人都感到呼吸困难，眼睛刺痛，流泪不止。伦敦医院由于呼吸道疾病患者剧增而一时爆满，伦敦城内到处都可以听到咳嗽声。仅仅4天时间，死亡人数就达4000多人。两个月后，又有8000多人陆续丧生。就连当时举办的一场盛大的得奖牛展览中的350头牛也惨遭劫难。一头牛当场死亡，52头严重中毒，其中14头奄奄待毙。这就是骇人听闻的"伦敦烟雾事件"。酿成伦敦烟雾事件的主要原因是冬季取暖燃煤和工业排放的烟雾在逆温层天气下的不断积累发酵，催生了世界上第一部空气污染防治法案《清洁空气法》的出台。直到20世纪70年代后，伦敦市采取了改用煤气和电力，并把火电站迁出城外等多种措施，用了30年的时间，使城市大气污染程度降低了80%，才摘掉了"雾都"的帽子。

美国洛杉矶光化学烟雾事件是世界有名的公害事件之一，洛杉矶在20世纪40年代就拥有250万辆汽车，每天大约消耗1100吨汽油，排出1000多吨碳氢（CH）化合物，300多吨氮氧（NO_x）化合物，700多吨一氧化碳（CO）。另外，还有炼油厂、供油站等其他石油燃烧排放，在强烈的阳光紫外线照射下，原有的化学链遭到破坏，形成新的物质。这种化学反应被称为光化学反应，其产物为含剧毒的光化学烟雾。这种烟雾中含有臭氧、氧化氮、乙醛和其他氧化剂，滞留市区久久不散。在1952年12月的一次光化学烟雾事件中，洛杉矶市65岁以上的老人死亡400多人。直到20世纪70年代，洛杉矶市还被称为"美国的烟雾城"。光化学烟雾可以说是工业发达、汽车拥挤的大城市的一个隐患。20世纪50年代以来，世界上很多城市都不断发生过光化学烟雾事件。

中国雾霾受到全球关注。强霾污染物，可以认为是伦敦和洛杉矶事件污染物的混合体，以及西北沙尘输送因素的叠加构成。雾霾主要由二氧化硫、氮氧化物和可吸入颗粒物这三项组成，它们与雾气结合在一起，让天空瞬间变得阴沉灰暗。颗粒物的英文缩写为PM，北京监测的是细颗粒物（$PM_{2.5}$），也就是直径小于等于2.5微米的污染物颗粒。这种颗粒本身既是一种污染物，又是重金属、多环芳烃等有毒物质的载体。雾霾地域分布范围逐渐扩大，无论是北京、上海还是杭州，在城镇化发展过程中，大力发展工业所欠下的"环境债"正在通过雾霾释放信号。

工业4.0时代

一场国际金融危机，让实体经济的重要性得以凸显。美国、德国、英国等发达国家纷纷提出以重振制造业为核心的"再工业化"战略。不过，发达国家的再工业化并非简单回归，而是以信息网络技术、数字化制造技术应用为重点，旨在依靠科技创新，抢占制造业新的制高点。这种信息技术与制造业深入融合的浪潮，被视为一场新的工业革命。德国则将这场变革视为继机械化、电气化和信息技术之后，工业化的第四个阶段，因此将之命名为"工业4.0"。

第一次工业革命于18世纪60年代发生在英国，这次工业革命以蒸汽机作为动力机被广泛使用为标志，它彻底改变了产品的生产方式，开创了以机器代替手工劳动的时代。到了19世纪上半叶，机器本身也使用机器来生产，标志着工业革命的完成。继英国之后，法国、美国等国家也相继进行了第一次工业革命。

第二次工业革命始于20世纪之交，这次工业革命在劳动分工的基础上，采用电力驱动产品的大规模生产，从而将人类带入了大批量生产的"电气时代"。

20世纪70年代初，第三次工业革命取代了第二次工业革命，并延续到现在。第三次工业革命引入了电子和信息技术，从而使制造过程不断实现自动化，机器不仅接管了相当比例的"体力劳动"，而且还接管了一些"脑力劳动"。

而随着信息技术、互联网和物联网技术的发展，实体物理世界与虚拟网络世界走向融合，人们通过信息物理融合系统（CPS），将资源、信息、物品和人进行互联，建立高度灵活的个性化和数字化的产品与服务的生产模式。这种技术的渐进性进步被描述为工业化的第四个阶段，即"工业4.0"。在工业4.0时代，传统的行业界限将消失，并会产生各种新的活动领域和合作形式。创造新价值的过程正在发生改变，产业链分工将被重组。

"工业4.0"主要分为两大主题：第一个是"智能工厂"，重点研究智能化生产系统及过程，以及网络化分布式生产设施的实现。第二个是"智能生产"，主要涉及整个企业的生产物流管理、人机互动以及3D技术在工业生产过程中的应用等。新一轮工业革命，对于中国的制造业，既是极为严峻的挑战，又是一个技术上赶超发展、结构上加快升级的重大机遇。

中国当前的制造业仍处于附加值低、创新能力弱、结构不合理的产业链中端，在产业价值链中扮演加工、组装为主的角色。低成本是"中国制造"在国际竞争中胜出的主要武器。中国制造对国内的生态环境和自然资源也造成了巨大的冲击和破坏。

微笑曲线理论认为在附加值观念下企业只有不断往附加价值高的区域与定位才能持续发展与永续经营。就制造业微笑曲线本身而言，历史上随着行业的演进已经经历了两个阶段，主要是20世纪60~70年代，全球工业化浪潮的兴起以及20世纪90年代工业自动化的实现，工业自动化时期的微笑曲线两端更为陡峭，产业附加值向前端和后端聚集，中端的制造环节价值下沉。而伴随着新一次"工业革命"（"工业4.0"）的到来，制造业微笑曲线的两端将更为陡峭，中端的制造环节价值将进一步被摊薄，特别是当前中国人口红利以及管理效率提升效益都已经达到了临界点，向两端索取增加值已经迫在眉睫。

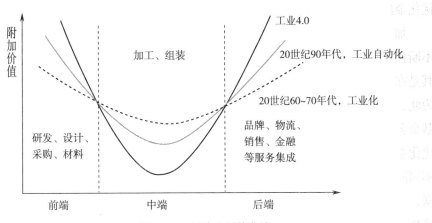

图5-10　制造业微笑曲线

尤其在当今经济全球化时代，如何从全球资源配置的角度优化每个制造环节，一体化整个供应链流程，并持续更新换代，越发成为现代制造企业参与全球竞争的关键。制造企业即使在现有技术水平和产品结构上，也需要控制、影响并拉紧整个供应链系统，优化资源在每个环节的配置，从而获得高价值，而不是分散、孤立地对待每个环节。

产业升级有三种发展模式，即政府引导型、市场引导型以及政府与市场共同影响型。随着经济发展及市场经济体制的确立，在产业升级的中后期，日本、韩国、新加坡和中国台湾等亚洲经济体逐渐暴露出政府干预较强的弊端。这些经济体也意识到政府发挥主导作用的不利后果。政府开始减少对经济的直接干预，转变为对经济发挥协调作用，同时允许市场发挥更大的作用。对中国而言，需要深化经济体制改革，使市场在资源配置中起决定性作用和更好地发挥政府作用。

中国制造曾是推动全球增长最活跃的力量之一。当全球经济艰难复苏、深刻调整时，中国经济也步入"转型换挡"的关键期，仅靠低成本已经无法让中国制造成为可持续增长的一个原动力，只有科技创新才能使中国制造化蛹为蝶，向着中国"智造"华丽转身。

找准金融的给力点

金融对于稳增长、调结构、促转型都具有重要作用。与服务实体经济发展，推动经济结构调整和转型升级的要求相比，还需要不断深化金融改革，优化金融资源配置。

加大金融对制造业创新的支持力度。当前中国金融与科技结合的力度不断扩大，但还远远不能满足制造业在创新方面对金融服务的现实需求。尤其是在研发阶段，由于投入大、周期长，风险高，很难吸引外部资金介入。为此，应建立以政府金融机构融资为主导，以商业银行、非银行金融机构和基金公司为补充的资金支持体系。同时，逐步构建多层次资本市场，扩大和优化企业研发创新的直接融资渠道。金融机构要深入研究制造业在研发创新不同阶段的融资动机和需求特点，积极创新金融产品；以国家产业政策为依据，突出金融支持重点，着力支持以高技术改造传统制造业，同时加大力度扶持中国制造业在动力技术、节能技术、精密加工技术、人工智能技术，以及在材料工业、特种船舶、航空航天、精密机械和重型装备制造等高端领域的发展。

加大金融对特色产业的支持力度。产业结构优化升级的实质是经济资源在各个产业部门重新组合和优化配置的过程，即通过生产要素在不同产业和不同部门间转移，实现不同产业和不同部门间边际成本和边际产出的调整。在经济货币化时代，经济资源的组合与配置往往表现为资本在各个产业部门间的组合与配置，而资本的组合与配置又有赖于金融体系自身金融功能的发挥。所以，金融支持产业结构优化内在机理主要在于金融体系通过资本供给和资本配置机制，发挥金融功能，促进产业结构合理化，进而推动产业结构优化升级。金融应重点培育和支持新能源产业、环保产业、IT产业、绿色制造业、文化传媒业、生物医疗保健行业、物流等。特色产业的发展空间取决于金融支持力度，只有实现产业经济与金融机制的良性循环，才能为特色产业的发展提供源源不断的长久动力，才能促进产业结构的优化升级，最终实现特色产业的发展和区域经济发展。

金融促进重点领域和行业转型和调整。必须坚持有扶有控，有保有压的原则，发挥资金引导作用，增强资金支持的针对性和有效性，不断优化社会融资结构。一方面持续加强对重点领域和行业的金融支持，另一方面大力化解产能过剩矛盾。金融支持化解产能过剩矛盾，关键是区分产能过剩行业的不同情况，分门别类地执行差别化政策，对于产能过剩行业中产品有竞争力、有市场、有效益的企业，继续给予资金支持，帮助其加快发展；对于实施产能整合的企业，通过探索发行优先股，定向开展并购贷款等方式，促进其实施兼并重组；对属于淘汰的落后产能的企业，通过保全资产和不良贷款转让、核销等方式支持压产退市；对产能严重过剩行业违规建设项目严禁提供任何形式新增融资，防止盲目投资加剧产能过剩。

加强跨境金融服务，积极支持企业"走出去"。当前，国家实施新一轮扩大开放和企业"走出去"战略，给金融机构跨境业务带来了巨大的发展机遇。金融机构要将紧跟人民币国际化、对外区域合作、丝绸之路经济带建设以及客户"走出去"步伐，推动建立全球金融服务体系，着力在深化境内外、离在岸业务联动上下工夫。通过积极发展国际结算、供应链融资、贸易金融、跨境人民币等金融服务，支持企业对外承包工程，扩大对外投资合作，带动技术、产品和服务出口。同时，抢抓国家各类改革试验区建设的契机，积极发展离岸金融，做好自贸区及沿边开放地区金融服务，加强国内外两个市场双向联动，增强"走出去"企业综合竞争力。

中国经济转型的关键是产业升级，金融必须与产业升级相结合，这也是中国经济未来能否转型成功的关键。

第6章 农业现代化开辟金融新天地

在工业化、城镇化深入发展中同步推进农业现代化，是关系现代化建设全局的一项重大任务。农业现代化，基础在农业，难点在农村，关键在农民。农村金融是现代金融中最薄弱的环节，农业现代化的推进，开辟了金融发展的新天地。

农村城镇化金融的国际经验

2006年10月13日，瑞典皇家科学院诺贝尔和平奖委员会宣布，穆罕默德·尤努斯（Muhammad Yunus）博士及其创办的孟加拉乡村银行——格莱珉银行（Grameen Bank）获得2006年诺贝尔和平奖，以表彰他们“自下层为建立经济和社会发展所做的努力”。诺贝尔和平奖委员会在颁奖文告中称：“持久的和平只有在大量的人口找到摆脱贫困的方法后才有可能实现，小额信贷的成功实施表明，从社会的底层发展也有利于促进民主和民权”。

在农村城镇化过程中，无论是发达国家如美国、德国、日本，还是发展中国家如孟加拉国、印度，创新金融在配置资源、促进发展转型方面起到了极为重要的作用。

美国：城市金融延伸的供给型模式

美国的城镇化金融属于典型的供给型发展模式，美国只有占全国总人口16%的农村人口，却具备世界上较为先进的农业生产能力，这种成功的经验值得发展中国家借鉴。在美国农业发展的早期，农村金融发展并不发达，没有成立专门从事农村信贷业务的农村金融机构。之后，由于城市工业的大规模发展带来了大量的闲置资本，这些资本除了满足城市各个行业发展之外还有剩余，剩余的资本为了实现增值需要寻找新的投资目标，农村显然是可以考虑的首要目标，而且农业自身的发展也对金融资本产生需求，这种需求正好适应了剩余资本的投资意向。同时，美国还依靠市场的力量来协助政府加快培育非正规性金融机构，最终形成以商业性金融机构为基础、合作性金融机构为主导、政策性金融机构为辅助、农村社区性金融机构为补充的发展模式。

表6-1　美国农村金融体系构成

组成部分	机构	职责
商业银行	商业银行	商业银行涉农贷款
农村信用合作银行	联邦中期信贷银行 合作社银行 联邦土地银行	为中期发展提供资金 为农场主提供经营贷款 为土地流转、转租提供金融服务
政府农贷机构	农民家计局 商业信贷公司 农村电气化管理局 小企业管理局	为农民企业家、农场主提供信贷支持 为农场主提供农产品贷款 为农村基础设施建设资金支持 为小微企业提供资金支持

资料来源：根据相关资料整理。

第一，按照农业需要的合理分工设计惠农金融服务体系。该体系主要由四大部分组成：一是商业银行。美国联邦储备银行规定，凡农业贷款占贷款总额的25%以上的商业银行，可以在税收方面享受优惠。二是农村信用合作系统。它主要包括联邦中期信贷银行、合作社银行、联邦土地银行，由农业信用管理局管理。三是政府农贷机构，包括农民家计局、商业信贷公司、农村电气化管理局三个机构。需要说明的是，农民家计局主要是对不能从商业银行借到低利率的青年农民提供适合农业生产周期的借款，这是一种"无追索权贷款"。四是政策性农村金融机构——小企业管理局，专门向不能从其他正常渠道获得充足资金的小企业提供融资帮助。

第二，政府为信用社提供持续的正向激励措施。美国以法律形式规定对信用社的优惠政策：免征各种税负；建立信用社存款保险；信用社不缴存款准备金；信用社可以参照市场利率自主决定存贷款利率。

第三，多层次的保险提供了比较完备的农作物保险业务。美国农业保险运行主要分为三个层次：第一层次为联邦农作物保险公司（风险管理局），主要负责全国性险种条款的制定，风险的控制，向私营保险公司提供再保险支持等；第二层次为有经营农险资格的私营保险公司，它们与风险管理局签订协议，并承诺执行风险管理局的各项规定；第三层次为农作物保险的代理人和查勘核损人，美国农作物保险主要通过代理人销售，他们负责具体业务的实施。

德国：层次鲜明的合作性金融

德国在农村城镇化金融的发展模式上也具有其独特的一面。德国的农村金融组织属于典型的协助型发展模式，可分为四级发展模式，依次是公共性金融机构、私营性金融机构、合作性金融机构、专业性金融机构。其中，公共性金融机构、私营性金融机构和合作性金融机构被称为德国农村金融组织当中的全能性金融机构，职能是为农业发展提供存贷业务、证券业务、保险业务等各种金融业务，而专业性金融机构则业务范围相对狭窄，一般只服务于某类业务或支持某个行业发展。

合作性金融机构作为德国农村金融组织中独具特色的中坚力量，自19世纪50年代世界上最早的农村信用合作社以来，发展至今已有150多年的历史，在德国农村金融发展过程中占有十分重要的地位。德国合作性金融机构的发展规模较大、分支机构较多，其资产总量在全国银行总资产中的比例达到了20%以上，而且这些分支机构在结构设置上层次清晰，从最高层次的德国中央合作银行到最低层次的德国基层合作银行，按照机构数量划分层次，呈现出一个典型的"金字塔"形结构，且越是基层，合作金融机构的分支数量越多。

在组成架构上，德国农村合作性金融机构结构体系较为完善，形成自下而上的组织模式，按照地域范围大小可划分为三类：第一类是最基层的合作金融机构，称为基层合作金融机构，如基层合作银行，由基层居民、合作社企业、私营企业主等入股的形式提供资金来源，其职能主要为基层农户提供信贷服务；第二类是区域性的合作金融机构，由基层合作银行入股构成主要的资金来源，在职能上表现为存放基层合作银行的闲置资本，更好地为基层合作银行融通资金，以及代理基层合作银行办理结算业务、证券业务、国际业务等；第三类是中央层面的合作金融机构，即为德意志中央合作银行。作为全国范围内所有合作金融机构的协调机构，主要由地区合作银行入股形成，其职能集中体现在办理资金融通，提供各类金融产品和金融服务，同时支持处理基层合作银行和地区合作银行难以处理的金融项目，为基层合作银行和地区合作银行提供再融资服务。

日本：以农协为单元的合作性金融

日本作为亚洲地区的发达国家，其农村城镇化金融的体系结构较为完善，在农村经济发展中所起的作用也十分突出，主要可分为政策性金融机构、合作性金融机构和商业性金融机构。其中，合作性金融机构在所有金融机构中占据主导地位，政策性金融只是对合作性金融机构的补充，至于商业性金融机构，虽然有兼事农村金融业务的机构，但是为了盈利，主营业务还是集中在城市。

日本的合作性金融机构的机构框架具有特殊性，表现在它既有独立性的方面又有非独立性的方面。非独立性的方面是指日本的合作性金融机构是处于日本农业协同组织（农协）系统内部的一个具有独立发挥金融功能的子系统，而农协是由农民自愿入股，从而形成的一种合作社组织，由15位农民以上自愿加入即可成立，这个组织的原则是为组织内部的社员服务，农户加入这个协会即可成为正式会员，而非农户加入则成为非正式会员，组织同时为正式会员和非正式会员都规定了相应的权利及其责任范围。当前，绝大多数日本农户都加入了农协，成为农协的正式会员，从而可以十分便利地获取信贷资金。

独立性的方面则是指日本合作性金融机构的三个层次的组成机构是相互独立的，并不存在相互依存或者相互隶属的关系，这三个层次的组成机构分别是处于基层的信用合作组织、处于中间层次的信用合作联合会、处于高层次的国家信用联合会（又称"农林中央金库"）。

三个层次的合作性金融机构在职能上是相互协作的。如果处于较低层次的金融机构遇到资金困难，处于较高层次的金融机构就会对其提供金融支援，帮扶其渡过难关。在具体职能方面，信用合作组织主要为农户提供存贷业务，如果农户是农协成员身份，则可以享受优先贷款的权利；信用合作联合会的职能表现为所属区域的农协成员提供信贷服务，同时满足那些从事农业生产的农村中小企业资金需求，也包括针对那些不受农协支持的困难农户提供信贷支援；国家信用联合会的主要职能是协调和指导全国范围内信用合作联合会的资金业务，也包括为基层信用合作组织和信用合作联合会提供资金支援，还与某些和农业相关大中型企业进行金融业务往来。

孟加拉国：农村小额信贷模式的明星

孟加拉国农村城镇化金融模式的发展模式非常特别，遵循的是一条以各个区域农村的低收入农户或者困难农户为信贷对象，且在信贷数额上主要以发放小额信贷为主的发展道路。该组织的机构框架主要可划分为三类，分别是以国有银行为主体的国有金融机构、格莱珉银行、非政府微型金融机构。国有金融机构属于正规性金融机构，其他的格莱珉银行和非政府微型金融机构属于非正规性金融机构。

所有这些金融机构当中，最具影响力的农村金融机构就是格莱珉银行，它最初是由孟加拉国著名的银行家尤努斯教授创建于1983年，格莱珉银行的主要职能是向低收入群体发放小额贷款，同时根据国家的政策需要，在农村地区设立众多的分支机构。在资金来源上，格莱珉银行起初采取政府资助为主，之后又改变为商业化运营模式，主要以吸收广大农户的存款资金为主。实践结果表明，格莱珉银行提供的金融服务满足了基层农户的资金需求，效果非常明显，在国际上被公认是农村小额信贷发展模式当中较为成功的典范。

第一，在抵押担保方式上，为低收入农户提供无抵押贷款。针对当地低收入农户比重较大的状况，采取联保方式，由五位农民组成一个借贷小组（有亲属关系的不能分配在同一个小组）。这种五人组成的联保组织相互监督、相互制约，如果其中有一人不遵守还贷协议或者不能按期还款，他将受到来自这个小组中其他成员的压力，并且直接影响整个小组今后的借款计划和借款数额。

第二，在贷款方式上，面向农村低收入农户发放连续性贷款。连续性贷款是指低收入农户可以重复从农村金融组织获取贷款资金，并且可以在贷款之后分期偿还，但是需要满足一个条件，向农村金融组织的重复贷款只有在上次贷款已经结清的情况下才能进行，农民只要能做到按期偿还贷款，将能连续从格莱珉银行获得贷款。另外，格莱珉银行还推行贷款数额逐次增加的重复性贷款激励方式，只要上次贷款能够如期归还，本次的借贷数额则可以适当增加。

第三，在借贷制度上，采取"三位一体"借贷制度解决农村地区的信息不对称问题。这种独具创新意义的"三位一体"借贷制度是由借贷小组成员、乡村中心主席和银行工作人员三部门人员组成的制度体系，乡村中心主席一般是指扎根于基层的一类传递信息并对所传递信息负责的人，由各个小组组长推举产生。对于借贷小组而言，只需将小组成员的借贷需求以借款申请的形式直接向格莱珉银行提出，而银行工作人员无需与借贷对象面对面，只需向乡村中心主席或者组长咨询了解借款人的实际情况，然后再根据这些真实信息决定是否批准贷款。

第四，在利率政策上，制定了明显高于商业性金融机构的高利率政策。低利率政策虽然旨在为低收入农户提供政策性优惠，但是在实践中并不理想，往往造成低息贷款集中到较为富裕的农民手中。虽然高利率伴随的高利息不利于农户还贷，但是贷款方式却十分便利，无需提供抵押财物，并且信贷员还上门提供服务，还能得到小组内部其他成员的帮助，唯一的成本仅仅表现为贷款的利息成本。

印度：多层次的"6＋1"模式

印度农村金融体系最大的特点就是具有鲜明的多层次性，各金融机构之间既分工明确，又相互合作。这一金融体系构成了"6＋1"领头银行型模式，即印度储备银行、印度商业银行、农业信贷协会、地区农村银行、土地发展银行、国家农业和农村开发银行、存款保险和信贷保险公司。

20世纪60年代中期以前，印度合作金融机构是印度农村信贷资金的主要提供者。此后，商业银行开始在印度农村经济发展中发挥作用，但流向农村的信贷资金从未充分地满足农户的需要。1969~1980年，印度政府进行了两次银行国有化运动，直接控制国有银行，并在农村设立大量的金融机构。印度政府还要求私人银行与外资银行也必须增加农村网点；颁布一系列法令设立土地发展银行和地区农村银行，调整监管体系；还规定银行对优先部门的贷款比例，以保证有机构进入农村的同时还有相对充足的资金进入农村，增加对农户信贷资金的供给。当前，印度农村金融体系最大的特点就是具有鲜明的多层次性，各金融机构之间既分工明确，又相互合作。

在政府一系列政策的引导和推动下，印度金融机构普遍在广大农村地区建立了自己的网络。如商业银行在农村地区建立了3万多家分支机构，基层农业信贷协会的数量达到9万多家，土地发展银行在农村的分支超过2000家，地区农村银行的分支也达到1.4万多家。它们经营的共同目的就是为了"满足农村地区到当前为止受到忽视的那部分人的专门需要"。此外，为了支持农村金融发展，鼓励和促进金融机构参与农村金融市场，印度于1982年正式成立了国家农业和农村开发银行，其主要职能就是为信用合作机构、地区农村银行以及从事农村信贷工作的商业银行提供再融资服务。

印度政府在《印度储备银行法案》、《银行国有化法案》、《地区农村银行法案》等有关法律中，都对金融机构在农村地区设立机构网点提出了一定的要求。如《银行国有化法案》明确规定：商业银行必须在农村设立一定数量的分支机构，将其放款的一定比例用于支持农业发展。《印度储备银行法案》规定，商业银行在城市开设1家分支机构，必须同时在边远地区开设2到3家分支机构。在今天的印度，平均每2万个农户就有1家农村金融机构为之服务。

国际经验的启示

以上几个国家的经验对中国农村金融建设有以下几点启发：

第一，完善农村政策性金融制度，扩展政策性金融的融资渠道，不断提高政策性金融的运营效率。农业政策性金融根据国家农业政策及意图，为了达到改善中国农业生产落后的条件，提高农业收益，加快农村经济发展速度，促进农民收入增加，通过财政贴息方式，提供期限较长、利率较低的资金供给，支持农业、农村硬件设施和生产能力发展。农业政策性金融先期对农业项目注入资金，有效遏制农村资金外流，支持和保护农业发展。

第二，要构建层次多、功能全的农村金融体系。降低进入农村金融市场门槛，允许并扶持其他形式的金融组织进入农村，例如村镇银行、贷款公司，构建多种所有制并存、自由竞争、功能完善、互补互助的多层次农村金融市场体系。合理引导商业性金融机构进入农村市场，改进农村邮政储蓄资金的运作机制，规范民间金融活动，并建立农村小额信贷发展的道路。

第三，要深化农村信用社改革，转换经营机制，通过逐步推进和完善管理体制和产权制度改革，促进农村信用社加强内部控制，使农村信用社真正成为自主经营、自负盈亏的金融企业。

第四，加强农村信用体系建设，优化农村金融生态环境，完善与金融环境相关的法律法规，夯实金融生态环境建设的制度基础；强化农村信用理念；发展农村担保；加强农村金融生态外部环境建设。

第五，要重视法律保护作用，规范农村金融健康发展。美国、日本、法国等发达国家关于农村金融的法律法规比较完善，尤其美国是世界上农村金融法制相对健全并且立法比较早的国家，形成了一套比较成熟、先进的做法，积累了丰富的经验。需要立足国情，树立依法治农观念，制定完善相关法律规章，推进农业技能发展。

农业绿色金融

现代农业是指运用现代的科学技术和生产管理方法，对农业进行规模化、集约化、市场化和农场化的生产活动，以较高的综合生产率、高度的商业化，农业生产物质条件、农业科学技术的现代化，以及生产的规模化、专业化、区域化为主要特征。一般划分为绿色农业、休闲农业、工厂化农业、特色农业、观光农业、立体农业、订单农业7种类型。绿色农业是将农业与环境协调起来，促进可持续发展，增加农户收入，保护环境，同时保证农产品安全性的农业。

现代农业发展的几个新特点

第一，农产品加工业创新发展，构筑现代农业新引擎。主要表现为"三个很快"：

一是发展速度很快。2013年规模以上农产品加工业实现主营业务收入17万亿元，利润超过1.2万亿元，同比分别增长14%和16%；固定资产投资达到3.4万亿元，同比增长23%，增速高于同期制造业增长。

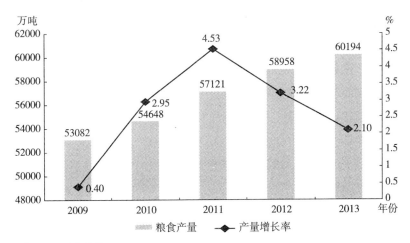

数据来源：国家统计局。

图6-1　全国粮食生产情况

　　二是产业集聚很快。农产品加工业加速向优势农产品主产区和大城市郊区集聚。山东、河南、四川等10个畜禽养殖大省，肉类加工企业主营业务收入占到全国总量的80%，初步形成了一批加工产业聚集区，涌现出一批名牌产品和驰名商标。

　　三是生产集中度提高很快。中国农产品加工规模以上企业达7万多家，大中型加工企业主营收入占到全行业的50%以上。年收入超过百亿元的农产品加工企业超过20家。

　　第二，休闲农业提档升级，打造农民增收新亮点。2013年，休闲农业发展呈现出数量增长、质量提升、效益提高的特点。农家乐、民俗村、休闲观光园、休闲农庄等业态类型功能多元、特色鲜明，使农业的功能从食品保障向就业增收、生态涵养、观光休闲、文化传承等多方面拓展，叠加了农民的农业生产收入与休闲经营、就业收入与创业收入、季节性收入与长年性收入，带动了农业产区变成了田园景区，顺应了大众化消费需求，为推进城乡要素平等交换提供了平台。根据农业部对全国13.5万家典型休闲农业经营主体的调查，农民占其从业人员的92.4%，其土地产出率每亩接近1.2万元，是全国农业用地平均产出率的6.2倍，经营休闲农业的农民人均产值5.41万元，是同期全国农业劳动力人均产值的2.75倍。

　　第三，农民创业源泉涌动，培育农村经营新主体。工厂化农业是设计农业的高级层次，综合运用现代高科技、新设备和管理方法而发展起来的一种全面机械化、自动化技术（资金）高度密集型生产，能够在人工创造的环境中进行全过程的连续作业，从而摆脱自然界的制约。截至2013年末，全国累计有600多万农民工返乡创业，其中90%以上创业者在30~45岁之间，60%以上在涉农领域创业，为现代农业发展和农村经济提升培育了支撑得起、沉得下、留得住的新型经营主体。

一是基础设施建设不断完善。依托政府加大公共财政投入力度，在资金投入、工程建设、建后管护等方面已经形成新机制，全面强化基础设施建设，保证正常运行和效益的可持续发挥。

二是农业机械化不断加快。物质装备体系是现代农业最重要的硬件支撑。机械化生产的大力推进，突破了丘陵山区和设施农业区等特殊地区的农业机械化瓶颈。近年来，农村农机装备总量快速增加，农机装备结构持续优化，重点作物和关键环节农机具增长较快。截至2013年末，农村水稻插秧机、联合收割机保有量分别达60.6万台、144.5万台，同比分别增长18.1%、13%，其中玉米收割机同比增长23.8%。

三是农业信息化实现跨越式发展。互联网等现代信息技术装备充分利用于农业，实现了农产品生产、加工、储藏、运输和市场营销等领域和环节的信息化，使现代农业朝着信息农业、精准农业方向发展。

四是技术创新能力提升很快。科企对接、产学研结合加快了技术创新的步伐，攻克了一批核心技术难题，形成了一批具有自主知识产权的新技术、新装备，制定和修订了一批标准和技术规程，产业的自主创新能力和核心竞争力得到全面提升。

尽管农业发展速度不断加快，但基础薄弱的根本状况仍旧没有改变。2013年农业GDP比上年同期增长4%，远低于第二产业的7.8%和8.3%，总规模占比10%，并且差距呈现出不断加大的趋势。

农业绿色金融发展方向

推进现代农业体系和新农村建设，需要农村金融承担起历史使命。深化农村金融改革必须以服务"三农"为出发点和落脚点，坚持局部利益服从整体利益，眼前利益服从长远利益，深入推进农村金融体制机制改革，创新金融产品和服务方式，不断加大金融支持"三农"的力度，更好地满足"三农"金融服务需求。

第一，深入推进农村金融机构体制机制改革。在保持县域法人地位不变的前提下，继续稳步推进农村信用社产权制度和组织形式改革，加快处置高风险机构，进一步提高对"三农"的服务能力。稳妥培育发展新型农村金融机构，在坚持主发起行制度的前提下，支持民间资本参与，构建本地化、多元化的股权结构，打造服务"三农"、专业化的农村小微银行。规范发展农村合作金融，坚持社员制、封闭性、民主管理等原则，选择管理民主、运行规范、带动力强的农民专业合作社培育发展农村资金互助社。

第二，改进涉农信贷投向指导。调整完善涉农贷款监测考核制度，完善和强化行之有效的农村金融服务引导政策。在确保涉农贷款增速不低于各项贷款平均增速的基础上，将信贷资源优先配置到农林牧渔和种植、养殖、加工等农业产业链的前端领域，重点向中西部地区和粮食主产区倾斜，重点加大对农业基础设施、农业科技开发以及新型农业生产经营主体的信贷支持。

第三，优先向薄弱地区和薄弱环节配置金融资源。持续深入开展金融进村、入社区等工程。加大对革命老区、民族地区、边疆地区、贫困地区的金融服务支持力度。继续开展偏远农村地区基础金融服务全覆盖工作，对暂不具备设立标准化网点条件的少数乡镇，不断优化多种形式的简易便民服务。

第四，大力创新农村金融产品和服务方式。积极推动土地经营权和宅基地使用权的确权、颁证、登记、流转等基础性工作，探索开展"三权"抵押试点。用足用好农村有限担保资源，允许法律法规不禁止、产权归属清晰、价值评估合理的各类农村资产设置抵押。探索建立农村产权交易市场，培育资产评估等中介组织，鼓励地方政府积极采取各种措施，引导各类担保机构加大对"三农"的服务力度。探索发展农业产业链金融，大力推广农村微贷技术，引进城乡皆宜的金融产品，普及应用现代金融工具，更好地满足农村多元化、特色化的金融服务需求。

第五，显著增强资本市场支持"三农"能力。鼓励符合条件的涉农企业通过多层次资本市场拓宽融资渠道，通过发行股票、债券、短期融资券、中期票据等融资工具筹集生产发展资金。规范证券公司、基金管理公司经营，保护农村地区证券投资者利益。做精做细农产品期货，提高期货、现货市场融合度。加快推进农产品期权、农产品指数等新型避险工具研发工作，促进完善农业风险管理体系。

第六，健全完善农村金融政策扶持体系。加大政策支持力度，发挥好杠杆作用，引导更多金融资源投向"三农"。强化部门沟通协调，研究建立由银监会、农业部、财政部、人民银行、税务总局、证监会、保监会等有关部门参加的协调机制，重点是系统梳理完善现有政策措施，提高政策支持的针对性和有效性，加快建立导向明确、激励有效、约束严格、协调配套的长期化、制度化的农村金融政策扶持体系。

能抵押的宅基地

中国城乡二元结构导致城乡房地产业发展程度表现参差不齐。城镇建设用地稀缺与农村土地闲置的矛盾，症结在于人口的流动与土地难以流转的矛盾。在十八亿亩的耕地红线下，从农用地流转探讨对于建设用地稀缺问题的解决路径意义重大。

宅基地的变迁

宅基地是农户或个人用做住宅基地而占有、利用本集体所有的土地，主要包括建了房屋、建过房屋或者决定用于建造房屋的土地，建了房屋的土地、建过房屋但已无上盖物或不能居住的土地，以及准备建房用的规划地三种类型。宅基地的变迁从1949年到现在经过了三个阶段。

第一个阶段是从1949~1962年，这个阶段宅基地是私有的，房子也是私有的。这种私有不仅是《土地法》所规定的，而且当时分地之后各个地方颁发的土地证明确说明了土地是私有产权，个人有全权处理。

第二个阶段是农村宅基地公有私用而房子是私有财产。1962年中共八届十中全会通过了《农村人民公社工作条例修正草案》，第一次明确了宅基地是公有的。从1962年到1998年，是宅基地公有制度的建立、完善、加强的阶段。在1998年以前宅基地虽然是公有的，但是城里人需要宅基地可以到农村去，比如知青、华侨，或是城里人在郊区当老师等都可以通过划拨取得宅基地。

第三阶段，是1998年的《土地管理法》修订案，取消了原来关于城里人可以取得宅基地的规定。在1998年、1999年以后国务院发布了一系列的文件，禁止城里人到农村去买农民的房屋、去取得宅基地。从1998年开始，农村农用地的制度逐渐地放开，从不能流转到可以流转；相反，农村的宅基地从可以流转到不可以流转。

宅基地之困

2013年十八届三中全会通过了《中共中央关于全面深化改革若干重大问题的决定》，以及后来2014年《关于全面深化农村改革加快推进农业现代化的若干意见》的"一号文件"相继释放出了改革信号："保障农户宅基地用益物权……选择若干试点，慎重稳妥推进农民住房财产权抵押、担保、转让"。同时还将"赋予农民对承包地占有、使用、收益、流转及承包经营权抵押、担保权能，在符合规划和用途管制前提下，允许农村集体经营性建设用地出让、租赁、入股，实行与国有土地同等入市、同权同价。"

截至2013年末，全国宅基地面积约为870万公顷。分区来看，规模最大地分布在河南、山东、四川、安徽等地，中部地区整体规模都较大。从利用率角度来看，新疆、内蒙古及黑龙江户均面积最大，宅基地利用率最低，实现宅基地权利流转的效益空间非常巨大。如果农民对宅基地拥有完全物权化使用权，能够提高农民对宅基地的资产价值意识，促进农村宅基地流转，也有利于节约土地资源。

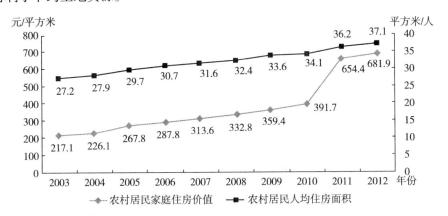

数据来源：国家统计局。

图6-2　农村居民住房面积及价格

市场探索与难题 "破冰"

农村承包土地经营流转先行较快。随着家庭农场等规模经营户初步兴起，全国农村土地承包关系进一步稳定，土地流转速度明显加快。截至2013年6月末，全国农户承包耕地面积为13.1亿亩，承包土地流转面积达到3.14亿亩，占比23.9%，其中流转入农户、合作社和企业的面积分别占61.8%、18.9%和9.7%。中国农村土地改革开始向纵深推进，农村土地制度改革有望在稳定家庭承包关系的基础上，推进所有权、承包权和经营权三权分离的机制，推动土地资源有效配置和适度规模经营的发展。

而宅基地使用权的流转也经历过积极探索，许多地方性城市银行在土地流转抵押方面已经走在了前面。2012年广东金融体制改革打响了"农村金改"的"第一枪"，宅基地抵押贷款和土地承包权抵押贷款率先起跑。由此开始，梅州、云浮这两个试点城市的宅基地可以在正规金融机构获得抵押贷款。在全国范围内，宅基地抵押贷款可谓正式走上合法化的前台。

东莞农商行推出了"宅基贷"产品，借款人可申请最高达1500万元的贷款，且无须提供保证金，利率最低可下浮10%，抵押物就是在东莞这个寸土寸金之地上的宅基地。自产品推出以来，东莞农商行的"宅基贷"规模以年均15%的速度增长，这促使该行的农业户口贷款占到了整个东莞的一半以上，由此可见需求之旺盛。"宅基贷"没有发生不良贷款的情况，仅有的几笔违约发生后，宅基地也没有烂在担保公司手里，公司方及时对此进行了转让、开发等处置。

综合探索经验，当前宅基地抵押信贷存在的问题越来越突出和明显。

第一，土地流转中介组织匮乏，流转市场发育缓慢。大部分地区尚未形成统一规范的土地承包经营权流转市场，流转中介组织较少，流转信息不畅，一些地方组织虽然建立了流转中介组织，但真正能按市场经济法则对土地流转进行运作的并不多，从而影响了生产要素的合理流动和优化配置。

第二，宅基地抵押贷款受到有关法律的限制和约束。根据《农村土地承包法》第四十九条的规定，通过招标、拍卖、公开协商等方式承包的农村土地，经依法登记取得土地承包经营权证或林权证书的，其土地承包经营权可以依法采取转让、出租、入股、抵押或者其他方式流转。

第三，农村土地制度存在缺陷，造成承贷主体无法落实。根据《中华人民共和国土地管理法》第十条规定："农民集体所有的土地依法属于村农民集体所有，由村集体经济组织或村民委员会经营、管理；已经分别属于两个以上的农村集体经济组织的农民集体所有的，由村内各该农村集体经济组织或者村民小组经营、管理；已属于乡（镇）农民集体所有的，由乡（镇）农民集体经济组织经营、管理"。由于土地归集体所有，土地所有权主体的多元化以及主体的虚位和长期的土地制度缺陷——土地产权残缺，造成承贷主体无法落实。这种制度缺陷导致当前对农村土地资本投入的预期下降和占有土地资本的意愿下降，阻碍了各种生产要素进入农村。

第四，缺乏农村土地价值评估机构。对农村宅基地和土地承包经营权的合理估价是抵押信贷的一个必不可少的环节，当前由于缺乏农村土地价值评估机构，使土地流转的透明度降低，加之土地流转监督机构不健全，出现各种不正当的土地流转，抵押物的商品性就不可能通过市场表现出来。

农村资产资本化

实际上，除宅基地外，农村土地承包权的流转也是需要重点关注的问题。推进农村土地市场承包经营权流转和抵押信贷的新办法、新模式，首先要建立和完善土地承包经营权抵押信贷新制度，创新法律制度，保证土地承包经营权可以抵押。同时创新农村保险制度，在法律法规的框架内开设土地承包经营权抵押贷款保险品种，以降低金融机构发放土地承包经营权抵押贷款的风险。

农村资产资本化可以先行先试。赋予改革开放的前沿阵地（例如广东）农村资产资本化先行先试权，积极探索开展农村土地承包经营权、宅基地使用权抵押贷款试点，推动农村资产资本化取得突破性进展。在现有政策条件下，农村资产资本化可探索"政府+专业担保机构+农村经济组织或个人+银行"模式，即由政府出资或资助成立农村资产流转管理中心或专门的担保公司，建立健全农村产权交易流转平台，在农村资产持有者把未流转资产委托给担保公司经营或抵押给担保公司后，由担保公司为其向金融机构贷款申请提供担保来实现融资。

另外，还可以引入信托公司，发挥信托制度的财产隔离功能，即由农村经营主体（如农业专业合作社）将土地承包经营权等委托给信托公司，由其履行管理职责，将集体土地等出租，所得收入作为信托收入分配给受益人，并约定将该信托的收益权全部作为农村经营主体申请贷款的质押担保来融资。

合作社融资

农民合作社，产生于20世纪50年代，是为实行社会主义公有制改造，在自然乡村范围内，将其各自所有的生产资料（土地、较大型农具、耕畜）投入集体所有，由农民进行集体劳动，各尽所能，按劳分配的农业社会主义经济组织。经历了合作化时期（从初级社到高级社）、人民公社时期（生产队、生产大队、公社三级所有，生产队为基础）和经济合作社时期三个主要阶段。

当前的合作社既不同于企业法人，又不同于社会团体，也不同于行政机关，自有其独特的政治性质和法律性质：一是以公有制为基础的经济组织。其以土地为中心的主要生产资料为组织内的农民集体所有，并以宪法和法律直接予以确认。二是民事法律主体的其他组织。它依法律和政策规定而建立，有自己的名称、组织机构和场所，拥有独立的财产和自主进行生产经营的能力，并能在一定的财产范围内（土地所有权除外）独立承担民事责任，符合民事主体的资格条件，因此具有民事权利能力和民事行为能力。它与法人相似，但在设立程序和条件、终止条件、生产经营方式和目的、财产（主要是土地）处分、管理职能等方面却又不同。

自2007年7月《农民专业合作社法》的颁布实施，以及2008年6月财政部、国家税务总局《关于农民专业合作社有关税收政策的通知》的发布，国家对农民合作社的发展推出了一些支持措施。

全国农民合作社正由数量扩张向数量增长与质量提升并重转变，由注重生产联合向产加销一体化经营转变，由单一要素合作向劳动、技术、资金、土地等多要素合作转变。截至2013年9月底，全国依法登记的农民专业合作社达到91.1万家，入社成员6838万户，约占全国农户总数的26.3%。

与农村经济蓬勃发展的大好形势相比，农民专业合作社所处的融资环境却不容乐观，突出表现在三个方面：

第一，贷款难。农民专业合作社主要从事农产品生产，由于其季节性强，产品相对集中，为保证常年性加工，必须在短时间内收购足量的农产品原料，常常为贷不到较大的流动资金而为难。

第二，担保难。农民专业合作社绝大多数资产的表现形态主要是花木、果园、茶叶、牲畜等动产，这些动产往往不符合金融机构规定贷款抵押物的标准，而作为不动产的土地在开展担保的操作层面上存在很大难度，金融机构很难对它们开展贷款担保业务，从而难以满足农民专业合作社的信贷要求。

第三，保险难。与其他商业险种相比，农业保险具有"低保额、低收入、低保障和高风险、高成本、高赔付"的特点，加之农业保险参保对象复杂，规模小，分布散，收入低，保费低，承保标的又都是活物，保险公司也缺乏农业保险理赔的专门人才，鉴定难度大等问题，使得保险公司对开展农业保险业务缺少积极性和主动性。

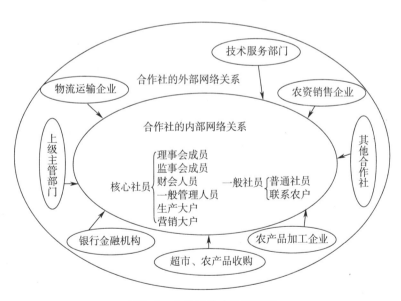

图6-3　合作社的内外部关系

当前农民专业合作社发展规模偏小、辐射带动能力偏弱、造血功能不强的重要原因就在于融资渠道单一，流动资金缺乏。因此，必须尽快改善农民专业合作社的融资环境，不断提高信贷服务水平。

第一，进一步加强金融产品创新。一是要在风险可控的前提下全面推行灵活的贷款方式，重点推行小额农户信用贷款和农户联保贷款，有效解决农民专业合作社"贷款难"问题。二是各涉农金融机构要积极探索扩大农民专业合作社、入社社员贷款抵（质）押品范围，有效解决其"担保难"问题。三是积极探索农业保险向农民专业合作社延伸的具体措施和办法，加快推进种养业保险向农民专业合作社倾斜，尽快建立完善政策性保险与财政补助相结合的农民专业合作社风险防范与救助机制，增强农民专业合作社的抗风险能力。

第二，进一步增大信贷资金投入。一是各金融机构要用足用好各级政府在农村扶贫、农业产业化等方面的财政贴息优惠政策，积极增加对农民专业合作社的贷款总量。二是开展农民专业合作社的信用等级评定工作，对经营效益好的农民专业合作社授予一定的信用额度，在各种贴息贷款项目和小额贷款上给予倾斜。三是激活民间投资，组建多种所有制形式的民间金融机构。《中共中央关于推进农村改革发展若干重大问题的决定》中明确提出："允许有条件的农民专业合作社开展信用合作"。在国际金融危机的大背景下，政府应在加强和改善金融监管的同时，适度放松农村金融的市场准入条件，广泛吸收民间资本对农民专业合作社的投入。

第三，进一步强化配套服务功能。要把改进服务方式、强化配套服务作为为农民专业合作社提供优质金融服务的切入点。一是要在确保符合风险控制要求的前提下，完善各级授权授信制度，优化信贷流程，简化贷款审批手续，对符合条件且在授信额度内的农民专业合作社和社员贷款建立"贷款绿色通道"，提高办贷效率。二是各商业性金融机构要适当调整支持农民专业合作组织的信贷政策，改善农村网点布局，扩大对乡镇营业网点的授权授信，完善服务功能，突出支持重点。三是农村信用社、邮政储蓄银行等金融机构要利用信息来源多、联系面广等优势，积极为农民专业合作社及社员提供信息咨询服务、科技服务和理财服务，帮助农民专业合作社及其社员与千变万化的市场实现有机连接，增强发展能力。

第四，逐步建立贷款风险分担机制。一是要进一步加强农民专业合作社内部的规范化建设，健全完善农民专业合作社的法人治理机构，以此来增强金融机构对农民专业合作社融资的信心。二是要建立农民专业合作社金融信贷专项担保基金，把符合政策规定的农民专业合作社列入金融信贷担保支持的对象，为农民专业合作社融资提供保障。

第**7**章　人的城镇化：消费金融

城镇化的核心是人的城镇化，新型城镇化的推进，使农民变成市民，收入提高将大大提升消费能力，催生新的增长点，使中国经济保持平稳增长，也为消费金融带来新的增长点。

三个1亿人：以人为核心的城镇化

2014年3月5日，国务院总理李克强代表国务院作政府工作报告，提出了解决"三个1亿人"的目标：促进约1亿农业转移人口落户城镇，改造约1亿人居住的城镇棚户区和城中村，引导约1亿人在中西部地区就近城镇化，实现这一目标的期限是到2020年。

解决影响中国城镇化进程和质量的三大问题

这"三个1亿人"的目标分别指向了三个问题，分别是：城乡二元结构问题、城市二元结构问题和区域发展不平衡问题。

第一，促进约1亿农业转移人口落户城镇，推进解决城乡二元结构问题。

所谓城乡二元结构，即发达的城市和落后的农村并存的状态。理论研究中一般用城镇（市）化率来表达城乡二元结构的发展状况。改革开放30多年来，中国城镇化率快速提升，由1978年的17.92%提升到2013年的53.7%。城镇常住人口由1978年的1.72亿人增加到2013年的7.31亿人，城镇化发展取得巨大成绩。

当然，城镇化过程中还存在一些问题。以2013年数据为例，按照常住人口计算的城镇化率为53.7%，而户籍人口城镇化率仅为35.7%左右，即在2013年仍有2.89亿人处于"人户分离人口"的状态。通俗地说就是这2.89亿人只是"半城镇化"，即工作生活在城镇（市）户口在农村。处于"半城镇化"状态的人口，生活和工作在城市却不能平等享受城镇（市）的医疗、子女教育、养老等社会公共服务和福利。造成这一问题的原因之一就是计划经济时代遗留下来的城乡户籍二元体制，因此必须尽快推进户籍改革。

政府工作报告再次提出促进约1亿农业转移人口落户城镇，既是要改变传统的"土地城镇化"为"以人为核心的城镇化"，也是努力从本根上推进解决城乡二元结构问题，最终实现国家现代化。

第二，改造约1亿人居住的城镇棚户区和城中村，促进解决城市二元结构问题。

所谓城市二元结构，即城市中高楼林立和棚户区（贫民窟）连片并存的状态。城市二元结构容易扩大城市贫富差距，加大城市管理的难度，严重影响国家的城镇（市）化和现代化进程。

棚户区改造是解决城市"二元结构"矛盾的切入点，也是推进新型城镇化的重要任务。政府工作报告再次提出改造约1亿人居住的城镇棚户区和城中村，是以解决城市二元结构问题为抓手，积极落实以人为核心的城镇化战略，努力提升城镇化质量，推进现代化进程、建设和谐社会。

第三，引导约1亿人在中西部地区就近城镇化，推动解决区域发展不平衡问题。

中国城镇化发展过程中的一个问题是严重的区域发展不平衡。主要是东部沿海地区城镇化率已经超越60%，而中西部地区还不到50%，特别是西部地区，2010年刚迈过40%的门槛。2008年中国东中西部城镇化率分别为56%、43%和38%；2009年分别为57.0%、44.3%和38.4%；2012年分别为56.4%、53.4%和44.9%。2013年，上海、北京的城镇化率分别达到了89.8%和86.2%，而青海和甘肃分别仅为48.5%和41.3%。

即使在一个省内，也存在差异。如青海省，由于青海省各市、州区域发展定位、经济发展水平及产业结构、地理环境和民族构成等方面存在差异，使各地城镇化发展水平差异显著，截至2013年末，青海省内城镇化水平最高的是海西州，城镇化率达到70.1％；其次是西宁市，城镇化率为67.8％；其余各市、州城镇化水平均低于全省平均水平。

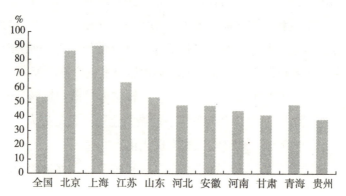

数据来源：国家统计局、各省统计报告。

图7-1 部分省份城镇化率比较

从以上数据可以看出，西部城镇化率低、城镇化发展速度慢，已经严重影响了国家城镇化的整体推进。政府工作报告再次提出引导约1亿人在中西部地区就近城镇化，具有非常强的政策导向性意义，目的就是促进区域均衡发展，让西部农民也有平等机会共同分享改革开放的发展成果。

解决这些问题需要统筹安排

实现"三个1亿人"的目标，一方面需要中央政府形成目标达成的指导性意见，在《国家新型城镇化规划》中做好顶层设计；另一方面需要各地方政府根据中央意见和任务分解安排，制定详细的时间表和路线图，认真落实到政府工作中，并纳入行政考核。

通过自上而下和自下而上的双向结合，政府这只"看得见的手"和市场这只"看不见的手"的协调，从战略到战术、从计划到路径都做好保障，"三个1亿人"的目标能够如期实现，以人为核心的城镇化必将健康快速推进。

中国社科院的城镇化报告认为，预计到2030年城镇化率将达到68％左右，2020年之前全国大约有3亿农业转移人口需要实现市民化，2030年之前大约有3.9亿农业转移人口需要实现市民化。从增量来看，2020年前全国城镇新增农业转移人口将达到近1.1亿人，2030年前将达到2亿人以上。

有测算认为，城镇人口每增加1个百分点，全国居民消费总需求将增加1.2个百分点，直接拉动国内生产总值（GDP）增长0.4个百分点。而当前全国实际城镇化水平，只有30%左右（享受城市社保等待遇的居民所占比重），如到2030年达到70%以上的比重，每年还有1~2个百分点的增长空间，而这会拉动经济可持续增长。

"以人为本"的新型城镇化，是将城乡居民的利益置于首要位置，其核心是要着力解决农民和农民工这两类人的问题，实现他们生产方式和生活方式的转变。他们的生产方式需要现代化，这不仅包括从农业生产转为工业、服务业等非农产业，也包括农业的现代化。

当前，农民工在城镇化过程中面临的难题突出，"半城镇化"人口大量存在，城镇化质量并不高。现在有2亿多农民工没有城镇户籍，其中很多在城镇中已经居住超过10年，但却享受不到城镇基本公共服务和社会保障，并没有真正地融入到城镇生活当中。

农民工还面对着社会保障、住房和就业难题。国家统计局数据显示，截至2012年末，外出农民工参加养老保险、医疗保险和工伤保险比例分别只有14.3%、16.9%和24%，普遍存在缴费高、转移难和接续难的问题。同时，城镇里的房价和租金高，超出了大部分农民工的可支付能力，使他们很难真正在城市定居。另外，这些农民工整体上以"力工"为主，技术能力缺乏，就业层次决定了他们较低的收入水平。实际上，他们并没有真正地融入到城镇生活当中。

农民在城镇化过程中也面临难题，最突出的问题是，城镇化不是"土地城镇化"，而事实上"土地城镇化"远快于"人的城镇化"。数据显示，城市面积10年扩张超过60%，远高于城镇人口增长速度，大量农民手中的土地用于城市建设，人为造城和人为推进农民上楼等伤害了农民的利益，造成农民的心理抵触。

另外，随着农村人口的加速流出，导致农村发展活力日益下降，农村空心化与农业衰败现象日益显现，城乡差距不断扩大。据人力资源和社会保障部统计，2013年外出农民工达到1.66亿人，农村人口中年轻劳动力明显减少，留下了儿童、老人和妇女，导致了大量农村出现空心化。加之，在农民大量流入城镇打工的同时，仍然将收入的相当部分用于在农村修建新住宅，但这些住宅实际利用率较低。

解决这些问题，需要统筹考虑就业、户籍、土地、社会保障、住房等多方面因素，建立起较为全面的政策体系。最重要的是要更加突出就业导向，提高农民工群体的素质和职业技能，实现农民、农村人口从传统自然经济向现代产业生产方式转变。

第一，要与农业现代化相辅相成。城镇化首先而且也不应该是消灭农村的过程，在中国这样一个传统的农业国家，十几亿人口把饭碗牢牢端在自己的手中，始终是一件大事。因此，必须在城镇化过程中千方百计保持粮食生产。虽然中国谷物自给率仍然高达97.7%，但粮食自给率包括谷物自给率开始下降。当前农业生产的要素和环境已绷得很紧。随着中国工业化、城镇化快速发展，守住18亿亩耕地红线难度越来越大。当前，中国农田灌溉用水缺口达到300多亿立方米，近10年来平均每年因旱灾损失粮食达600亿斤以上。

第二，要遵循城镇化的客观规律，积极稳妥推动城镇化健康发展。坚持科学规划、合理布局、城乡统筹、节约用地、因地制宜、提高质量。特大城市和大城市要合理控制规模，充分发挥辐射带动作用；中小城市和小城镇要增强产业发展、公共服务、吸纳就业、人口集聚功能。一些地方贪大求洋，土地的城市化快于人口的城市化，城镇化快于工业化最终使城镇化徒有其表，这方面的教训太深刻了。

第三，加快推进户籍制度、社会管理体制和相关制度改革，有序推进农业转移人口市民化，逐步实现城镇基本公共服务覆盖常住人口，为人们自由迁徙、安居乐业创造公平的制度环境。村庄建设要注意保持乡村风貌，营造宜居环境，使城镇化和新农村建设良性互动。

总之，"人的城镇化"体现的是始终坚持把民生利益放在第一位，着力保障和改善民生。需要全面推进社会保障体系建设，建立新型农村社会养老保险和城镇居民社会养老保险制度。需要深化医药卫生体制改革，建立新型农村合作医疗制度和城镇居民基本医疗保险制度。需要不断加强和创新社会管理，建立健全应急管理体系，发挥城乡社区自治和服务功能，保持社会和谐稳定。

消费金融的空间

"2020年实现国内生产总值和城乡居民人均收入比2010年翻一番"，其中之一就是收入倍增计划。这个收入倍增应该是剔除了物价因素的。因此，如果将物价因素囊括进来，如果要在2020年达到翻番的目标，那么每年的居民人均收入名义增长将超过10%。只有居民收入增加了，才是真正的民富国强。

收入倍增带动消费升级

2013年2月，国务院批准了《关于深化收入分配制度改革的若干意见》，明确了改革方向，即在城市中要避免形成"收入鸿沟"和"福利鸿沟"。推进收入分配制度改革，实现居民收入增加，同样是新型城镇化的重点，有利于提高居民消费能力。

第一，城镇化将带动流动人口的消费升级。

尽管2013年中国城镇居民家庭人均可支配收入为26955元，农村居民人均纯收入为7907元，且低端劳动力报酬增速有了比较明显的提升，但劳动者报酬在经济中的比重在过去二十余年处于下降趋势。《社会蓝皮书：2013年中国社会形势分析与预测》显示，劳动者报酬占GDP的比重由2004年的50.7%下降到2011年的44.9%。近几年农村居民收入增速也超过了城镇居民收入增

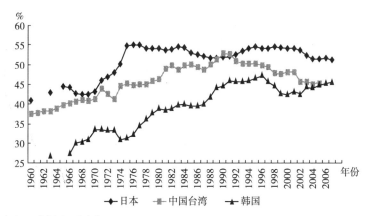

数据来源：《中国证券报》。

图7-2　日本、韩国和中国台湾劳动者报酬占GDP比重

速，但是城乡消费性支出的差距是非常明显的。农民工的许多消费方式和原有城镇居民有较大差异，依然沿袭了农村的生活方式。在市民化进程中，未来农民工和城镇居民之间的消费差异将缩小乃至消失，也就是所谓的农民工的"消费升级"。因此我们比较了城乡之间的消费差异，寻找其中可能的增长点。

近年来，随着经济社会的稳步发展，居民家庭收入逐年增加，消费水平也不断提升，但受收入、消费观念、文化程度等因素的影响，城乡居民的教育、文化、娱乐服务支出差距仍然较大。以包头市为例，调查数据显示，2013年，城镇居民人均消费总支出是农村居民的2.9倍，而城镇居民人均用于教育、文化、娱乐服务支出则是农村的4.2倍，两者相差悬殊。其中文娱服务支出城乡比为8.3:1，教育支出城乡比为3.6:1，文娱用品支出城乡比为2.4:1。随着城镇化的深化和消费升级，流动人口的衣着支出、教育文化支出和交通通信支出将有较快增长。但居住、医疗、食品与家庭设备等支出的增长预计不会很快。

同时，城乡之间耐用消费品保有量差距非常大。其中高端耐用消费品（空调器、照相机和家用电脑）差距最大，城镇人口照相机人均保有量为农村的9.78倍，空调和电脑的人均保有量差距也达到5.4倍和4.56倍；而传统的耐用品，如电冰箱、洗衣机、彩电的人均保有量差距则较小，尤其是彩电的人均保有量差距仅有1.2倍。传统耐用品的保有量差距缩小得益于2009~2012年的家电下乡政策。该政策大力推行电冰箱、洗衣机、彩电的下乡，使得传统耐用品的城乡保有量差异已经大为缩小，但相对来说，偏高端的耐用品保有量依然存在很大的改善空间。

汽车消费贷款的发展空间有限。汽车的拥有水平在过去几年经历了爆发式增长，2005年至2011年城镇家庭每百户汽车保有量上升15.2辆，尤其是2011年上升超过5.5辆/每百户，增速迅猛。尽管从存量上看中国汽车保有量水平并不高，2011年末城镇家庭每百户拥有汽车数量仅有21.5辆，距离发达国家水平还有很大差距，而农村家庭汽车保有量更是一个偏低的水平。但是新型城镇化的思路并不支持汽车保有量的继续大幅增长，因为汽车工业大幅发展和汽车走进千家万户存在相应弊端（包括城市拥堵、空气污染、能源紧缺等），在新型城镇化的过程中，将大力发展城市内的公共交通，以及各大城市圈内的城际轨道交通。这意味着未来将难以出现居民家庭汽车保有量的大幅上升，也就表明汽车消费贷款的发展空间将会非常有限。

第二，城镇化将带动流动人口的教育支出需求。

随着社会的发展，教育也越来越受到重视。2012年，教育财政支出占GDP比重终于达到4%，但这比起国外的平均水平还有比较大的差距。未来，相信这个比重的数字将会进一步提高。从总体的教育市场来看，容量将会进一步提升。

新增的需求仍然来自流动人口子女的教育需求。此前，在城市中的流动人口子女的教育主要是通过自办的农民工子女学校完成的。而在户籍制度改革不断推进的过程中，将会有越来越多的农民工的子女得到就近入学的资格，这部分人群的教育需求将会不断增长，同样助学贷款的需求也将不断增长。

除了公共教育支出外，私人教育支出也将快速增长。2012年，城镇人口在教育上的支出为人均1851元，而农村人口仅为396.4元，两者相差达4.7倍。随着新型城镇化的推进，当前城镇中农村流动人口的进一步城镇化，流动人口的教育花费将会渐渐与城市支出水平接轨，这样一来，与流动人口相关的教育支出增长更快。在教育需求不断增长的情况下，为流动人口的教育需求提供融资就成为一项能够产生规模效应并且盈利的业务。

第三，新型城镇化将带来住房需求的增长。

虽然房地产市场经历了数年的爆炸式增长，可能已经到了一个瓶颈期，但仍然有上升的空间，而未来的地产需求增长将与新型城镇化密切相关。但是从人口结构和二三线以下城市的房地产供给情况来看，房地产市场的高速增长时期可能已经过去了。主要的增长点应当来自于流动人口的住房需求，农村土地确权基本完成后所创造出来的新的住房需求，以及新的住房需求所派生的消费信贷需求。

在未来人口城镇化的过程中，让以农民工为主体的流动人口逐步拥有自己的住房，是必然的趋势；而尚居住在农村的农民，通过土地的确权和流转的加快，其住房需求也将显著增加。也就是说，虽然房地产市场在此前的10

年中发展迅速，但在此后的新型城镇化过程中，仍然有较大的房地产投资空间。因此，按揭贷款与和房地产有关的消费贷款仍然有较大增长空间。

同时，保障性住房建设也将带来相应需求。保障性住房的建设将减轻农民工在市民化过程中的住房压力，这一部分政策改革也会带来相应的地产需求。从2008年开始，保障房建设保持高速增长。未来几年，保障房建设也将持续进行，尽管增速将低于过去几年的水平。2013年保障房建设的目标是新开工630万套，建成470万套。保障房建设持续进行，所创造出来的住房需求同样可以带来与住房相关的装修等消费信贷的增长机会。

消费金融是指向各阶层消费者提供消费贷款的现代金融服务方式，因其在提高消费者生活水平、支持经济增长等方面发挥着积极的推动作用，已被成熟市场和新兴市场广泛使用。

消费信贷在美国已有上百年的历史，20世纪50年代开始大规模发展，80年代资产证券化的出现和信息技术的普及推动了消费金融市场的迅速发展。2010年末，美国家庭住宅抵押贷款余额为100695.63亿美元，是1960年末的71倍；消费信贷余额24346.18亿美元，是1960年末的40倍。20世纪60年代，美国家庭债务的结构大致为住宅抵押贷款占2/3，消费信贷和其他债务占1/3。2000年以后，住宅抵押贷款增长迅速，从2000年到2006年，住宅抵押贷款余额翻了一倍，而同期消费信贷余额只增长了38.7%。2006年末，住宅抵押贷款在家庭债务中所占比例达3/4，此后维持着这种比例结构。

美国消费金融产品的提供者很广泛，既有各种类型的金融机构，也有非金融企业，并且大量通过证券化向资本市场融资。资本市场是住宅抵押贷款的最主要来源。从1997年开始，与房地产抵押贷款相关的证券超过美国国债，成为美国市场发行量最大的证券。证券化产品的发行者包括三大政府发起机构吉利美（Ginnie Mae）、房利美（Fannie Mae）、房地美（Freddie Mac）和一些私营抵押证券机构。商业银行、储蓄机构、保险公司等主要金融机构是住宅抵押贷款的第二大提供者。以"两房"为代表的政府发起机构和联邦住房管理局（FHA）、退伍军人事务部（VA）等联邦机构也发放少量贷款。2009年末，住宅抵押贷款余额的分布如下：证券化资产池（62.58%），主要金融机构（25.01%），联邦及相关机构（3.64%），其他

（8.78%）。消费信贷的提供者更加多元化（见表7-1）。除了商业银行、金融公司、储蓄机构等金融机构，一些非金融企业如Sears，Macy等大型零售商和加油站等，也可以通过发行信用卡开展消费信贷业务。在市场发展的早期，非金融企业占有的市场份额曾高达20%左右，后来随着资产证券化的发展逐渐下降。

表7-1　美国消费信贷供给结构　　　　　单位：%

年份	商业银行	金融公司	信用合作社	储蓄机构	非金融企业	证券化资产池
1960	43.14	25.20	5.63	3.98	22.05	0.00
1970	49.10	20.63	9.72	3.32	17.23	0.00
1980	50.33	17.39	12.30	6.33	12.91	0.00
1990	46.34	16.18	11.11	6.02	8.72	9.30
2000	31.65	13.46	10.59	3.72	4.68	30.35
2005	30.47	22.26	9.85	4.70	2.57	26.28
2006	39.68	22.12	9.71	3.95	2.38	27.36
2007	31.47	22.86	9.22	3.55	2.29	26.75
2008	33.87	22.20	9.11	3.33	2.31	24.92
2009	34.50	19.68	9.57	3.13	2.31	23.31
2010	45.15	21.29	9.33	3.42	2.31	5.49

数据来源：美国联邦储备委员会。

中国消费金融的发展机遇

从消费金融对经济的贡献度来看，当前中国消费贷款余额占GDP的比重仅为3%，而美国、日本等成熟市场的消费贷款在GDP中占比均在10%以上，与之相比，中国消费金融未来发展的空间还很大。

第一，经济增长与居民收入增加为消费金融打牢基础。消费金融发展的基础在于经济增长和个人收入的增加，国际上成熟市场发展经验表明，人均GDP达到4000美元后，居民消费结构将发生从生存型向发展型和享受型的转变，购车消费、旅游消费、出国留学等业务将迅速发展，休闲将成为居民的主流需求。

第二，人口增长及结构变化为消费金融提供广阔空间。消费金融的潜力还表现在人口增长及结构变化上。一方面，从人口总量上看，中国人口基数大，每年新增人口的数量庞大，这是支撑消费总量的一个重要因素。另一方面，从人口结构上看，如果老龄人口增加，会导致储蓄率下降，消费增长，经济增长方式更加依赖消费。《联合国人口展望》统计表明，2015年中国劳动年龄人口将停止增长并随后转为负增长，传统意义上的人口红利将消失。2012年，中国60岁以上的老年人口是1.65亿人，2020年将增加到2.4亿人，2030年则会高达3.4亿人。因此，消费增长与储蓄率下降是必然趋势，中国长期以来的低消费、高投资的经济发展方式必然会发生变化。可以断定的是，未来5年至10年内消费在中国经济总量的占比将会逐渐增长。这些变化将为消费金融的发展提供广阔的市场空间。

第三，城镇化进程的加速为消费金融增长提供支撑。未来中国城镇化发展方向将为消费金融增长提供重要支撑。根据发达国家经验，城市化率达到50%后会进入深度城市化阶段。而据有关机构测算，预计到2020年中国城市化程度将达到55%。城镇化的进程将非城镇的自然消费模式转化为城镇消费模式，从而扩大现代经济的拉动因素，具有不可限量的潜力。

第四，国家政策为消费金融的发展提供支持。国家"十二五"规划提出"把扩大消费需求作为扩大内需的战略重点，进一步释放城乡居民消费潜力"。计划目标是到2015年个人消费占GDP的比例从当前的36%增至42%~45%。政府也出台了相关举措以刺激汽车、家电和家装消费。商务部在全国"消费促进月"中围绕信用消费等内容开展相关活动。中国银监会和人民银行也鼓励商业银行发展消费金融业务。

第五，日益完善的社会保障为消费金融解决后顾之忧。首先，政府不断优化医疗保障制度。整合"新农合"、"一老一小"、无业居民大病医疗保险制度，推动居民医疗保障制度城乡一体化。完善医保惠民政策，进一步减轻群众医疗负担。深化公费医疗制度改革，将区县公费医疗人员全部纳入基本医疗保险体系。其次，政府强化社会保障功能。统筹城乡社会救助制度，缓解低收入群体生活困难，推动社会福利由补缺型向适度普惠型转变。最后，政府高度重视住房保障。加快推进保障性安居工程，加快中小户型的廉租房、经济适用房、限价商品房、公共租赁房建设。日益完善的社会保障体系增强居民的信心，为消费金融的发展解决了后顾之忧。

中国的消费金融市场起步于亚洲金融危机以后。在扩大内需和改善银行信贷资产结构的背景下，1998年和1999年中国人民银行先后颁布了《个人住房贷款管理办法》、《汽车消费贷款管理办法》和《关于开展个人消费信贷业务的指导意见》，消费金融业务开始逐步推开。

十几年来，消费金融市场发展迅速，规模逐年扩大。截至2013年末，消费性贷款余额为12.97万亿元，是1997年的753倍，占各项贷款余额的18.04%，无论其规模还是占比都有明显提升，初步形成了以住房按揭贷款为主，信用卡贷款、汽车消费贷款、综合消费贷款等多种贷款品种组成的消费信贷体系。与商业银行发放的其他贷款相比，消费贷款质量相对较好，2005年以来，消费贷款不良率一直低于同期商业银行全部贷款的不良率。分产品来看，住房抵押贷款的质量最好，汽车贷款不良率较高，信用卡贷款质量比较稳定。

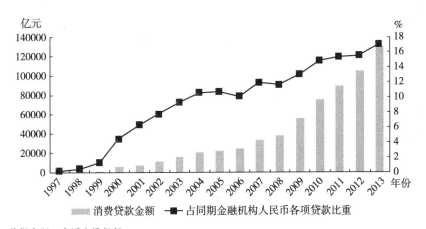

数据来源：中国人民银行。

图7-3 中国消费金融市场规模

中国消费金融产品的主要提供者是商业银行，还包括汽车金融公司和消费金融公司等专业性消费金融服务机构，一些汽车企业集团的财务公司也办理汽车消费信贷业务。近些年，金融机构逐步扩大消费金融的服务领域，不断开发新的消费金融品种，形成了以个人住房贷款为主，包括汽车贷款、信用卡贷款、耐用消费品贷款、装修贷款、教育助学贷款、旅游贷款、个人信用贷款等多种产品的丰富的产品体系。

2010年，中国银监会首批审批通过了四家试点消费金融公司，分别落户于北京、上海、成都、天津。2013年7月下发的《国务院办公厅关于金融支持经济结构调整和转型升级的指导意见》再次明确，在首批试点的4个城市基础上，继续扩大消费金融公司试点。中国银监会修订的《消费金融公司试点管理办法》自2014年1月1日起施行，消费金融公司作为金融通过创新支持实体经济发展的措施之一，在推动中国金融体制创新、有效填补传统商业银行服务空白、助力消费增长方面具有重要作用。

随着中国互联网企业的发展壮大，一些互联网巨头借助各类新平台进入了原本属于银行业地盘的消费信贷市场。如阿里小微金融将支付、小贷等领域统一集成为一个平台，负责阿里集团旗下所有消费者个人服务的金融业务。而京东则于2014年初宣布推出互联网行业第一款面向消费者的信用支付产品——"京东白条"，"京东白条"可以令网购用户在京东消费时，享受"先消费、后付款"的延后付款或"分期0元购"的分期付款服务，后续还可以在京东的白条专区购买特惠商品。这两家互联网巨头利用自己的大数据优势分别从卖家和买家介入信贷市场，其他互联网巨头如腾讯、苏宁等也蠢蠢欲动，它们的发展壮大必将推进消费金融市场的发展。

国内外实践和理论研究表明：一方面，消费金融可以帮助消费者解决即期消费的流动性束缚，成为拉动消费需求的重要动力；另一方面，消费金融盲目发展也可能带来消费者过度负债，导致金融机构不良贷款率上升等问题，美国次贷危机就是一例。基于我国转变经济发展方式的历史背景，应沿着鼓励发展与防范风险两条主线，努力寻求消费金融的平衡发展之道。

发展多样性的消费金融机构，积极发展专业性消费金融公司，鼓励商业银行发展消费金融，引导农村信用社、小额贷款公司等机构开展县域消费信贷业务。增加消费金融市场产品种类，在消费信贷产品上，以消费者为核心构建消费金融产品体系，在不同阶段提供不同的消费金融产品，如教育贷款、住房装修贷款、婚庆贷款、旅游贷款、医疗贷款等。

从政府角度而言，除了要完善社会收入分配制度、健全社会保障体系等外，利用财税政策和金融政策是在现有条件下刺激居民消费的主要政策手段。近年来，为了扩大内需，中央和地方相继出台了家电、摩托车、汽车下乡财税补贴，以及汽车、家电以旧换新，节能产品惠民工程等政策，在国际金融危机期间，一些省、市还出台了鼓励住房消费的政策。这些政策措施对释放居民消费潜力、推动产业结构升级、促进相关产品消费增长发挥了显著作用。

与发达市场相比，我国消费金融发展相对滞后，应充分借鉴国际经验，加大对消费金融的政策支持力度，积极引导商业银行和相关机构拓展消费金融业务，满足居民消费升级需求，最终推动经济持续增长与转型。

按揭贷款的变数

根据古典经济学理论，在对称信息、完全竞争、生产要素自由流动的完善市场条件下，房地产市场的价格杠杆——房价会自动调节房地产的供给和需求，使得竞争性的房地产市场产生均衡或称瓦尔拉斯均衡，同时，房地产市场均衡使得房价水平达到帕累托最优状态。但是，这种完美假设在现实的房地产世界是很难实现的。

据北京市住建委网签数据统计，2013年二手房全年总成交量为162746套，环比2012年的14.35万套上涨13.4%，这也是最近3年的最高点。价格方面，据伟业我爱我家市场研究院的数据统计，2013年北京二手住宅交易均价为28800元/平方米，比上年同期的房价上涨了17%。从区县来看，城六区2013年二手住宅交易均价为31800元/平方米，比上年同期上涨了12%；远郊区县2013年二手住宅交易均价为19591元/平方米，比上年同期上涨了18.4%。

房价上涨，除了住房刚性需求以外，主要还有三大推手：

第一，土地供给的有限性和稀缺性是房价上涨的基础。由于土地的有限性，从而使人们对房地产价格的上涨历来就存在着很乐观的预期。而一旦土地供应不足，则易导致房价上涨。以北京为例，截至2012年12月31日，仅完成全市商品房用地年度计划1200公顷的31%，土地供给的不足导致了商品房供给的相对稀缺和价格的长期性增长，事实也支持了这一数据。截至2013年1月底，北京市新建商品住宅（可售期房和现房）库存量继9月以来再次跌破

8万套，达到住房库存最低值。

第二，价格预期导致投资和投机需求的膨胀。人民银行公布的数据显示，2013年中国广义货币发行量（M_2）余额达110.7万亿元，约为GDP总量的1.9倍，远远超过GDP增长数量，市场流动性增长过快。在对经济前景看好以及对房地产价格不断上升的预期的前提下，居民出于投资及投机的需求，提前释放购买力，这是房地产价格上涨的一大诱因。据机构调查显示，2010年北京首套房贷者的平均年龄仅27岁，为全球最低。

第三，金融机构过度放贷是房地产价格上涨的直接助推剂。从经济学的角度来说，价格是商品价值的货币表现，价格的异常升涨，与资金有着密切的关系。个人住房贷款使得居民可以通过银行资金实现潜在需求向有效需求的转变；商品房的预售使得这种需求更早地得到释放。从银行角度来说，由于房地产是不动产，容易查封、保管和变卖，在利润的驱动下银行也非常愿意发放以房地产作抵押的贷款，进一步加剧了房地产价格的上涨和产业的扩张。2013年末，全国个人住房贷款余额9万亿元，比上年增长21%。

为了抑制房地产价格的过快增长，政府陆续出台了一系列严厉的房地产市场调控政策，一方面加强和改善房地产市场调控，通过行政限购、差别化信贷、考核问责制、房产税改革试点等措施遏制部分城市商品房价格过快上涨；另一方面加快保障性安居工程建设，通过加大财政资金投入、完善融资政策、增加保障房用地供应等措施支持保障房建设，着力解决城镇中低收入家庭住房困难问题，取得了一定的成效。

在健全的市场，商品的价格最终是由供给和需求关系决定的，但在短时间内，由于信息不对称及消费预期发生变化，就会在短期内导致阶段性的供需不平衡，而"羊群效应"就会加剧这一状况。对银行来说，短期内的存款集中兑付会导致银行破产倒闭，这就是流动性风险。通过金融政策的信号，向市场释放房价不再上涨的预期，遏制房地产的投资性需求和投机性需求，可以通过预期调节机制有效地维护房地产市场价格的稳定。这包括适当提高房贷利率、限制银行资金流入非普通住宅类项目、建立保障性住房完善融资机制等。这些手段有助于做好房地产市场的预调和微调工作，熨平周期，减少房地产价格的大起大落。

人民银行调节货币供应有三大政策工具，包括存款准备金政策、再贴现政策和公开市场业务。从1984年起到现在，人民银行共45次调整存款准备金率。当提高法定准备金率时，商业银行可提供放款及创造信用的能力就下降。因为准备金率提高，货币乘数就变小，从而降低了整个商业银行体系创造信用、扩大信用规模的能力，其结果是社会的银根偏紧，货币供应量减少，利息率提高，投资及社会支出都相应缩减。反之亦然。这样一种方式，减少了行政的"一刀切"，使得货币供应量的调控方式具有柔性和灵活性。在十多年的实践中，人民银行存款准备金政策运用娴熟，取得了明显的成效。存款准备金式的管理方法值得在房地产调控领域使用和推广。

从当前的情况看，配合房地产整体调控政策的稳步实施，适度地运用金融手段调节房价预期，是可行的也是有效的。

第三篇

城镇化金融的再平衡

　　金融机构应在国家和地方城镇化规划的基础上统筹考虑各地的发展条件、政府负债、资金供给等因素，编制配套融资规划，并突出中西部地区基础设施产城结合、城乡一体化、保障性安居工程等服务重点，落实资金保障，推进金融创新，增强城镇化融资的可操作性和可持续性。

第**8**章 开发性金融

开发性金融立足国家、区域战略全局的高度，运用市场化手段对国家重点领域开展金融支持，将政府的组织增信优势与银行的融资优势相结合，以融资项目带动区域、行业发展，有效弥补了市场失灵问题，其整体规划、统筹运作的理念和方式，将在城镇化建设中发挥积极的作用。

一种国家信用的新思维

开发性金融是政策性金融的深化，它创新了国家信用的运作模式，通过政府增信、信贷资金市场化运作机制来弥补制度缺损和市场失灵，实现推动社会经济发展的目标。

溯源：开发性金融的理论内涵

开发性金融是"二战"后新兴的金融模式，其含义主要存在两种观点：一种是以白钦先为代表的开发性政策性金融论，另一种是以国家开发银行为代表的政策性金融深化论。

白钦先的开发性政策性金融论认为，按性质划分，开发性金融分为开发性商业性金融和开发性政策性金融。由于商业性金融通常不愿也无力介入具有大额度、高风险、长周期及收益不确定等特点的中长期开发性投融资业务，开发性金融一般是指由政府主导的开发性政策性金融，它的功能在于为社会、经济及区域发展提供中长期投融资业务。开发性金融既不是政策性金融的深化和发展，也不是政策性金融的组成部分，两者是截然不同的两个概念。开发性金融在外延上包括开发性商业性金融和开发性政策性金融，而政策性金融在外延上包括农业政策性金融、进出口政策性金融和开发性政策性金融等。开发性政策性金融是开发性金融与政策性金融的交集。

作为中国开发性金融的积极实践者，国家开发银行一直把开发性金融视为政策性金融的深化和发展。前国家开发银行董事长陈元认为，开发性金融是一种借助国家信用，运用市场机制来弥补制度缺损和市场失灵，并以自身市场业绩来实现政府社会经济发展目标的金融形式。开发性金融的发展分为三个阶段：发展初期为政策性金融阶段；发展中期为制度建设阶段，即借助国家信用，运用市场机制促进社会经济制度的完善；发展后期即发展的高级阶段，主要利用自身市场业绩维护国家经济金融安全，提高国家整体竞争力。国家开发银行当前处于开发性金融的制度建设阶段，主要是利用自身融资项目推动市场建设、制度建设和信用体系的完善。

两类观点的焦点集中在政策性金融与开发性金融的关系上，前者把开发性金融分为商业性与政策性两类，而后者视开发性金融为政策性金融的深化和发展。尽管两者对开发性金融的分类存在不同认识，但两者都认为，开发性金融比政策性金融更强调市场的作用，更注重市场业绩。

综上所述，我们可以认为，开发性金融是政策性金融的深化，是与商业性金融职能既相互区别（开发性金融涉足市场不成熟领域，商业性金融涉足市场成熟领域），又具互补性的一种融资形式，它借助国家信用，运用市场化运作机制来弥补制度缺损和市场失灵，并以一定的市场业绩来实现政府的社会经济发展目标。

政府增信：国家信用的新思维

开发性金融是以国家信用为基础，以市场业绩为支柱，这是开发性金融的核心内容，也是开发性金融对政策性金融的深化和发展。国内外经验表明，存在市场缺损的领域往往是政府关注的热点和难点，这些领域商业性金融机构不愿进入，从而成为开发性金融的核心领域。在这些领域中，开发性金融立足从实现国家战略目标出发，坚持用建设市场的方式，以融资为杠杆，利用政府组织优势，引导资本投向国家政策鼓励的产业。在这个过程中，开发性金融着力对项目法人进行孵化、考核、培育、完善，使国家信用、金融机构信用、各级政府信用"孵化"出企业信用，既降低了自身信贷风险，又促进了地方经济发展。

政府增信的核心在于运用国家及政府信用，建设市场配置资源的基础和支柱，这就要建立一个风险控制机制和信用体系，从而使被增信的一方能够有效防范风险和减少损失。这与政府组织承担最后实际损失有着本质区别，组织增信是增加市场所需要的信用，而不是增加道德风险和损失。从原理上来说，如果信用建设与制度建设比较完善，就几乎可以完全覆盖和承受损失，这与保险赔付所遵循的大数法则的原理是一致的，此时风险将主要由制度承担，真正由政府承担的损失比例将非常低，发达的信用制度甚至基本可以消除道德风险损失。这既是制度建设的目的和效率所在，也是政府增信推动社会信用发展的基本原理。

组织增信是政府与金融机构的一种合作方式，双方通过共建信用体系和制度体系来防范风险，体现一种共识、共建、协调、合作的关系。通过政府增信，金融机构能够充分发挥政府的组织优势和政治优势，有效弥补现有金融制度的不足。在完全市场化的融资体制中，政府不直接参与市场运行，但在中国当前情况下，政府具有管理、规范、提供制度框架和参与经济运行的多重身份，这是现阶段融资体制的基本特征，在当前具有较高效率并且经过了市场实践的检验。

地方政府通过与金融机构的合作，能够将政府组织优势与金融机构的融资优势相结合，并将其转变为信用优势，建设新型的市场经济优势，弥补信用建设空白，促进经济社会发展。在信用建设初级阶段，各方通过组织增信的原理形成合力，能够大力推进制度建设和信用建设，有效进行宏观调控和控制风险。组织增信是市场化过程中的一个重要组成部分，在市场建设中可以转化成多种形式，如建立信用担保体系、引入外部会计和评级公司、公开透明运作等。通过这些方式积极促进建立各类信用平台，完善融资体制和发展信用制度，不断提高地方政府和企业对信用建设的认知程度，可以使社会信用体系获得制度保障和长远发展的动力。同时，可以通过主动构筑信用结构和风险分担机制，有效地控制信用风险，优化信用资源配置，开辟开发性金融领域，促进市场业绩和核心竞争力的全面提升。

他山之石：典型国家开发性金融体系

从各国的实践看，开发性银行是连接政府和市场的桥梁，是改善机制落后与市场失灵，为了实现赶超、跨越式发展和建设市场而出现的一种金融形式。特别是在发展中国家，存在着弥补体制缺损和市场建设的问题，这更要靠开发性银行来解决。

相对来说，欧美发达国家的经济水平发展较高，市场机制趋于完善，相应的金融体制也比较健全，在政府的推动下，开发性金融机构合理利用市场机制来实现政府在经济发展中的政策目标。美、德两国在开发性银行领域具备独到的经验，具有典型特征；日本作为亚洲经济发达国家之一，金融发展也处于领先地位，开发性银行的发展值得学习借鉴。

表8-1　美国、德国、日本的开发性金融机构体系

国家	美国：多元机构模式	德国：单一机构模式	日本：多元到单一模式
主要业务领域	农业、进出口、住房、中小企业	战后重建；中小企业、住房、区域开发、农业、海外援助、环保等	战后重建；生活、基础设施、环境、能源、经济结构调整、地区发展
主要机构设置	农业：农民家计局；商业信贷公司；农村电气化管理局。进出口：美国进出口银行。住房：联邦住房贷款委员会；12家联邦住房贷款银行；储蓄贷款协会。中小企业：联邦小企业署	德国复兴信贷银行集团（KFW），其全资子公司为德国投资与开发有限公司（DEG）	2008年改革前的"两行六库"。两行：日本政策投资银行（日本开发银行与北海道东北开发公库合并）；国际协力银行（进出口银行与海外经济协力基金合并）。六库：国民生活金融公库（国民金融公库与环境卫生公库合并）；住宅金融公库；中小企业金融公库；农林渔业金融公库；公营企业金融公库；冲绳振兴开发性金融公库
主要机构承担职能	农民家计局：创立自耕农户；改进农业生产；改善农民生活。商业信贷公司：对农业进行价格支持。农村电气化管理局：支持农村电力、电信基础设施建设。美国进出口银行：促进进出口贸易，贯彻美国对外政策。联邦住房贷款银行体系：促进住房抵押的资金流动性；保障住房抵押资金供应；调节二级市场。小企业管理局：提供贷款、担保等融资	KFW：促进本国中小企业发展、激励创新，促进资本市场发展、改善环保，鼓励扩大城市基础设施建设，还帮助发展中国家的发展。DEG：为私营企业的投资制定方案并参与融资，从而建立并扩展私营企业框架	日本政策投资银行：提供长期资本，促进产业的开发和社会经济的发展，弥补民间融资机构的长期资金不足。国际协力银行：以援助为手段促进日本与外国以贸易为主的经济交流，鼓励民间金融机构的进出口融资及海外投资业务

续表

国家	美国：多元机构模式	德国：单一机构模式	日本：多元到单一模式
监督机构/相关法律	农业：农业部/联邦信贷改革法案。进出口：国会/进出口银行法案、联邦信贷改革法案。住房：联邦住房贷款委员会/1932年住房贷款银行法。小企业：国会/小企业法等	联邦财政部以及经济与技术部/德国复兴信贷银行法	大藏省/每家机构都有专门设立的法律提供长期资本，促进产业开发和社会经济发展，弥补民间融资机构的长期资金不足

数据来源：根据相关资料整理。

　　通过表8-1的描述，可以总结出典型国家开发性金融机构体系的基本特征：一是业务集中在弥补市场失灵和市场缺损的"强位弱势"领域。这些领域对于国家调整优化产业结构、促进区域间均衡发展、缓解贫富不均的社会矛盾十分重要，需要长期的资金支持。然而这些瓶颈仅靠财政融资不能解决，商业性资本和信贷融资又没有动力介入，开发性金融机构恰好为政府主导和参与资源配置提供了合适的平台。二是不同国家开发性金融机构的组织模式也不尽相同。美国是典型的多元机构模式，即针对不同的瓶颈领域分别成立不同的开发性金融机构，一个机构承担一项政策性功能；德国是典型的单一机构模式，即成立"全能型"的开发性金融机构，一个机构承担多项政策性功能；日本原来采取多元机构模式，当前正在向单一机构模式过渡。不同的机构组织模式并无孰优孰劣，主要取决于所在国家的政治、经济、文化等方面的现实特点。三是开发性金融机构的业务领域并非一成不变。而是随着经济社会的发展、国家战略规划的调整以及开发性金融机构自身的变革，进行主动或被动的动态调整。例如德国复兴信贷银行，设立之初的主要任务是为战后重建提供中长期融资支持，战后重建任务基本完成后，在两德统一、加入欧盟、重回大国的背景下，其业务领域逐步扩展到中小企业、住房、区域开发、农业、海外援助、环保等方面。这些特征和规律在中国发展开发性金融的过程中具有一定的参考意义。

财政资金信贷化运作

　　开发性金融不等同于政策性金融，它是政策性金融的深化和发展。后者是把信贷资金财政化，前者是财政资金信贷化，即把财政资金用市场化的方法运作，把国家信用与市场原理特别是与资本市场原理有机结合起来，并撬动更多的社会资本参与到经济建设中。

开发性金融的发展道路

国家开发银行是中国开发性金融的代表，依托国家信用，从无到有、积极探索，以创新模式推动经济发展，有力地支持了城镇化建设等领域。

起步阶段（1998~2000年）。国家开发银行成立之初，主要以支持城市基础设施、基础产业和支柱产业等"两基一支"领域为主，对城镇化的支持尚未形成规模。从1998年开始，国家开发银行开始尝试对城镇化建设进行研究和支持，与地方政府共同对"银政合作"模式进行了探索创新，找到了一条符合当时条件的改善城镇基础设施陈旧状况、提高建设效能的新途径，推动了城镇化建设的加快发展。例如，1998年国家开发银行与安徽省芜湖市建设投资公司进行合作投资城市基建项目，使政府拥有了更多资金投入经济建设和社会发展，同时吸引了大量社会资金，形成了资金的市场化出口和良性循环，实现了银政双赢。这个模式后来在全国推广，在中国城镇化进程中发挥了重要的示范带动作用。

快速发展阶段（2000~2006年）。自2000年开始，国家开发银行支持城镇化建设的基础设施领域覆盖到全国所有地级市（州、区）以及东部沿海地区经济发达的县级市，支持力度持续加大。开发性金融理论探索支持中国城镇化发展的路径，实践了"政府入口、开发性金融孵化、市场出口"的道路。2005年，国家开发银行和天津市政府在东丽区华明镇设计实施了"以宅基地换房"建设新型小城镇的模式。按照"承包责任制不变，可耕种土地不减，尊重农民自愿，以宅基地换房"的原则，通过政府组织增信，积极探索并建立和完善了小城镇建设投融资体制，将银行的中长期贷款引入小城镇开发建设中，推动了区域信用建设，形成了小城镇建设"借、用、管、还"的一整套市场化运作方式，成为探索解决城镇化进程中农业、农民、农村问题的新途径。

全面发展阶段（2006年至今）。国家开发银行提出开发性金融覆盖县域的发展战略，把"业务推动、资金筹集、风险控制、开发评审、项目审批、贷款管理、稽核审计监察、后台保障"八项职能前移到县。国家开发银行将融资服务优势与政府组织协调优势紧密结合，培育、依托县域和农村的担保公司、投融资公司、龙头企业、农民专业合作社等各类专业化、市场化主体，建立"政府支持、合作机构分担、客户互保"等社会化风险补偿体系，探索了基层金融业务社会化发展道路，业务领域覆盖到新农村建设贷款、中小企业贷款、助学贷款、中低收入家庭住房建设贷款等城镇化发展的各个方面。

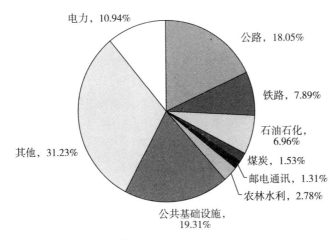

数据来源：国家开发银行2013年年报。

图8-1　国家开发银行2013年贷款余额行业分布

以债券为主的市场化筹资机制

开发性金融实行政府机构债券和金融资产管理相结合的运作方式。按照国际惯例，开发性金融债券是政府机构债券，与国债的管理方式不同。国债资金是用财政预算方式管理，没有金融损益平衡的要求，而且不承担体制建设的任务。而开发性金融的融资领域介于国债和商业金融之间，需要通过市场建设、体制建设进行推动，采取政府协调强化金融资产管理的方式，运用政府组织增信提高资产质量和资金效益。换言之，开发性金融是通过严格的本息回收来实现损益平衡，从而进行全局性的体制建设和市场建设。

1998年9月，国家开发银行以低于行政派购利率水平，成功完成市场化发债50亿元。这是国家开发银行成立以来首次突破"指令性派购发债"单一形式，进行市场化发债的开始，是对国家信用证券化的一个尝试。之后国家开发银行不断提高市场化发债比例，积极创新债券品种，条件成熟后又进一步进入国际资本市场发债。1999年市场化发债程度达到96.8%，2000年则全部实现了市场化发债。国家开发银行的资金筹集成功地从起步时解决资金有无，到逐步优化结构、降低成本，从行政派购到走向市场、充分发挥资本市场高效与竞争机制，形成了以国内外债券市场筹资为主、存款业务为辅、依托银行间市场灵活运用资金的市场化筹资机制。

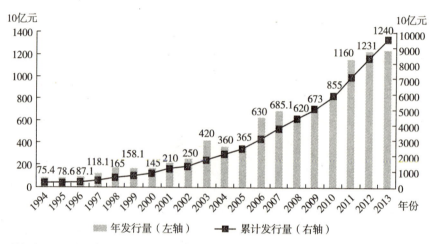

数据来源：国家开发银行2013年年报。

图8-2　国家开发银行人民币金融债券发行情况

以金融孵化为核心的投融资机制

开发性金融孵化，是在政府协调下以融资推动项目建设和融资体制建设，使项目逐步由收支流量平衡的法人向资产负债表式的法人形式转化。选择市场出口，依据现金流建设的发展趋势，针对借款性质、用途和使用情况设计不同的偿还机制，包括正常信贷还款、母公司回购、资本市场出口等市场化偿还机制，以及对于部分公益性项目所采取的政府回购等财政性偿还机制。

第一，融资平台模式。20世纪90年代末，许多地区处于新一轮经济社会发展的起飞期，城市基础设施亟待推进。但由于城建类项目自身经济效益不明显，政府财力不足，资金紧张成为制约各地基础设施建设的瓶颈。国家开发银行尝试与地方融资平台合作构建新型银政合作关系，将国家开发银行的融资优势和地方政府的组织协调优势有机结合。1998年冬，国家开发银行与芜湖建设投资公司签订了10.8亿元十年期贷款协议，资金主要用于芜湖市公路建设、城市供水系统改善以及废物处理填埋场建设等6个基础设施建设项目，效果显著。通过短期内集中投入大量资金，直接推动了城市基础设施建设以及建筑、建材、房地产、旅游等行业的发展，拉动了区域经济的增长。芜湖建投也从成立初期总资产3.19亿元、单一从事政府指定项目的办事机构，发展成为一家总资产超650亿元、拥有奇瑞汽车、徽商银行等股权的多元化企业。在开发性金融的支持下，芜湖市2012年财政收入337亿元，较1998年增长近18倍，财政人均可支配财力和建设财力大幅提高，投资环境明显改善。

开发性金融的融资平台模式在城镇化建设尤其是基础设施建设中发挥了重要作用，形成了金融财政良性互动、共同拉动城市建设的良好局面。这一新模式的成功之处，在于各相关方开创性地运用各自优势，充分挖掘了地方经济和社会发展的巨大潜力，既提高了政府信用，也保证了贷款成为优质资产。同时构建了良性循环的城市基础设施投融资机制，培育了市场化的投融资平台载体，打通了城市基础设施建设融资通道，引领了商业银行等社会资金的积极介入，为持续、快速、高效推进城市基础设施建设奠定了基础。

第二，小额信贷模式。在新农村建设领域，国家开发银行探索了农户联保小额信贷模式，通过构建信用体系支持新农村建设。国家开发银行选择蓟县进行试点，从规划先行和信用建设入手，创新农户担保方式，通过组建农民种养专业合作社和农民互助联保小组的形式，把原来分散的农民个体信用整合成信用联合体，解决农民因抵押不足、信用单一、贷后监管难而导致的"贷款难"。对农户而言，只需加入一个专业合作社或信用联保小组，通过贷款农户之间的互保，即可获得国家开发银行的小额信用贷款。截至2013年末，国家开发银行新农村建设贷款余额达7258亿元，有力地支持了新农村及县城基础设施建设、产业化龙头企业、农村医疗卫生、教育等各项事业的发展。

第三，基金模式。开发性金融在苏州工业园开展的基金模式是开发性金融近年来新兴的资金运作形式。2010年10月28日，由国家开发银行参与组建的国内首只国家级人民币母基金——总规模600亿元的"国创母基金"落户苏州工业园区。"母基金"是专门投资私募股权基金或者创业投资基金的基金，又被称为"基金中的基金"，20世纪70年代起源于美国，是以股权投资基金作为投资对象的特殊基金。当前在欧美等发达国家，股权投资基金早已超越股票二级市场成为与银行、保险并列的三大金融业支柱之一，而股权投资基金的资金20%以上来自于母基金。母基金是开发性金融资金运作的新形式，不再投资于具体的城镇基础设施建设项目，而是投资于母基金旗下的各个子基金，通过子基金的运作带动社会投资，吸引更多社会资本投资于城镇化建设，从而达到"基金杠杆"的效果。

弥补市场失灵

在市场经济体制下，商业性金融以利润最大化为目标，以追求盈利和市场业绩为目的，向具有盈利能力和稳定现金流的客户提供信贷服务。在城镇化建设的过程中，市场上存在着资金需求大、风险大、投资回收期限长、盈利能力较弱的领域，这些项目通常关系到国计民生以及国家未来的发展前途，但却不是商业性金融机构的优先选择，此时即出现了商业性金融的"市场失灵"。

弥补市场失灵的独特优势

开发性金融兼有政策性金融的国家信用支持，又能够运用商业性金融所具有的市场化运作机制，因而能很好地克服城镇化进程中市场失灵和制度缺损问题。开发性金融是从不成熟的市场做起，运用市场化运作机制，以融资项目带动相关行业或企业的发展，并以市场化的标准约束相关行业或领域，从而促使其弥补制度缺损，有效克服了政策性金融和商业性金融的不足。

与政策性金融和商业性金融相比，开发性金融在目标、功能、效率等方面都有不同。第一，开发性金融能够更好地实现国家战略目标。开发性金融不是单纯追逐股东利益、机构利益，不是以盈利为唯一目标，而是始终站在国家战略和全局的高度，把自身发展与国家发展紧密结合起来，为经济社会发展提供长久支撑。第二，开发性金融能够优化运用政府信用。开发性金融既以政府信用融资促进市场建设和项目建设，又用优良的市场业绩和对经济社会发展的支持来体现和增强政府信用，同时还能把政府信用、政府组织协调能力与企业和市场的力量结合起来，有效运用和放大政府信用在市场建设中的功能，构造项目从政府入口到市场出口的良性循环。第三，开发性金融的效率更高。面对大量存在的市场缺损和空白，财政方式主要是直接"输血"，没有从根本上解决"造血"问题，而开发性金融的作用在于建设市场和制度，使完善的市场机制成为拉动经济发展的内在生活力。

因此可以说，在解决市场失灵与制度缺损方面，开发性金融具有独特优势。在实践中，开发性金融确实在促进"两基一支"项目发展、助力中国企业"走出去"、普惠金融、应对金融危机等方面进行了积极探索，有效弥补了市场失灵问题，为中国城镇化发展作出了重要贡献。

从政府角度看，"两基一支"领域的大部分项目融资需要各级政府有相应投入，尤其要发挥组织协调优势，对贷款项目进行政府的组织增信，有效整合各方要素，实现经济发展的良性循环。开发性金融在"两基一支"及其配套领域内，对支持县域经济、西部大开发、东北等老工业基地振兴、"三农"、再就业、企业"走出去"等难点问题进行了积极和富有成效的探索，取得初步成果。

中国许多城镇公共基础设施是公益项目，资金投入量大，建设周期长，风险集中，社会资金很难或不愿进入。开发性金融发挥政府信用的优势，构造市场化的信用平台和融资平台，推进城市基础设施建设和市场建设，将这一领域培育为成熟的商业可运作领域。国家开发银行通过与地方政府共建融资平台，从根本上改变了地方原有的融资低效状况，开辟了支持各地经济社会发展的新渠道，调动了地方政府发展经济的积极性，也带动了社会资金进入，极大地促进了各地的城镇化发展，为促进城镇面貌改变、人民生活改善起到了重要的推动作用。

开发性金融在推动城镇民生领域建设方面作用巨大。抓住市场建设的牛鼻子，以批发的方式解决零售业务的共性问题，把助学贷款、保障性安居工程、"三农"、中小企业、水利建设等公认的民生金融难点，变成了商业可持续的银行主流业务品种。

在"三农"领域，开发性金融与地方政府和社会各方共同建设现代农村金融体制机制，运用各种社会资源控制风险，支持新农村建设和县域经济发展，缓解中国城乡二元结构、统筹城乡发展。

在中低收入家庭住房建设领域，开发性金融针对地方建设资金匮乏的情况，探索市场化方式支持保障房建设，把保障性安居工程作为民生金融支持的重点，推动全国住房保障体系建设。

中国版"住房银行"

解决住房问题是各国政府都需要考虑的问题，美国政府建立了"两房"制度，"两房"是指美国最大的两家住房抵押贷款机构房利美和房地美，由美国国会立法设立的政府支助机构，目的在于为住房抵押贷款市场提供稳定而连续的支持，提高住房抵押贷款的可获得性，通过政府干预和市场化运作相结合的方式，为住房建设提供资金保障。它们所持有或打包担保的房贷总额高达5万亿美元，占美国住房抵押贷款的一半还多。次级房贷转化为次级房债以及所包装的金融衍生品，形成钱与利的空转，终使资金链绷断，令"两房"最终成为引爆2008年国际金融危机的第一根导火索。

美国"两房"的国际影响在于住房融资理念，组建专门的住宅金融机构是发达市场经济体服务住房保障的普遍做法，有利于解决住房保障资金来源，有助于商业银行稳定商品住宅开发贷款供应。以"两房"为核心的房地产金融业曾推动了上一轮美国经济繁荣，也代表了几任美国总统"居者有其屋"的政治口号。

"十二五"时期，国家确定5年建成3000万套保障房，完成1000万套棚改房，以解全国城市（镇）低收入家庭基本住房保障的燃眉之急。由于无利可图甚至赔钱建设，截至2013年末，全国1.2万亿元保障房贷款，国家开发银行一家就承担了六成以上，如果再不启动融资方式创新，光靠国家开发银行一家独撑难以为继。2014年4月4日中国版"住房银行"花落国家开发银行，国务院最终决定由这家世界最大的开发性金融机构出面组建，并以内部设立住宅金融事业部的形式落地。用以专项打理政府保障房、城市棚户区改造等信贷业务，为各地计划内安居工程发放专项贷款。组建不以营利为目的的住宅金融事业部，表明保障房工程所需巨额资金已不能再等待国家"输血"，而要通过向社会发行由国家作信用担保的住宅金融债券的方式，进行市场化融资。

对于未来的中国版"住房银行"，不少市场人士认为，既然采用市场化手段融资，其风险也就由国家财政兜底的"内部风险"转为市场层面的"外部风险"。美国两家全球最大的"住房银行"引发的国际金融危机至今仍叫人心有余悸，中国版"住房银行"如何避免重蹈覆辙需要各方认真思量。美国次贷危机让美国特色的住宅政策性金融机构"两房"几近濒临破产。次贷危机的一大教训就是，需要高度重视住房金融市场，认真研究住房金融制度的创新发展方向，积极但稳健地构建政策性住房金融机构。为了避免潜在风险，必须一开始就设立完善的风险管控模式，并且吸取美国"两房"的教训，在初期发展阶段，严格控制其杠杆率、避免过度金融创新，不宜有大幅扩张。

事实上，不管哪个国家的"住房银行"，一旦政府监管失控，任由衍生品泛滥，都有可能酿成巨大金融泡沫。如果中国"住房银行"的次级信贷仅允许以次级债券方式向社会发售交易，不允许次级债券再次进行衍生品开发出售，再加上政府的专项监管能做到位，当可避免"两房"悲剧发生。同时，也让"住房银行"模式在促进中国房地产市场健康发展以及城镇化建设中发挥积极作用。

第9章 地方政府融资平台

所谓地方政府融资平台，是指地方政府组建的不同类型的城市建设投资公司、城建开发公司、城建资产经营公司等经济实体，通过政府财政注入资金、提供担保、以土地入股等方式满足融资的基本要求，为城镇化建设提供资金支持。由于近来地方政府融资平台涉及政府债务危机问题，被推到了风口浪尖上。

历史演进

从历史的视角审视地方政府融资平台的演进、脉络和时代背景，有助于加深对其的理解。通常把地方政府融资平台的发展历程分为初步探索、推广融合、高速发展和清理规范四个阶段。

第一阶段：初步探索阶段（1987~1997年）

中国地方政府融资平台最早产生的时间和公司，是1987年12月30日上海市政府出资人民币5亿元和外汇1亿美元专门成立的上海久事公司，起名源于国务院专门出台文件批准上海市以"自借自还"为前提条件借入国际金融机构的贷款资金，开创了地方政府使用外资大力发展基础设施的先河，这就是后来被城市投融资实务界所称为的"94专项"。

随后，国家出台了相关政策支持基础设施建设。1988年7月国务院发布45号文件《关于印发投资管理体制近期改革方案的通知》，1989年4月出台《1989年经济体制改革要点》，文件中明确提出了国家遵循经济规律，成立能源、交通等6个专业性投资公司来进行基础建设投资，并由国家计委以及相关行业主管的部委进行领导。这为地方政府成立投融资公司提供了法律依据，随后各省纷纷成立了地方投资公司。上海市政府1992年出资10亿元成立了上海市城市建设投资开发总公司（以下简称上海城投），是全国第一家专业型政府融资平台，专门从事城市基础设施建设的投融资业务。上海久事和上海城投公司这两大政府融资平台各具特色，一个是综合型平台，一个是专业型平台，这是政府投融资体制改革的一个重要突破。这两个平台的成功，也为中国其他省政府建立各自的融资平台提供了有益的借鉴和参考。

随后，国家先后出台了一些政策法规对政府投融资行为进行约束。首先，为了实现经济"软着陆"，中央在1993年推出了适度从紧的财政政策；紧接着，力图缓解中央财政紧张导致宏观调控"软无力"的状况，1994年开始实施分税制改革，财权上移中央，事权下移地方，地方政府建设财政更加紧张。其次，1994年《预算法》出台，地方政府被禁止发行债券。再次，1996年8月《贷款通则》开始执行，地方政府不具备合法贷款主体的资格。最后，1996年8月国务院发出《关于固定资产投资项目试行资本金制度的通知》，明确要求地方的投资项目必须配套拥有一定比例的资本金，这使得地方政府基础设施建设的资金缺口更是雪上加霜。

第二阶段：推广融合阶段（1997~2008年）

1997年7月，亚洲金融危机的爆发改变了这一状况。当时，中国经济面临着外需下滑、内需不足的外患内忧，中央政府决定实施积极财政政策刺激经济增长，大量增加固定资产项目上的政府投资。虽然中央政府当时还发行1080亿元国债转贷给地方政府，但地方政府的财政仍然远远不能满足爆炸式增长的基础建设资金缺口。在银政合作的框架下，地方政府将市政、交通、环保等若干个肥瘦不一的单一基础建设项目"打包"成为一个整体项目，再配合以地方财政或人大出具的还款承诺作为保证，统一向国有银行申请贷款。另外，一些国际上比较流行的基础设施建设投融资方式也普遍被地方融资平台所引入，比如BOT、TOT、PFI、ABS等。

在实行了连续近7年的积极财政政策后，中国经济摆脱了亚洲金融危机的不利影响，实现了持续快速增长，城镇化进程也得到不断加深，不过在固定资产投资领域也产生了明显的经济过热现象。2005年中央决定逐步退出积极财政政策，调整为稳健财政政策，同时配合实施稳健货币政策，国民经济收缩调整，而地方融资平台的发展速度也有所放缓。如果把1997年至2008年上半年作为一个整体来看，这段时间地方投融资平台仍然处于快速发展阶段。

第三阶段：高速发展阶段（2008~2010年）

受2008年美国次贷危机引发的国际金融危机的影响，2008年11月国务院常务会议决定实施积极的财政政策和宽松的货币政策，出台了4万亿元投资计划。国务院提出巨额经济刺激计划，在这种背景下，配套国家经济刺激计划，地方政府积极筹建地方投融资平台，融资平台的作用迅速凸显。

中央考虑到地方的实际难处，使用了两个办法解决地方配套资本金不足：一是财政部2009年和2010年分别代地方政府发行债券2000亿元；二是2009年初中国人民银行与中国银行业监督管理委员会联合发布了《关于进一步加强信贷结构调整促进国民经济平稳较快发展的指导意见》，明确提出"支持有条件的地方政府组建投融资平台，拓宽中央政府投资项目的配套资金融资渠道"。这个指导意见是中央政府首次以正式发文的方式公开对地方政府投融资平台的允许和支持，直接掀了起地方融资平台再次大发展的浪潮。各个地方争相搭建新的融资平台，地方融资平台数量出现井喷。据中国人民行2009年第四季度披露的数据显示，融资平台数量从2008年上半年的3000多家扩张至2009年末的8221家，融资平台贷款余额从1.7万亿元迅速攀升至7.38万亿元。至此，地方政府融资平台进入鼎盛时期。

值得一提的是，在这个阶段政府融资平台对债券、中期票据等直接融资工具的使用也变得频繁。债券方面，2009年全国共发行地方债券大约2000亿元，发行规模高于过去4年发行总量，融资规模与2009年财政部代为发行的2000亿元地方债券相差无几。中期票据方面，2008年4月正式在中国亮相登场以来，全年共发行1737亿元，而2009年全年发行规模达到6885亿元，同比猛增296.4%，成为当年债券市场的增长点和债务融资工具的主力军。

第四阶段：清理规范阶段（2010年至今）

2008年10月的冰岛债务危机、2009年11月的迪拜债务危机，以及2009年

12月开始的希腊、西班牙、意大利等一系列国家主权债务危机，让中国开始审视自身国家的债务情况。为此，2010年1月19日第四次国务院全体会议提出要"尽快制定规范地方融资平台的措施，防范潜在的财政风险"。2010年6月10日，国务院发出《关于加强地方政府融资平台公司管理有关问题的通知》，要求整顿规范地方融资平台，暂停发放所有融资平台的贷款。至此，地方政府融资平台债务膨胀趋势和规范问题日益成为中国社会经济发展的一个焦点。企业债券方面，国家发改委在2010年7月叫停了所有平台的城建投资类债券排队报批批复工作。这些通知的出台，意味着融资平台发展的鼎盛时期宣告结束。

平台风险有多大

根据国家审计署2013年第32号公告，截至2013年6月底，全国政府性债务融资规模达到了20.70万亿元，其中，中央政府和地方政府的债务规模分别为9.81万亿元和10.89万亿元，地方政府债务规模比年初增加1.25万亿元。

表9-1　全国政府性债务规模情况表　　　　　　单位：亿元

年度	政府层级	政府负有偿还责任的债务（政府债务，下同）	政府或有债务	
			政府负有担保责任的债务	政府可能承担一定救助责任的债务
2012年末	中央	94376.72	2835.71	21621.16
	地方	96281.87	24871.29	37705.16
	合计	190658.59	27707.00	59326.32
2013年6月底	中央	98129.48	2600.72	23110.84
	地方	108859.17	26655.77	43393.72
	合计	206988.65	29256.49	66504.56

数据来源：国家审计署。

银行贷款是地方政府最主要的债务融资方式

总体上看，中国地方政府融资平台公司的融资来源主要有三种：第一，债务性融资，主要有银行贷款、BT、发行债券等。第二，资金占用性融资，主要有应付未付款、其他单位和个人借款等。第三，通过设计信托产品、设立产业基金和融资租赁等方式向市场直接融资。截至2013年6月底，地方政府性债务中银行贷款余额5.52万亿元，在所有债务中的占为比50.76%，是最主要的债务融资方式。

表9-2　2013年6月底地方政府性债务资金来源情况表 单位：亿元

债权人类别	政府负有偿还责任的债务	政府或有债务	
		政府负有担保责任的债务	政府可能承担一定救助责任的债务
银行贷款	55252.45	19085.18	26849.76
BT	12146.30	465.05	2152.16
发行债券	11658.67	1673.58	5124.66
其中：地方政府债券	6146.28	489.74	0.00
企业债券	4590.09	808.62	3428.66
中期票据	575.44	344.82	1019.88
短期融资券	123.53	9.13	222.64
应付未付款项	7781.90	90.98	701.89
信托融资	7620.33	2527.33	4104.67
其他单位和个人借款	6679.41	552.79	1159.39
垫资施工、延期付款	3269.21	12.71	476.67
证券、保险业和其他金融机构融资	2000.29	309.93	1055.91
国债、外债等财政转贷	1326.21	1707.52	0.00
融资租赁	751.17	193.05	1374.72
集资	373.23	37.65	393.89
合计	108859.17	26655.77	43393.72

数据来源：国家审计署。

地方政府投融资平台通过银行贷款进行融资，有着明显的优势。贷款程序较为简单，贷款时间相对较短。在资金量方面比较容易获得大额支持，特别是地方政府在与当地城商行等机构合作，利用土地和房产抵押获得的银行贷款大幅增加，更加有利于解决地方政府进行小规模项目建设时面临的融资问题。当然，同时也存在不足。地方政府投融资平台的贷款数量大、回收期限长，而商业银行的负债以短期为主，因此向地方政府投融资平台发放长期贷款将引起银行资产和负债在期限结构上的失衡。另外，由于建设周期长，融资成本偏高。

发行债券，也成为一个重要的融资方式。根据审计署2013年第32号公告，2013年6月底地方政府性债务余额中，债券为1.17万亿元，占地方债务总额的10.71%。债券包括地方政府债券、企业债券、中期票据和短期融资券。地方政府投融资平台依靠政府信用，同银行贷款相比，采取发行债券的方式从资本市场融资具有优势，资本市场规模大，债券期限较长，同时还可以利用债券设计的灵活性降低融资成本。

近年来，产业投资基金成为地方政府投融资平台所采用的主要创新模式之一。中国于2005年6月颁布《产业投资基金试点管理办法》，对国内产业投资基金作出明确规定。产业投资基金包括三种类型：创业投资基金、企业重组投资基金和基础设施投资基金。产业投资基金融合了实体经济与金融经济两个层面的特点。

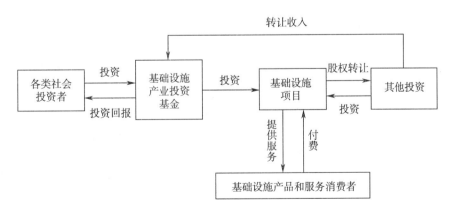

资料来源：作者根据有关资料整理。

图9-1 产业基金模式运作流程图

产业投资基金规模大、投资周期长，符合基础设施建设投资的要求。同时，产业基金的投资不以控制股权为目的，能够较好地解决基础设施的控制权问题。另外，由于产业基金是股权融资，没有利息的硬约束，投资者的回报与项目的盈利程度相关，因而降低了基础设施的融资成本。

地方政府融资平台资金用途

政府融资平台融资资金主要用于道路、桥梁等市政基础设施，供水、燃气等公用事业，以及铁路建设、高速公路建设、轨道交通建设、保障房建设、产业投资、补充营运资金和偿还贷款等。从政府融资平台资金用途投向变化趋势来看，2010年以来用于市政基础设施建设的资金在当年发债规模中占比逐渐下降，由2010年的40.34%下降到2013年的21.65%；而随着国家保障房建设力度的不断加大，政府融资平台债券用于保障房建设的资金占比自2010年以来不断上升，由2010年的3.68%增加到2013年的27.05%。相对来说，地区经济越发达、财政实力越强、城市建设资金需求越人的地区政府融资平台企业发行债券越活跃，东部地区政府融资平台债券发行规模明显大于中西部地区。预计未来政府融资平台债券的募集资金将更多地投向保障房建设、高速公路建设等国家支持的重大项目，且随着政府融资平台企业偿债高峰的到来，政府融资平台债券用于偿还贷款、置换到期债券的规模也将有所增加。从募集资金用途分类来看，根据对政府融资平台已发行的企业债券和中期票据募集资金用途统计，截至2013年末，道路、桥梁等市政基础设施建设为政府融资平台债券最大资金投向，占已发行债券总额的26.67%；其次为保障房建设和偿还银行贷款，占比分别为16.98%和14.73%。

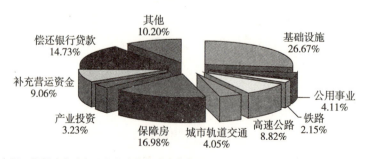

资料来源：根据政府融资平台企业募集说明书整理。

图9-2　2013年政府融资平台债券募集资金用途占比

地方政府融资平台潜在的风险

地方政府融资平台在过去几年里得到迅猛发展，客观来说也为地方经济建设发展作出了重要的贡献，但是由于扩张速度过于激进，也存在一些需要密切关注的问题。

第一，偿债高峰将逐步到来。

随着融资平台数量在2008年末的积极财政货币政策支持下超常规发展，融资平台的债务也在井喷爆发。2009年末全国地方政府融资平台数量最高时多达8221家，而地方融资平台的负债总额也从2008年初的1万多亿元到2010年末迅速上升到9.09万亿元，而当时中国地方政府性债务大约为10万亿元（有些政府管理机构的统计数据为14万亿元），从数据可以看出，融资平台负债占到地方政府性债务七成以上，成为地方政府性债务主体。超过10万亿元的债务总额数据与全年地方财政收入总额相近，可能严重影响地方各级政府的正常运转。

地方政府融资平台主要债务的银行贷款的期限大多数是3年到5年，而地方政府融资平台又把这笔贷款投放到经济见效周期很长的道路、桥梁等基础设施，这就进一步削弱了融资平台的偿还能力，加大了融资平台的财务风险。随着银行贷款的到期日逐渐迫近，融资平台的偿债压力与日俱增。从经济振兴计划提出的2008年末到2009年末的这段期间是融资平台债务数量新增的井喷期，但是由于融资平台的债务是以3~5年期的中期贷款和中长期债券为主，2011年开始进入地方政府融资平台债务到期的密集期，2014年、2015年、2016年和2017年到期需偿还的分别占21.89%、17.06%、11.58%和7.79%，2018年及以后到期需偿还的占18.76%。因此在今后几年里，融资平台债务问题不能掉以轻心。

第二，部分平台偿债能力较弱。

根据银监会2010年第三次经济金融形势通报会议的数据，融资平台仅能正常偿付24%的贷款总额，50%的贷款总额必须依靠第二还款来源覆盖，剩下26%的贷款具有严重的偿付风险。根据审计署2011年第35号公告数据，对全国融资平台的营业范围进行描述性统计分析，可以发现以融资"壳"功能为主平台占融资平台总数约50%；同时承担投融资功能的平台占融资平台总数的18%；除了投融资之外兼营其他经营活动融资平台占融资平台总数的32%。

毫无疑问，地方政府融资平台的偿债问题主要集中在承担公益性项目为主的平台和融资"壳"平台。一旦承担公益性项目假设的地方政府融资平台和"壳平台"不能偿还自身所欠的债务，那么地方政府就会出面承担连带偿还责任。而地方政府融资平台的偿债能力与房地产市场景气状况密切相关，要么依靠以土地出让收入为核心的土地财政，要么依赖土地等抵押物的市场变现收入。以浙江省某地区为例，在地方政府融资平台贷款的第一还款来源结构中，土地出让收入排第一，占比35.11%；地方财政收入排第二，占比22.40%；经营性收入排第三，占比13.87%。

土地出让收入、土地等抵押物的市场价值与整个宏观经济息息相关，尤其是受制于房地产市场的景气状况。这是一把"双刃剑"，当房地产市场处于繁荣阶段，房价就会上涨，而房产价格上涨又会带动土地价格上涨；土地价格上涨，地方政府就愿意卖出更多的土地，以获得更大的土地出让收益；地方政府手头的土地出让收益增加了，所承担的财税支持型地方政府融资平台债务就能够正常支付。然而，持续萧条的房地产市场可能会暴露出相当大的融资平台债务问题，导致财税支持型债务无法正常偿还，最终爆发地方政府债务危机，甚至倒逼金融危机。

第三，平台公司治理规范化不够。

地方政府融资平台与生俱来的问题是政府与平台企业的关系难解难分。地方政府融资平台最主要的功能是代替政府直接出面进行债务融资发展地方经济，外在形式是地方政府为绕开法律障碍而设立的特殊目的载体。融资平台具有浓厚的行政色彩，企业的战略规划布局必然要服从于地方政府的经济政治意志。而且融资平台一把手来源的官员化，驾驭市场的经营能力有待证明。这些都决定了融资平台的公司治理市场化程度不够，经营也不可能完全以市场为导向。

此外，部分融资平台公司的注册资本管理混乱。一是注册资本未到位，这表现在地方政府不能及时注入货币资金或者未能将不动产及时过户到平台公司。二是注册资本出资虚假。三是注册资本抽逃或挪用，在注册资本到位并经过公众审计师鉴证后，将资本金抽回挪作他用。四是融资平台的银行贷款转用于子公司注册资本，放大了平台公司的财务杠杆，撬动了更多的信贷资金，融资平台的财务风险和银行的信用风险都在信贷资金资本化中不断加大和扩散。

第四，融资平台中蕴藏的财政风险向金融风险转化。

地方政府融资平台的债务主要来自于商业银行贷款，委托贷款、中期票据、银信合作等渠道。而有的西部市县级融资平台，商业银行贷款的债务依存度甚至高达90%，信贷资金高于地方政府可支配收入并不罕见，甚至超过地方财政收入的2倍。上海证券交易所的公开数据显示，截至2011年6月末，五大国有商业行的平台贷款余额共为2.87万亿元，占地方融资平台贷款总额的一半。

土地财政依赖症

土地财政依赖症，是指地方卖地收入占到了地方可支配财政收入的一半以上，甚至更多。很不幸，当前全国绝大部分城市都患上了土地财政依赖症。

从全国来看，近年来土地出让收入大幅增长，2013年土地出让收入比2004年增长了近8倍。2013年全国土地出让收入总金额达4.1万亿元，刷新了历史高位。分析人士指出，不断增长的土地出让金收入，使得地方政府削弱了房地产调控政策落地的意愿。2014年伊始，土地出让金还在节节走高。1月，京沪杭三地土地出让金收入超过千亿元，仅北京一地，土地出让金收入就超过了去年同期的7倍。即便土地价格走高，但从当前的情况来看，房企"马上有地"的戏码还将继续下去。

表9-3　全国土地出让金收入及增长率

年份	2005	2006	2007	2008	2009	2010	2011	2012	2013
土地出让金收入（亿元）	5505	7670	12764	10375	14239	29397	33173	28517	41250
增长率（%）	−6.60	39.32	66.41	−18.72	37.24	106.45	12.85	−14.04	44.65
占财政收入比例（%）	17.39	19.48	24.87	16.92	20.78	35.37	31.94	24.33	31.94

数据来源：国家财政部。

土地财政是地方政府收入的重要来源之一，有研究表明，土地招牌挂政策实施以来，地方财政收入的一半以上来自土地出让收入，土地财政已成为很多城市地方经济发展所依赖的模式。从"十一五"时期看，全国土地出让成交总价款累计超过7万亿元，地方财政总收入中，土地出让成交总价款占比从2006年的38.9%，增长到2013年的60.2%，这充分表明地方政府对土地收入的依赖越来越大。

地价高了，房价自然要高。在此前几年的房地产市场调控中，部分措施落实不到位，或者有些措施被变相松绑，其中一个重要原因，在于房地产市场调控动了地方政府的"奶酪"。由此而产生地方政府与中央调控措施的博弈，比如限购政策的宽松、地方政府房价调控目标的虚设等。同时，地方政府热衷卖地生财，必然导致房价不断攀升，出现"越调越涨"的怪圈，如果不能有效破解地方政府对土地财政的依赖，房地产市场的调控将难以得到有效落实。靠征地卖地推动城市建设，容易导致土地资源的粗放使用，同时容易引导高科技等实体经济产业转向追逐暴利的房地产行业，扭曲产业结构升级。

但是，土地资源毕竟是有限的，地卖光了以后怎么办？破解土地财政依赖症，其实是与政府融资平台相互关联的，融资进行基础设施建设，建设好了以后再去卖地，用卖地款偿还政府平台融资，然后，再进行下一个循环。不过，这样的循环不会坚持太久，本身就是一种"饮鸩止渴"。

谁会成为中国的底特律

企业经营有合理的负债，负债过大、债不抵债就会出现破产。而同样，城市的偿债能力也有极限，具有了生命周期的特征。

底特律之殇

2013年7月18日，素有"汽车之城"美誉的底特律市负债超过180亿美元，已正式申请破产保护，成为美国迄今为止申请破产保护的最大城市。

底特律（Detroit）是美国密歇根州最大的城市，位于美国东北部、加拿大温莎以南、底特律河沿岸的一座重要的港口城市、世界传统汽车中心和音乐之都。城市得名于连接圣克莱尔湖和伊利湖的底特律河。底特律曾被誉为美国"汽车之城"，作为五大湖地区仅次于芝加哥的第二大工业城市，通用、福特、克莱斯勒美国三大汽车公司总部聚集与此，令全世界的汽车制造业顶礼膜拜。这里曾经历繁华，著名的福克斯影院、20世纪60年代全美最大百货商店的哈德逊以及底特律的"第五大道"伍德沃德，都曾是一片欣欣向荣的景象。

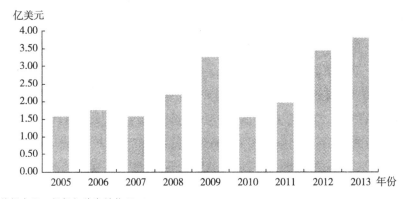

数据来源：根据相关资料整理。

图9-3　2005~2012年末底特律市实际赤字情况

昔日如此繁华的一个城市，如今却要破产。底特律是如何从工业中心变为今日的"破产之城"？主要有以下原因：

一是债台高筑。过去作为"汽车之城"存在的底特律，破产金额接近200亿美元。据底特律市破产申请文书显示，底特律有超过10万名债主，包括退休个人、公务员、银行和企业、财产持有者。其中，最大的债主为两大公共雇员养老基金——底特律公务员退休管理系统持有20亿美元，警察与火警局退休管理系统持有14亿美元。

二是人口急剧下降导致税收大幅下降。根据美国人口普查局2010年的统计数据，底特律以71.3万的人口位列全美第18大城市，但这个数目已不及20世纪50年代人口鼎盛时期的一半。鼎盛时期的底特律人口达到了约185万人，曾是美国最大的城市之一。因此，底特律成为美国过去60多年中城市人口下降最多的城市之一。

三是政府财政收入过于单一。底特律财政收入过于单一。城市80%的经济依靠汽车产业，产业单一造成财政收入来源单一，风险极大。当所倚重的产业兴旺蓬勃时，财政收入直线上升，而产业一旦遇到困难，财政受到的打击也会格外巨大。随着日系、欧系汽车的崛起，美国汽车业的竞争力不断下降，未能应对新技术的冲击，在全球的份额也已下滑，成为"明日黄花"的产业。

四是种族矛盾冲突。自1943年底特律发生种族骚乱后，1967年7月23日，底特律再次爆发种族骚乱，黑人烧毁了属于白人的许多房屋和商店以及数处警察所。大火过后，底特律城区几乎成为废墟。1967年的骚乱导致大量中产阶级白人开始迁出底特律则具有决定性影响。受此影响，底特律市中心变成了一个"福利坑"。

五是高犯罪率进而导致房价下跌。虽然底特律从1970年开始犯罪率已有了大幅度的下降。但据2007年的调查，底特律在25个美国大型城市中犯罪率排名第六，依然是美国犯罪率最高的几座城市之一。高犯罪率让更多的居民离开底特律，从而促使房价下跌。房价下跌又意味着许多居民停止支付房产税，这让城市的财政受到进一步打击。

六是难以得到政府资金救助。根据美国法律的规定，除非面临自然灾害，否则禁止联邦政府对州和地方政府实施直接救援。

中国的"底特律"

哈佛大学经济学家格拉泽认为，底特律是"大厦集群"的受害者。他认为，底特律采用了以大企业为龙头、通过大规模地修建办公楼、体育场馆、交通设施等刺激增长的战略。这种大工业和基础设施先行的模式，违反了城市多元化的本性，使底特律依赖单一的汽车业，最终也成为美国汽车业衰落的直接受害者。数据显示，底特律经济有八成依赖汽车及相关产业，地方政府税收也随汽车业荣衰而剧烈波动。债务问题最终压垮底特律，导致了地方政府破产。

当然美国地方政府的破产，仅仅是财政的破产，而不是政府职能的破产。因此，在很大程度上，政府破产和企业破产有很大的不同。政府破产，往往会减少公务员，压缩开支，通过谈判延长还债期限等。如1994年12月6日美国著名的橘县政府宣布财政破产事件，当局成立了危机处理小组。首先，解雇了一部分公务员。公务员一共有17000人，裁去了2000人。其次，压缩固定资产投资和削减公共服务项目。最后，县政府和债务人进行谈判，请求延长还债期限，承诺以橘县未来的税收偿还债务。

从国际通常标准看，中国政府债务规模总体不大。截至2012年末，全国政府负有偿还责任债务的负债占GDP比率为36.74%；两类或有债务分别按照19.13%、14.64%折算后，合计占GDP比率为39.43%，低于国际通常使用的60%的负债率控制标准参考值。

全国政府负有偿还责任债务占当年政府综合财力的比率为105.66%；两类或有债务分别按照19.13%、14.64%的比率折算后的总债务率为113.41%，处于IMF确定的90%~150%的债务率控制标准参考值范围之内。

虽然整体上中国并无入不敷出之忧，但地方财政面临的境况却有所不同。审计署抽查的36个地方政府截至2012年末的本级政府性债务情况发现，部分地区和行业债务风险凸显，有9个省会城市本级政府负有偿还责任的债务率超过100%，如加上政府负有担保责任的债务，债务率最高的达219.57%。债务偿还过度依赖土地收入，高速公路、政府还贷二级公路债务规模增长快、偿债压力大、借新还旧率高。2012年末，4个省本级、17个省会城市本级承诺以土地出让收入为偿债来源的债务余额7746.97亿元，占这些地区政府负有偿还责任债务余额的54.64%。这些地区2012年以土地出让收入为偿债来源的债务需偿还本息2315.73亿元，为当年可支配土地出让收入的1.25倍！

中国许多城市产业结构同样单一，大庆、克拉玛依、鞍山、本溪、攀枝花、大同、鄂尔多斯等，就是依靠单一且不可再生资源作为经济支撑。据统计，当前国内资源枯竭型城市有118座，涉及3400多万人口，转型发展迫在眉睫。这提醒我们，在推进新型城镇化过程中，除了注重住宅集中化、人的城镇化，以及打造核心产业竞争力外，还要具备综合发展能力，形成多产业发展局面。

对当前城市产业结构比较单一的城市来说，在产业深度调整过程中，应及时准确地通过合理手段，帮助城市发展转型。城市的产业结构过于单一则抗风险能力就会不强，一旦遭遇外部冲击或资源枯竭，就足以改变整座城市的命运。同时，更要统筹考虑地方政府偿还能力，建立适度举债和良好偿债机制，合理控制债务规模，降低财政风险，避免成为下一个"底特律"。

融资平台的创新机制

从融资体制改革来看，中国推进新型城镇化的瓶颈之一是城市基础设施融资，未来基础设施投资正逐步从高铁、高速公路和机场建设转向地铁、城际交通网，以及城市供水、燃气管道和污水处理等公共设施。

融资平台模式探索

地方政府在进行城镇化投融资活动中，积极探索了适应当地经济发展现实的各种模式，我国地方政府在构建地方融资平台方面已有不少探索和各具特色的经验。

第一，上海多元融资模式之路。

上海市政府投融资体制市场化改革在全国起步比较早，从城建资金的筹措方式、管理模式、运作形式等多方面深化改革，走出了城建投融资主体多元化的路子，是中国东部地区较为成功的一种模式。上海市投融资体制的改革大致经历了三个阶段。第一阶段：20世纪80年代中期到90年代初，以建立举债机制为核心，着力扩大政府投资规模。第二阶段：90年代中期，以土地批租为重点，挖掘资源性资金。第三阶段：90年代后期，以资产运作为重点，以市场化的方式吸收社会资金投资。

其在运营模式、投融资模式上有一些成功经验，主要包括：一是理顺体制机制，做强做实主业。经过多年的发展，上海城投已发展成为一个集路桥、水务、环境、置业等业务为一体的产业集团，实现了"政府性投融资主体、重大项目建设主体、基础设施运营主体"的统一。二是以商业银行为依托，构建集团信贷管理体系，实行集团信贷管理，先后与各商业银行上海分行建立集团授信关系，确定整个集团的授信总规模，初步确定集团所属各企业和各重大项目可分配使用的授信金额。三是以直接融资为突破，优化债务结构，提高抗风险能力。为了防范过度依赖间接融资的风险，上海城投近年来积极开展金融创新，主动调整债务结构，提高直接融资比重。

第二，天津分级分散管理模式。

天津市政府投融资的主要特点有以下几点。一是分散管理项目资金。市、区两级政府在投资范围上有明确分工。区县政府负责本区县境内的道路、供水、垃圾和污水处理、公共交通等市政公用设施以及社会事业、政权设施建设投入，区县审批权限内的政府投资项目以及资金管理分别由区发改委等部门负责。市政府负责全市境内的高速公路、地方铁路、港口等大交通体系建设，城市地铁、城区快速路、主干道、公共交通、燃气、供水、供热、垃圾污水处理等公用设施建设，以及市级管理的公共卫生、教育、体育、文化和公检法等政权设施建设，对区县建设的部分项目给予补贴。二是资金渠道主要来自银行贷款。银行贷款在天津市政府投资的资金来源中逐步占据主要比重。三是政府投资公司是投资的主体。天津市有以城市基础设施建设投资集团有限公司（以下简称城投集团）为代表的十多家规模较大的政府性基础设施投资公司，其中市属企业5家，区属企业8家。

城投集团是天津的主要融资平台，于2004年成立。当前，天津城投集团的资产规模已由400亿元快速发展到3300亿元，先后完成了京津城际铁路、旧城区路网改造、高速公路等一批大型城市基础设施项目。天津城投的良好运营可以归结于其形成的经营模式，其主要特点有：一是政府与市场相结合，作为政府的投融资平台，承担着三大项任务，即多渠道筹措建设资金的融资平台、对基础设施建设、经营和管理的建设平台、城市综合开发平台。二是重视资信，良好的资信是城投公司企业实现市场化融资的基本前提。天津城投的资信评级已经由2007年的AA级，上升到了2008年的AA+级，并在2009年进一步上升到了 AAA级，为融资提供了重要信用保证。三是完备的盈利模式，强调公司是融资的主体，项目是融资载体的理念，这是项目实现融资的必要条件。四是多元化融资工具，包括股权融资、债权融资、混合（夹层）融资等。

第三，重庆八大投融资集团共发展模式。

重庆市政府一改过去由政府出面直接举债为主的投融资体制，转变为以国有建设性投融资集团作为企业向社会融资为主的方式，开创了城市基础设施建设投融资体制市场化改革的"重庆模式"，主要内容包括以下四个要素及其相应特征：

一是主体。"重庆模式"的主体是八大投融资集团（以下简称"八大投"）。这些公司均按照现代企业制度，建立了较为完善的公司治理结构。"八大投"均是集团化的企业，由母公司或控股公司以及属下的多个或十几个子公司、分公司所组成，分别负责城市基础设施建设的不同领域，这有利于发挥它们在不同领域内的专长，提高在各自领域内的效率。同时，八个分离的投融资集团也有利于政府和企业在它们之间建立风险管控机制，以防止系统性的财务风险。

二是融资。在新的融资模式下，所有财政拨款和资金都分项目类别，以不同形式，作为资本金注入相应的投资公司，提高融资信用水平。资金注入的形式主要包括国债注入、规费注入、土地储备收益权注入、存量资产注入和税收返还。同时，与国家开发银行、亚洲开发银行、各大商业银行等金融机构建立了长期良好的互信合作关系。并且，"八大投"的融资手段广泛化，包括：国家开发银行贷款、商业银行贷款、国际金融机构及外国政府贷款、企业发行债券筹资和信托等，还积极运营创新融资模式，如"BT"、"BOT"等新型融资模式。

三是投资。实现了新的投资、建设、管理、使用的职能分离模式，将竞争机制引入各个环节，提高城市基础设施从投资建设到运营管理的效率。投资一般由"八大投"母公司来决定，但各分公司按照"建管分离"的管理模式分别负责专业化的项目建设或者运营。而具体项目的建设则通过竞争性的招投标承包给项目施工单位代建。

四是风险管理。首先，构建了防范系统性信贷风险的"三个不担保"的防火墙。主要是：财政不给投融资公司提供融资担保，防范市级财政债务风险；投资集团之间不能相互担保，防止形成系统性风险；投资集团的专项资金不能交叉使用，防止内部交叉挪用。其次，确立了"三个平衡"的经营方针，以防范经营风险和财务风险。主要是：净资产与负债的平衡，把资产负债率控制在50%左右；现金流的平衡，提高投资集团的短期偿付能力；投入产出平衡，投资集团考虑资本实力、融资能力，落实项目的投入产出或投入资金来源平衡。

表9-4　三个城市投资建设公司比较表

	上海	天津	重庆
成立时间	1992年	2004年	1992年
主管单位	上海市国资委	天津市国资委	重庆市国资委
机构名称	上海市城市建设投资开发总公司	天津城市基础设施建设投资集团有限公司	以重庆市城市建设投资公司为代表
覆盖领域	道路、桥隧、地铁、环境整治、供排水、燃气及动迁房	路桥、轨道、环境水务、城市开发与发展	公司承担重庆市基础设施建设、土地储备、路桥管理等职能
主要项目	外滩通道、中环线、长江隧桥、崇启通道、虹桥枢纽配套道路、南市水厂改造、苏州河综合整治、松江泗泾保障房	海河上游综合改造、中心城区快速路、京津城际铁路、旧城区路网改造	大坪立交、石坪桥立交、市中路四公里立交、长江路改造等大量工程
总资产	2101亿元（2009年）	3300亿元	689亿元
信用评级	AAA	AAA	AAA
公司目标	缓解"交通拥堵、住房紧张、环境污染"等问题，提高城市综合竞争力、确保城市安全运营	充分发挥市场杠杆作用，多元化融资方式，撬动信贷资金和社会资本投入基础设施建设	完成所处区域的经济发展任务，落实区域政府的发展意图
突出特点	1."投融资主体、建设主体、运营主体"统一；2.依可经营性比例采用不同投融资机制；3.集团总体授信下项目切块使用；4.大力推展直接融资，优化债务结构；5.积极探索股权融资，成立产业基金	1.政府与市场相结合；2.业务清晰，资产负债合理，收入可持续；3.盈利模式完备；4.融资工具多元化，发行城建企业债券；5.项目资金自平衡开发模式	1.投资收益是公司重要的利润来源；2.专业化特征明显，八大平台分工明确；3."绪地—融资—建设"循环运作模式；4.整合投入，分类注入投融资平台

资料来源：各地国资委网站和各公司网站。

融资平台机制创新

创新地方政府投融资平台的投融资机制，切实增强地方政府投融资平台的内生发展能力，从"传统融资"向"新兴融资"转变，促进地方政府投融资平台规范、健康发展。

第一，创新信贷融资模式。

首先，发展银团贷款。银团贷款能够有效扩大信贷资金来源，实现信贷渠道多元化，降低单一银行融资风险，并且可以发展与多家银行的良好合作关系。

其次，用好国际资金支持重大公益性项目建设。抓住当前国际资本充裕、中国金融开放稳步推进的重要机遇，用好国际资本支持重大公益性项目建设和地方政府投融资平台发展。

最后，推进信贷转让市场建设。通过信贷转让市场或信贷资产证券化形式，商业银行将信贷资产转让给其他机构投资者，从而可以腾出更多的信贷额度，为地方政府投融资平台提供信贷资金来源。

第二，创新股票融资机制。

抓住多层次资本市场体系不断完善的机遇，着力完善地方政府投融资平台公司治理结构，稳步推进平台公司到资本市场上市融资。

首先，积极推动一批资产优良、收益稳定的地方政府投融资平台公司经营性资产、核心资产或下属企业、参股企业，以首次公开募股、定向增发、买壳上市等形式到资本市场上市融资。

其次，积极探索开展股权融资，对具有长期回报的经营性资产项目，通过国际市场的招标转让项目经营权，吸引境内外资本参与基础设施建设。鼓励私募股权基金以合作、联营、参股、特许经营等方式参与城镇供水、供气、供热、公共交通、污水垃圾处理等市政公用事业和基础设施投资。

最后，推动地方政府投融资平台资源整合，将部分优质营利性国有资产，以行政手段划转至投融资平台公司，提高投融资平台公司的资产质量，增强其盈利能力和可持续融资能力，鼓励优质投融资平台公司进行兼并、重组，整合优质资源。

第三，创新债券融资机制。

积极创新债券融资机制，拓展债券融资渠道，进一步扩大债券融资规模。允许地方政府发行债券，将地方政府隐性负债"显性化"、降低地方政府投融资平台负债率，加快"行政化"的企业债向"市场化"的公司债转型，加快探索构建以市政债券市场为基础的地方政府公共资本融资模式。对于具有稳定性经营收入的公益性项目，允许相关的经营机构通过发行市政收益债券进行融资，并以发债项目未来收益作为偿债资金来源；对于主要依靠财政性资金偿还债务的公益性项目，允许地方政府发行一般责任债券进行融资，并以地方财政收入作为偿债资金的来源。

第四，运用新型融资工具。

探索开展收费受益权信托计划，对经营性公路通行费收入、排污截污收费、垃圾处理收费等收费项目，可采用收费受益权信托计划，以尽快收回投资；探索股权投资信托计划，以股权投资作为信托计划，由地方政府投融资平台公司将项目股权及其附属的股利分红、股权转让、回购溢价等权利转移给信托公司，然后由信托公司面向社会公众出售；推进房地产信托基金（REITs）试点，加快房地产市场与资本市场有效融合，引导民间资金投向保障性住房建设，探索开展保障性住房建设信托融资，解决政府公益性项目资金短缺难题。

第五，创新票据融资机制。

发展中期票据，充分发挥票据融资成本较低、手续简便的优势，引导投融资平台公司改变对传统信贷业务的偏好，推进不同期限的中期票据发行，实现社会中短期资金合理配置；推进发行短期（超短期）融资券，所募集资金可用于企业流动资金需求；探索资产支持商业票据创新，由大型企业、金融机构或多个中小企业把自身拥有的、将来能够产生稳定现金流的资产出售给受托机构，由受托机构将这些资产作为支持基础发行商业票据，并向投资者出售以换取所需资金。

第六，创新项目融资机制。

探索公私合作制PPP模式，对具有较大融资需求、资金回收期长的城市基础设施项目、重大产业项目、公用事业项目、环保项目、民生工程等，开展TOT、BOT或BT融资，吸纳更多社会资本进入城市建设领域；探索捆绑式融资等新型项目融资方式，对一些能够带来巨大商业利益的大型公共基础设施项目，如地铁站（地铁上盖开发能够带来巨大的商业价值）、居民文化广场（文化娱乐活动带动各种业态繁荣）等，实行公共基础设施建设与商业开发"捆绑"操作，由企业统一投资、开发、建设，项目建成后相关商业项目的经营权让渡给投资企业，公共设施的所有权和运营权归政府所有。

统筹化解地方政府融资平台风险

以地方政府融资平台存在的风险为切入点，从地方政府、商业银行、外部监管、长效机制等多角度，统筹结合，防范和化解地方政府融资平台风险。

第一，推进财税体制改革，增加地方政府可支配财力。

完善财税体制，拓展地方政府税收来源，赋予地方政府更多的税权，增加财税收入，助推融资平台债务的治理。由于中国税制比较稳定，比较容易修订的地方在增加税制和调整税率税基，由此，地方政府财税收入"开源"途径主要是深化资源税改革和逐步推广房产税。一是深化资源税改革。在2011年资源税修订办法试运行稳定后，将"从价计征"课税的资源从石油、天然气覆盖到煤炭、稀土等品种，逐步提高资源税率实行累进税制，实现资源税改革与资源价格形成机制改革形成协同联动。通过深化资源税改革，加大对工商业不发达但资源能源富集的中西部地区的经济补偿，逐步成长为中西部地区的地方税体系的主力税种，促进区域经济平衡和不可再生的资源节约。二是逐步推广房产税，将房产税打造成东部经济发达地区的地方支柱性税源。资源税和房产税的两轮驱动同时发力，逐步把地方政府从土地财政依赖症中解脱出来，为地方政府治理融资平台债务贷款腾出集中精力和财力。完善财政转移支付制度，取消税收返还、压缩专项转移支付，增加一般转移支付与地方政府的税政管理权，加快全面推广财政省直管县，切实增加欠地方政府的财力，最终降低欠发达地区对融资平台举债的依存度。

第二，扩容地方债券发行，助力融资平台债务的治理。

自主发行地方债券可以让地方政府拥有更多可供选择的融资渠道，给地方政府更多支配权，可以更多地投向市政设施和保障房等公益性民生项目，不像地方融资平台贷款，地方政府考虑到融资平台的意愿和利益，对这类公益性民生项目的投入有更多的顾忌。这也有利于弥补地方政府的财政资金缺口，增强资本性公共产品供给能力，缓解融资平台债务的偿还压力。从2011年11月开始，上海市、广东省、浙江省、深圳市先行先试陆续发行地方债券，拉开了地方政府自行发债的序幕。扩大地方债券发行的规模和试点地区，有利于融资平台债务的治理。结合国情和试点的运行情况来看，中国基本上具备扩容地方债券的条件。

表9-5　地方政府历次债券融资的方式与规模

	年度	金额（亿元）
国债转贷	1998~1999	1080
中央政府转贷	2009~2010	4000
地方自主发行	2011	233
	2012	289
	2013	700

数据来源：根据历年财政统计年鉴整理。

第三，加强平台规范管理，转型走国有资产经营之路。

加强平台的自我规范管理，坚持分类管理原则，对不同类型的融资平台区别对待。应该说，纯营利性的融资平台，现金流状况良好，能够实现债务本息的全覆盖，财务状况安全，因此平台自我规范管理的重点集中在纯公益性融资平台和对于半公益性半营利性融资平台。

纯公益性融资平台的投资方向是没有现金流的市政、民生项目，缺乏内生的造血机制，而这类公益性项目是政府通过举起"看得见的手"以弥补市场失灵的缺陷，从市场化的轨道重新回归到"公共产品"本色，政府承担公益性公共产品的供给，通过公共财政来提供资金支持，做到量力而行，避免过度超前建设。对于半公益性半营利性融资平台，政府应该逐一排查平台的资本金到位情况，并且剥离掉公益性资产，为融资平台债务提供合法、合理又偿付可靠的保证，落实平台债务的还款来源。最终，从根本上改善半公益性融资平台的现金流状况，实现从债务本息的"半覆盖"升级到"全覆盖"。

第四，放宽民间资本准入，降低融资平台的债务压力。

吸收民间资本有利于增强在项目建设上的资金实力，以参股、合资等方式吸收民间资本，多元化拓宽融资平台的资金来源，补充融资平台的资金"血液"，降低资产负债率和债务依存度，阻止融资平台财务险财政化和金融化的趋势。吸收民间资本有利于植入市场基因和商业基因，减少融资平台行政化色彩，提高融资平台的经营效率和投资效率，实现良性循环和可持续发展，带动城镇升级和产业升级。

第五，强化投融资平台的风险管理，防范金融机构的系统性风险。

金融机构的资金支持成为投融资平台风险的强大推动力，也是加剧风险的重要原因。金融机构特别是银行，作为地方投融资平台资金的重要来源，必须要对平台公司信贷认真评估，全面考察，明确平台公司资产结构以及偿债能力。同时，银行之间也要沟通合作，针对平台公司，搭建信用评价平台，共同防范信贷风险。银行间要建立起利益共享、风险共担的合作机制，可以通过降低单个银行贷款额度，达到控制系统性风险的目的。

应正视经济发展刚性需求下地方政府投融资平台存在的必要性，追求发展理念和运作模式的创新，力促当地经济资源的聚集整合，以重大项目和区域经济建设为抓手，走政府推动与市场运作相结合，在追求创新和控制风险中谋求地方政府投融资平台的发展之道。

第**10**章 城乡统筹发展金融

农村金融是现代农村经济的核心，建立健全商业性金融、合作性金融、政策性金融相结合的农村金融体系，提高金融服务"三农"的水平，是推进城镇化金融发展的重要环节。

城乡金融二元结构

中国城乡金融制度呈现出明显的城乡"二元性"特征，即农村金融发展滞后于城市金融发展，这种状况严重阻碍了农村经济的发展。这种现象不仅没有因为经济社会的发展而减缓或消除，反而因为城乡经济发展的两极化而呈现出不断强化的趋势。

城乡金融二元结构的形成

城乡之间在经济、金融两方面都呈现出明显的"二元结构"，这种经济二元结构与金融二元结构之间具有密切联系。

第一，国家倾斜战略与城乡金融二元结构。

新中国成立后，中国政府基于外部环境（国际经济政治）的压力和内部条件（经济政治资源）的约束，并受苏联模式的影响，选择了重工业优先发展的战略以便迅速实现现代化。然而，资本高度密集的重工业与当时经济发展水平低下的资本短缺及资源动员能力产生了直接的矛盾。

在金融制度安排方面，为了保证以重工业为核心的经济增长所需的资源，国家采取的是国有垄断的金融产权形式，并使之成为城市国有企业资金供给的配套单位，在功能上实际是政府财政的一部分。为了有效地动员农村经济资源剩余，这种内生于经济发展战略的财政性金融自然要延伸到农村，强制性地使农村金融服从于计划经济体制和经济发展战略，成为国家控制下向工业和城市输送农村经济资源与剩余的管道。与此相适应的是内生于战略需要的金融二元结构以及事实上的城乡治理两极化的二元社会结构。

尤其是20世纪90年代中后期以后，这种趋势更为明显。首先，从城乡经济发展有关指标看，存在明显的差距。主要体现在：农村与城市经济增长率的差距、城乡居民绝对收入和相对收入的差距拉大、城乡居民消费绝对和相对消费水平的差距拉大，城乡经济增长和经济效益呈现"马太效应"，城乡差距扩大，基尼系数变大。其次，二元结构也反映在金融方面，即中国金融也存在代表传统部门的农村金融和代表现代部门的城市金融两个相对独立和分割的金融部门，这种金融二元结构从中国金融的现实中是可以直接观察到的。最后，城乡二元社会结构表面上看似乎有所缓解，比如户籍制度的松动、农民工权益的维护等，但是二元结构中更为深刻的内容却不容乐观，比如教育的两极化、生存质量的两极化、文化意识的两极化。处在这种两极化治理结构中的农村金融业，难免不像农业和农民一样，成为城市和工业发展的"夹心饼"。

因此，在国家初始战略的推动下，城市工业化和经济发展十分迅速，与抽走资金和资源的农村经济形成鲜明对照，从而形成城乡二元经济结构，与此同时，从属于国家经济战略的金融也表现为"二重性"，所以，国家倾斜战略就成为城乡金融二元结构形成的逻辑起点。

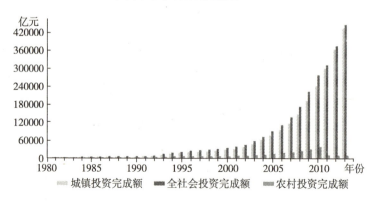

数据来源：国家统计局。

图10-1　中国城乡固定资产投资完成额

第二，农村金融抑制与城乡金融二元结构。

从1979年开始的发展战略调整和经济体制改革，使中国的经济运行机制发生了根本的变化，市场机制对资源配置的调节作用不断增强，结构变动由政府行政力量推动，转为市场导向。这种由发展战略的调整和经济体制改革所带来的经济运行机制的变化，推动了中国二元经济结构的转换。但自1985年以后，农业的发展开始徘徊不前，中国农村剩余劳动力转移过程显著停滞，改革以来现有产业结构中已经逐步减弱的二元结构强度，也再次出现复归，这种复归和政府为维持GDP高速增长而偏好工业和城市的短视行为有关。

国有金融改革揭开了市场的本来面目，暴露出按利润最大化行事的"嫌贫爱富"的本性。国有金融开始大量撤出农村和农业，决策权上收，正规金融机构无意向农村和农业提供金融服务，金融发展自然难以让农民得到实惠。城乡金融发展极不协调且呈逐步加剧之势，从供给和需求两端的农村金融抑制现象十分严重，中国金融二元结构的特点更为突出。农村金融抑制就成为城乡二元金融结构的一个重要表现，同时它又加剧了城乡二元金融结构的强化。

第三，地方政府管理目标自利化与城乡金融二元结构。

地方政府管理目标自利化一方面促使其在履行推动经济发展的职能中，偏向于以非农产业为主的城市（镇）经济主体，另一方面产生对农村金融控制的强烈冲动。地方政府控制农村金融的另一个重要背景是中国的分税制改革弱化了地方政府的财力，从而客观上推动了地方政府对农村金融的依赖和控制。地方政府对农村金融的控制制约了农村金融的自我发展，使得农村金融在强烈的政府干预下表现出非市场性、脆弱性；而在城市，金融的发展显得相对独立，政府对金融产品、金融市场、金融机构进行必要的管制，但行政干预明显较少。因此，政府对待金融的态度和采取的行为差异在一定程度上导致了城乡金融发展的差异。

第四，城乡经济发展差异与城乡金融二元结构。

农村经济增长的有限性决定了农村金融发展只能停留在"有限"的水平上，农村经济增长的有限性至少表达出这样的信息：一是农业经济和农村经济的低水平决定了农业和农村经济中货币流通量较小，资金循环总量偏小，进行价值增值的资本也就偏少，农村经济对农村金融的有效需求也就偏小，农村金融业务空间受到制约；二是农村居民收入相应偏低，与城市居民形成强烈反差，农村居民的储蓄水平就偏低，农村金融资金总量也就偏小，同时农村居民的金融资金需求徘徊在低水平上，单笔金融业务规模小，金融机构运行成本高；三是农村经济比较利益低下，利润空间狭小，金融资本分享产业资本利润的空间也相应狭小，在这样的情况下，以营利性为原则的金融资本显然偏好城市经济主体。

东部、中部和西部地区经济发展的显著差异，催生了不同地区间农村金融服务发展规模和层次的不同。东部地区农村金融规模大于中西部地区，西部地区金融规模在逐渐赶上，但中部地区金融规模发展缓慢，呈现中部塌陷之势。

金融发展与城乡统筹发展的互动

总体上看，城乡经济发展决定城乡金融发展，城乡金融发展制约城乡经济发展，城乡金融发展与城乡经济发展相辅相成，在城乡经济协调发展背景下，城乡金融与城乡经济应该实现一体化发展。

一方面，城乡经济发展决定城乡金融发展。经济结构差异导致经济增长点和发展极的差异，从而导致对金融需求水平和结构的差异，城乡产业结构的差异也就决定了城乡金融发展高度和结构的差异。农村产业发展低水平决定了农村金融组织结构、金融市场结构、金融资产结构的单一性、落后性。较低的产业发展水平必然形成农民的低收入结构以及金融需求的低层次，资本市场几乎不对农村产业发展产生影响。

作为城乡实物资产的对称，城乡金融资产的总量直接受制于城乡经济的发展程度。当城乡经济发展充分时，宏观经济形势景气，无论是流通的货币、各项存款、金融债券、保费收入，还是各类贷款、国债、企业债券、财政借款均会处于一种稳定发展的状态，城乡金融资产总量会增多。城乡经济发展直接决定着城乡金融中介及金融市场发展状况。

另一方面，城乡金融发展制约城乡经济发展。所谓经济金融化，指的是包括银行、证券、保险、房地产信贷等广义的金融业在一个经济体中的比例不断上升，并对经济体的经济、政治和社会产生深刻影响的过程。这种影响，主要表现在城乡金融发展制约城乡经济发展中的资本形成、资本配置、技术创新和区域协调四个方面。在城乡金融发展差距不断扩大的情况下，区域间经济发展差距也越来越大；反过来，区域间经济发展差距的扩大，也会进一步导致城乡金融发展差距的扩大。很显然，城乡金融发展的差异与区域的不协调发展是相吻合的，城乡金融差异的扩大，影响着区域的协调发展。

新农村建设金融

就当前中国农村的金融支持状况而言，在农村金融供给严重不足的同时，还存在着农村资金流出严重和金融缺位等现象。

农村金融理论基础

农村金融作为整个金融发展的一个重要组成部分，有其自身的发展特征和评价标准。主要政策主张有"农业融资论"、"农村金融市场论"和"不完全竞争市场理论"。

第一，农业融资论。20世纪80年代以前，农村金融理论的主流学说是农业融资论。该理论认为，农村居民、特别是贫困阶层没有储蓄能力，农村面临的是资金不足问题。由于农业的产业特性（收入的不确定性、投资的长期性、低收益性等），农业不可能成为以利润为目标的商业银行的融资对象。为此，有必要从农村外部注入政策性资金，且利率应较其他产业更低，并建立非营利性的专门金融机构进行资金分配，以增加农业生产投入，缓解农村贫困。同时低利率政策和农村大量信用合作组织的存在，还可以促使农村金融市场中非正规金融（主要是高利贷）活动的消亡。根据这一理论，发展中国家广泛实行了相应的农村金融政策，扩大了向农村部门的融资。比如在20世纪60~70年代，亚洲各国都由政府设立了各种专门的农业金融机构，将资金注入农村，以应付随绿色革命普及而增大的农村内部资金需求。此政策在当时促进了农业生产的增长，但同时许多国家也陷入了严重的困境：储蓄动员不力，过分依赖外部资金、资金回收率低下、偏好向中、上层融资等方面的问题十分严重。总体来看，单纯从这一理论出发，很难构建一个高效、独立的农村金融体系。

第二，农村金融市场论。20世纪80年代，农村金融市场论取代了农业融资论。该理论重视市场机制的作用，认为农村居民以及贫困阶层有储蓄能力，没有必要由外部向农村注入资金；低利率政策妨碍人们向金融机构存款，抑制了金融发展；农村金融机构资金的外部依存度过高是导致其贷款回收率降低的重要因素；非正规金融的高利率因农村资金拥有较高机会成本和风险费用而具有一定的合理性。农村金融市场论提出的政策主张有：其一，农村金融机构主要是农村内部的金融中介（资金盈余部门和资金短缺部门之间的借贷中介），应以动员储蓄作为其重要职能；其二，为了实现储蓄动员、平衡资金供求，利率必须由市场机制决定，而且实际存款利率不能成为负数；其三，判断农村金融是否成功，应根据金融机构的成果（资金中介量）及其经营的自立性和可持续性来进行；其四，没有必要实行专向特定目标贷款制度；其五，非正规金融具有一定的合理性，不应一律取消，应当将正规金融市场与非正规金融市场结合起来。由于这一理论完全依靠市场机制作用，极力排斥政府在农村金融中所扮演的角色，在市场经济国家中至今依然占主流地位。

第三，不完全竞争市场理论。由于20世纪90年代东南亚等国家爆发的金融危机，使人们认识到市场机制也存在着严重缺陷，相对于稳定金融市场来说，政府的干预是必要的。农村金融理论也因此发生了新的变化。斯蒂格利茨概括了这些国家金融市场失败的七个方面：即对公共物品监控存在问题；贷款外部性问题；金融机构破产的外部性问题；市场的不完善和缺乏问题；不完全竞争问题；竞争性市场的帕累托无效率以及投资者缺乏信息等问题。由于存在这些市场失败的因素，政府应通过对金融市场的间接监控措施（并依据一定的原则确立监管的范围和监管标准），对其进行干预。对于农村金融市场来说，因为存在不完全信息，放款一方（金融机构）对于借款人的情况不能充分掌握，如果完全依靠市场机制可能难以培育出农村社会所需要的金融机构。为此，更有必要采用诸如政府适当介入以及借款人的组织化等非市场措施。概括起来，这三种农村金融市场理论的主要区别如表10-1所示。

表10-1　农村金融理论的三种流派及主要区别

性质	农业融资论	农村金融市场论	不完全竞争市场理论
政府干预金融市场的必要性	必要	不必要	当市场机制失效时是必要的
利率管制的必要性	进行低利率管制	自由市场利率	放松管制
对金融机构管制的必要性	必要	不必要	应逐渐放松管制
提高资金回收率的方法	指导性贷款	利用市场机制强化资金的自我筹集	灵活运用贷款互助小组等金融或非金融手段
贷款资金的筹集	由农村外部注入	在农村内部筹集	主要为内部筹集，不足部分由政府提供
专项贷款是否有效	有效	无效	方法适当则有效
对非正规金融的评价	弊大于利	是有效的金融形式	政府应适当引导

农村金融仍然是最为薄弱的环节

中国新农村建设金融自2007年全国金融工作会议以来，经历了一个起点低、速度快、成效大的发展历程，多层次农村金融组织体系基本形成，农村金融基础设施日益完善，农村金融政策支持体系初步建立，支农服务监管制度从无到有。但受多种因素影响，农村金融仍然是整个金融改革发展最为薄弱的环节。新农村建设金融发展仍存在的主要问题有：

第一，农村信贷结构不平衡，局部供求矛盾突出。农村金融最基本的矛盾是金融供给与金融需求的矛盾，现有农村金融体系难以向农民提供充足有效的金融服务，在中西部县域表现得更为突出。一是城乡不平衡，县域存贷比远低于城市地区。二是区域不平衡，中西部县域存贷比远低于东部县域，"抽瘦补肥"现象较为突出。三是农业产业链上下游不平衡。农林牧渔业贷款增速远低于城市企业涉农贷款，产业链前端贷款增速缓慢。随着农业现代化和城镇化的推进，局部供求矛盾有可能进一步加剧。

第二，金融功能配置不健全，缺位、错位等问题并存。一是政策性金融改革有待进一步推进。二是邮政储蓄银行县域分支机构和大中型银行县支行存贷比总体较低，资金上存问题普遍存在。三是农村信用社被迫补位，承担了服务金融空白乡镇、贫困农户等大量政策性任务。四是游离于法律法规和监管之外的农民资金合作社等组织大量出现，风险隐患不容忽视。

第三，各类金融业态发展不协调，协同效应发挥不充分。农村缺乏把富余资金转化为信贷投入的机制，农民缺乏抵御农业生产自然风险和农产品市场风险的能力。中国农业保险深度和广度有待提升，涉农信贷风险尤其是因重大自然灾害形成的巨额信贷损失缺乏分散渠道和补偿安排。农村征信体系不完善，覆盖面不足。担保体系建设滞后，缺乏专业化的资产评估、抵押登记和担保机构，银行押品处置渠道不畅。农产品期货价格信息传递渠道建设滞后，大量分散生产和经营的农户缺乏价格引导，难以规避市场风险。

第四，部分问题无法通过市场和行政手段解决，需要适时启动相关农村金融立法。解决农村抵押担保难、遏制农村资金外流和加强农村金融消费者保护是当前需要通过立法予以推进的重点问题。与巨大的融资需求相比，农村合格抵押物匮乏，作为农民最主要资产的农村宅基地使用权、土地承包经营权，抵押设置问题尚存在法律障碍。县域存款市场竞争日趋激烈，农村资金外流问题依然严重，无法通过市场和政策引导得到解决。

城乡金融一体化

推进城镇化建设需要农村金融承担起历史使命，深入推进农村金融体制机制改革，创新金融产品和服务方式，顺应农业适度规模经营、城乡一体化发展等新情况、新趋势、新要求，进一步提升农村金融服务的能力和水平。

深化农村金融体制机制改革

在改革农村现有商业性金融机构方面，继续深化农业银行"三农金融事业部"改革，做实"三级督导、一级经营"的管理体制和"六个单独"的运行机制，引导其重点支持农村企业和县域发展。在保持县域法人地位不变的前提下，继续稳步推进农村信用社产权制度和组织形式改革，加快处置高风险机构，进一步提高对"三农"的服务能力。优化邮政储蓄银行县以下机构网点功能，稳步发展小额涉农信贷业务。

在拓展城镇商业性金融机构业务范围方面，基于大型商业银行的雄厚实力，在服务"三农"、促进城乡金融统筹发展方面，需要拓展业务范围，支持和鼓励涉农业务的开展，延伸服务半径，切实将服务范围通过诸如金融产品创新等方式延伸到农村，有力地支持城镇金融资源服务农村经济发展。同时，还可以根据行业类别和区域发展实际，组建相应的区域性商业银行，更好地支持区域经济发展，尤其是要高度重视中西部欠发达地区广大农村地区经济的发展。

在强化政策性银行职能方面，集中精力发展各类服务"三农"的政策性业务，重视以农业发展银行为核心的农村政策性金融的改革。农业发展银行的改革坚持政策性与商业性并举的方针，处理好执行政策与获取效益的关系，在此前提下，可以引进、消化和吸收国内外其他金融机构改革的成功经验，结合自身实际，完善治理结构，创新经营管理模式，拓展相应的业务范围。

在培育农村新型金融机构发展方面，稳妥培育发展新型农村金融机构，在坚持主发起行制度的前提下，支持民间资本参与，构建本地化、多元化的股权结构，打造服务"三农"、专业化的村镇银行。

在建立完善农村小额信贷市场方面，需要高度重视农村小额信贷市场的发展，鼓励发展适合农村特点和需要的各种微型金融服务。一方面，需要根据区域自身资金供求状况和经营成本水平，放开小额信贷市场的利率，确保小额信贷机构的健康快速可持续发展。另一方面，需要强化农村的信用环境建设。通过健全农村的信用环境，可以有效规避借贷行为中可能存在的道德风险问题，扫清农村小额信贷市场发展的障碍。

在农村金融机构的监督和管理方面，强化对农村金融市场所有金融机构的监督和管理，确保城乡金融统筹发展，有效破解城乡金融发展非均衡化。健全农村金融监督的法律制度，制定和完善适应当前农村金融发展的法律法规，建立一套科学合理的考核指标体系，实施分类和有区别的监管模式，强化对农村金融风险的监控。

发展农村普惠金融

在完善财政补贴政策、合理补偿成本风险的基础上，继续推动偏远乡镇基础金融服务全覆盖工作。在具备条件的行政村，开展金融服务"村村通"工程，采取定时定点服务、自助服务终端，以及深化助农取款、汇款、转账服务和手机支付等多种形式，提供简易便民金融服务。引导金融机构全面做好支持农村贫困地区扶贫攻坚的金融服务工作，完善扶贫贴息贷款政策。

人民银行2014年4月22日宣布，于4月25日起，分别调降县域农商行和农村合作银行存款准备金率2个百分点和0.5个百分点。这是人民银行创新运用好货币政策工具，实施差别化的准备金率管理的重大举措，旨在改善和优化农村融资结构和信贷结构，促进经济结构调整。此次降低准备金率后，县域农商行、农合行分别执行16%和14%的准备金率，其中一定比例存款投放当地考核达标的县域农商行、农合行分别执行15%和13%的准备金率。针对这些县域农村金融机构进行准备金率结构性调整，有利于增强支农的政策指向性，提高县域农村金融机构的财务实力和支持"三农"发展的能力，起到引导信贷资源更多流向"三农"和县域的正向激励作用。

改进涉农信贷投向指导，调整完善涉农贷款监测考核制度，完善和强化行之有效的农村金融服务引导政策。在确保涉农贷款增速不低于各项贷款平均增速的基础上，将信贷资源优先配置到农林牧渔和种植、养殖、加工等农业产业链的前端领域，重点向中西部地区和粮食主产区倾斜，重点加大对农业基础设施、农业科技开发以及新型农业生产经营主体的信贷支持。

加大金融对发展现代农业的支持力度，适应现代农业发展的需要，完善行（社）团贷款制度，推进综合业务经营试点，加大对重点龙头企业、流通体系建设、特色农业的信贷投入。加大金融对农业科技创新的支持，积极推进农业科技创新，健全公益性农业技术推广体系，发展现代种业，加快农业机械化。

创新农村金融产品和服务方式

创新农村金融抵（质）押担保方式。制定《农村土地承包经营权抵押贷款试点管理办法》，在经批准的地区开展试点。慎重稳妥地开展农民住房财产权抵押试点。健全完善林权抵押登记系统，扩大林权抵押贷款规模。推广以农业机械设备、运输工具、水域滩涂养殖权、承包土地收益权等为标的的新型抵押担保方式。加强涉农信贷与涉农保险合作，将涉农保险投保情况作为授信要素，探索拓宽涉农保险保单质押范围。

创新农村金融产品。适应农户融资需求的变化，放宽农户小额贷款对象、额度、利率和期限，将城市成熟的金融产品推广到农村，推行"一次核定、随用随贷、余额控制、周转使用、动态调整"的农户信贷模式，合理确定贷款额度、放款进度和回收期限。加快在农村地区推广应用微贷技术。推广产业链金融模式。大力发展农村电话银行、网上银行业务。创新和推广专营机构、信贷工厂等服务模式。鼓励开展农业机械等方面的金融租赁业务。

拓展农业保险的广度和深度。重点发展关系国计民生和国家粮食安全的农作物保险、主要畜产品保险、重要"菜篮子"品种保险和森林保险。推广农房、农机具、设施农业、渔业、制种保险等业务。创新农业保险产品。稳步开展主要粮食作物、生猪和蔬菜价格保险试点，鼓励各地区因地制宜开展特色优势农产品保险试点。创新研发天气指数、农村小额信贷保证保险等新型险种。加快建立财政支持的农业保险大灾风险分散机制，增强对重大自然灾害风险的抵御能力。开发保障适度、保费低廉的农民财产、健康、意外等各种形式的保险产品。

稳步培育发展农村资本市场。大力发展农村直接融资。支持符合条件的涉农企业在多层次资本市场上进行融资，鼓励发行企业债、公司债和中小企业私募债。逐步扩大涉农企业发行中小企业集合票据、短期融资券等非金融企业债务融资工具的规模。发挥农产品期货市场的价格发现和风险规避功能。积极推动农产品期货新品种开发，拓展农产品期货业务。

第**11**章 战略性新兴金融

金融发展与宏观战略息息相关，战略性业务以重大格局突破和重大发展需求为基础，对经济社会全局和长远发展具有重大引领带动作用，从而推动新一轮经济发展格局的调整，并最终形成战略性金融业务支撑点。

自贸区金融

2013年国务院正式批准设立中国（上海）自由贸易试验区，自贸区在改革、创新、示范、开放等方面的积极作用，决定了它独特的战略定位，也为金融发展带来了发展空间。

自由贸易区是国际贸易的发展趋势

自由贸易区通常指两个以上的国家或地区，通过签订自由贸易协定，相互取消绝大部分货物的关税和非关税壁垒，取消绝大多数服务部门的市场准入限制，开放投资，从而促进商品、服务和资本、技术、人员等生产要素的自由流动，实现优势互补，促进共同发展；有时它也用来形容一国国内，一个或多个消除了关税和贸易配额，并且对经济的行政干预较小的区域。

据不完全统计，当前全球已有1200多个自由贸易区，其中15个发达国家设立了425个，占35.4%；67个发展中国家共设立775个，占65.6%。随着自由贸易区数量的持续增长，自由贸易区的功能也在不断扩展。从20世纪70年代开始，以转口和进出口贸易为主的自由贸易区和以出口加工为主的自由贸易区就已经开始相互融合，自由贸易区的功能趋向综合化。当前世界上多数自由贸易区通常都具有进出口贸易、转口贸易、仓储、加工、商品展示、金融等多种功能，这些功能综合起来就会大大提高自由贸易区的运行效率和抗风险能力。

当前世界上四个主要的自由贸易区（阿联酋迪拜港自由港区、德国汉堡港自由港区、美国纽约港自由贸易区、荷兰阿姆斯特丹港自由贸易区）的管理机构权威性非常强。四国对自由贸易区管理机构授权上大体相近，都是港区合一，成立经联邦政府授权的专门机构，负责管理和协调自由贸易区的整体事务，投资建设必要的基础设施，有权审批项目立项。特别是着眼于自由贸易区与城市功能的相互促进，超前进行整体规划和建设，极富特色和成效，带动了周边城市经济发展，尤其是在金融、保险、商贸、中介等第三产业发展上成效显著。

自贸区的特殊监管政策和优惠税收，将很大程度地促进区内转口贸易、离岸贸易的迅速发展，包括以自贸区内和境外企业、金融机构、个人为主体的自贸区业务需求将会大幅增加。以1986年日本建立东京离岸金融市场为例，其后4年东京离岸金融市场非居民日元交易量急速增长，从192亿美元增加到2150亿美元，日元在非居民货币交易量比重也由21.6%提高到43.4%。此外，相对现有在岸业务而言，自贸区业务不用缴存存款准备金及享有不受利率上限管制等金融自由化便利；相对海外机构业务而言，自贸区业务由境内机构人员经营，更易把握境内客户海外业务需求，服务更加精准，是商业银行业务的有益补充。

上海自贸区横空出世

上海自贸区作为国家探索新一轮改革开放的重要"试验田"，在投资、贸易、金融等多领域突破创新。同时，天津等地也在积极申请之中。

综合来看，上海自贸区的推出对中国经济来说有其独到的核心优势：一是体制创新的前沿。从外汇管理创新、服务贸易开放、区域便利化出发，在贸易、航运、金融等领域出台一系列相关改革措施，调整或打破旧有限制，意在以体制改革为突破，修复企业和市场的效率基础，完成向成熟市场经济的转型。二是扩大开放的新平台。自贸区的设立，为国内外加强合作、扩大开放搭建新的发展合作平台，是当前新一轮改革开放的重要组成部分。三是可推广复制的"试验田"。自贸区为激活"一国之内"的转口贸易和离岸贸易创造条件，涉及多个重要领域的改革，其成功做法和经验将形成可复制、可推广的政策制度服务全国。四是经济升级和深化改革的引擎。自贸区是要探索中国新一轮改革开放的新路径和新模式，服务于中国下一步的全球化战略，参与全球价值链和投资规则的重构，推动加快转变政府职能和行政体制改革，促进转变经济增长方式和优化经济结构。

具体来看，自贸区会在以下方面给金融发展带来机遇：

第一，跨境人民币业务发展的机遇。国家给予自贸区力度极大的金融改革政策，鼓励企业充分利用境内外两种资源、两个市场，实现跨境融资自由化，意在将上海打造成继香港后又一全球性人民币产品创新、交易、定价和清算中心。深化外债管理方式改革，放开资本项下人民币自由兑换，将极大地促进跨境融资便利化，成为发展跨境人民币市场，推进人民币跨境结算、支付、融资的重要推动力。

第二，融资租赁快速发展的机遇。中国幅员辽阔，飞机、船舶等大型交通运输工具购置需求大。据统计，中国平均每年购置客机超过150架，合同金额超过1000亿美元，每年船舶购置金额超过1500亿美元。自贸区允许和支持各类融资租赁公司通过项目子公司方式开展境内外租赁服务，同时给予进口增值税收优惠，为飞机、船舶租赁业务提供了巨大的市场空间。另外，随着入住自贸区内金融租赁公司数量的不断增多，也为租赁公司之间、应收租赁款转让业务带来了发展空间。

第三，保理业务需求增长的机遇。自贸区将设立国际大宗商品交易和资源配置平台，积极推动中转集拼业务发展，这将有效带动内外贸一体化和转口贸易的快速发展，吸引大批国内外商业保理公司进驻。根据此前浦东新区商业保理改革试点的总体目标，2013年将吸引30家保理企业落户浦东，三年内力争吸引100家商业保理企业落户浦东，将产生50亿~80亿元的资本规模，带来250亿~400亿元的融资额度。而商业保理公司受资本金影响，有较大的融资需求，在国际双保理业务、再保理业务和资金托管业务等领域带来发展机遇。

第四，期货市场开放的机遇。中国作为制造业大国，对大宗商品等基础原材料的需求日益增长，相关套期保值需求旺盛。但由于仓储、税收的限制，期货交割多集中在韩国、日本等地。未来自贸区将推进大宗商品交易平台和资源配置平台建设，扩大期货保税交割，并允许境外期货交易所在区内指定或设立交割仓库，将降低交割成本，带动区内大宗商品交易量大幅增长。在区内设立期货子公司，尝试投资、参股保税交割库建设，可以有效满足客户大宗商品期货套保需求，并拓展期货衍生品交易、仓单质押融资、资金结算、托管等业务机会。

第五，同业市场蓬勃发展的机遇。未来自贸区内允许设立外资银行和民营资本参与的中外合资银行，这将推动自贸区形成境内外投资者共同参与的多层次金融市场体系。随着区内转口贸易、国际航运快速发展，内外贸一体化进程进一步推进，相应自贸区内企业、个人的融资和结算量增加，同业短期流动性管理需求带来的同业存放、同业拆借、外部银团业务机遇巨大。

第六，保险资金托管和代理保险的机遇。自贸区的建设和企业的入驻，将带动区内固定资产投资项目资金投入。保险公司可发起设立基础设施债权计划、股权计划和不动产计划，开展保险实业投资托管业务。自贸区将设立外资专业健康医疗保险机构；支持人民币跨境再保险业务，培育再保险公司，对保险代理销售渠道也有较大需求。

第七，私人银行业务的机遇。当前，越来越多的高资产净值人群，基于资产保值增值、子女留学移民、资产安全性等方面的考虑，在其法定居住国以外购置、持有资产。2011年，全球离岸财富额已增至7.8万亿美元。根据波士顿咨询调研结果，2012年高净值人群资产加速向海外配置，拥有海外资产的人群占比达到25%，比2011年提升了8个百分点，且资产净值越大的投资者境外资产配置比例越高。中国境内工作的外籍人士和海外移民已经成为私人银行业务的又一重要目标客户群体。为这部分高端客户提供包括代理境外保险、境外信托、基金等在内的全球资产配置服务；也可以通过与海外私人银行开展业务互换，不断拓展优质私人银行客户群体。

区域金融中心

金融中心是金融机构集中、金融市场发达、金融信息灵敏、金融设施先进、金融服务高效的融资枢纽。金融中心能够集中大量金融资本和其他生产要素，从而有力推动该城市及周边地区的经济发展。

金融服务的强辐射源

金融中心实质上的功能就是金融中介功能，既是金融机构之间频繁交易的场所，又是优化整合社会各种资源的首选地，国际金融中心对一国的国际地位形成强大支撑，而区域金融中心形成与发展则对区域经济的增长发挥着积极的促进作用。

首先，集聚效应。金融资源是形成产业集聚的重要因素，只有当一个地区或城市拥有充足的资本和便捷的融资方式，才能满足经济发展的要求，进而才能吸引更多的产业在此集聚。而区域金融中心作为资本运作地和集散中心，一定会将那些发展超前或拥有创新能力的行业或企业吸引过来，并形成集群，提升中心城市的金融潜力，带动该地区的经济快速发展。

其次，辐射效应。区域金融中心既是辐射区内的中心枢纽，也是辐射区内外在经济金融方面交流的承接点。正是基于区域金融中心城市的特殊地位，才会通过信息、通讯和技术等手段与周边地区进行交流，提升所在区域内的金融资源优化，拉动整体的经济增长。在辐射的过程中，金融中心可通过金融机构的金融产品对辐射地提供经济金融服务，拉动区域内外城市的经济增长，逐渐缩小周边地区与区域金融中心在经济金融方面的整体差异。

最后，经济增长效应。只依靠地区城市自身的能力，则本身积累资本的能力和速度都是有一定限度的。但是当区域内出现区域金融中心并建成之后，就会吸引地区外的资本集中流向区域金融中心中，增强该地区的资金集聚，加强资本的使用率，更好地促进区域间经济金融的增长。

区域性金融中心争夺战

从当前国内提出金融中心建设的城市来看，有以下特征：一是以省会城市或直辖市为主，如哈尔滨、沈阳、长春、石家庄、乌鲁木齐、兰州、西安、郑州、济南、合肥、武汉、长沙、南京、成都、昆明、南宁、杭州、南昌、广州均为各省的省会，而北京、上海、天津、重庆为直辖市。二是有些城市是当地的经济强市。如大连、宁波等，这些城市的共性是其经济实力较强，并且保持经济较快增长，这是符合建立区域金融中心的要求。三是主要分布在中部及东部地区。例如，仅就华东地区而言，就有9个城市提出建立目标。就当前中国经济发展总体水平而言，也是呈现中部和东部地区发展较快的特征，这样的布局与经济总体发展水平相对应。

从各地纷纷提出建设区域性金融中心的情况来看，存在着各自的利益驱动以及顶层设计缺失等问题。主要表现在：

一是缺乏统一的规划。虽然许多城市都提出建设区域金融中心的目标，但是没有统一的发展基调，而是各行其道。每个城市都按照自己的意愿出台地方性政策，这就导致全国在建设区域金融中心时，没有协调一致的步伐和方向，导致重复建设的结果。

二是同一地区内出现多个城市建设金融中心。中国幅员辽阔、人口众多、经济发展势头良好，但与此同时，中国东西部地区发展明显不平衡，这就为多个区域金融中心的形成提供了可能性。例如，华东地区就有9个城市提出建立目标，有的属于同一个省，而有些城市虽不属于同一省却相距很近。

三是政府唱主角。从上海开始，全国凡是有志于建立区域金融中心的城市，都出台一系列的优惠政策来吸引国内外大型的金融机构。如此一来，最终会使政府沦为金融机构的"工具"。这些优惠政策包括补贴这些金融机构的高管人员，减免所得税等这样一些政策，甚至帮助这些金融机构补贴资本金。政府的扶持的确可以加快区域金融中心的形成，但是过度地依靠政府并不利于经济的健康发展。

四是简单模仿。一个城市是否能够成为区域金融中心不仅要考察其金融业发展水平，而且要看其辐射范围、带来的规模经济效应、集群效应。但是，一些城市在提出目标时，并未考虑到自身的经济实力，而有些城市仅看到自身的经济总量，忽视了给周边地区带来的效益，甚至并未考虑到自身是否有能力承担金融中心的重责。另外，没有实体经济的发展，也就不可能有金融业的较快发展。

建设功能互补、层次不同的金融中心

从世界各国经济发展和金融中心形成的一般规律看，一个国家或地区往往拥有若干个不同层次的经济中心城市，这些中心城市在专业化分工的基础上，可进一步形成若干个功能互补、层次不同的金融中心。国外金融中心的发展经验表明，金融中心建设不存在排他性。作为最大的发展中国家，中国地域辽阔，区域之间的经济发展具有极大的不平衡性，资金的分布和流动也存在显著的非均衡性，这客观上不仅需要北京、上海这样的金融中心提供全国统一的金融信息和金融交易服务，而且需要其他地区的经济中心城市立足区域经济特色，发挥信息甄别和筛选功能，形成与全国金融中心功能互补、分工合作的区域金融中心，以便更好地为本区域经济发展提供更具针对性的金融服务。

因此需要进行顶层设计，合理确定各层次金融中心的定位和发展方向，使金融中心建设与经济建设协调，与国家发展战略相协调。对各地金融中心建设进行统筹和协调尤为重要，遵循区域金融中心发展的规律，促进中国功能互补、层次不同的金融中心有序建设。参考其他国家区域金融中心形成的分布表（见表11-1），按照影响范围，同样地，可以把中国区域金融中心建设分为三级：全球性区域金融中心、全国性区域金融中心和省内区域金融中心。省内区域金融中心是全国性区域金融中心发展的基础，而全国性区域金融中心是全球性区域金融中心的基础。多层次区域金融中心模式就如同金字塔，是最稳固的发展模式。

表11-1　部分国家不同层次金融中心分布表

国别	全球性国际金融中心	区域性国际金融中心	国家内区域金融中心
美国	纽约	芝加哥、洛杉矶	旧金山
英国	伦敦	曼彻斯特	—
日本	—	东京	大阪、名古屋、横滨
加拿大		多伦多	蒙特利尔
法国		巴黎	里昂
德国	—	法兰克福	杜塞尔多夫

区域金融中心定位更多体现的是微观层面的目标，地方政府对区域金融中心的清晰明确的定位对其形成是至关重要的。金融中心定位包括：一是

区域定位。在金融中心的服务区域定位上，可以分为以下两个战略步骤：首先确立中心城市，然后再在稍大范围内的区域建立金融集中区。在这个基础上，必须从经济结构的战略性调整中寻求更有潜力的发展方向，在全国的城市区域分工中确立自己有利、合适的位置，再进而确定发展区域金融中心的主要服务方向。二是金融业务定位。一个功能业务全面的金融中心包括建立地区性融资、投资、产权交易中心以及地区性商业银行等服务于本地区的支柱产业和潜力产业。三是金融功能定位。金融功能包括金融的外部效应和金融体系的内部效应，其对经济有正向功能和负向功能是金融体系整体对经济与社会的总体相协调、适应、吻合而产生的效率与效益。因此区域金融中心的定位应逐步有所扩大，可以考虑发展金融业成为地区性的支柱产业之一。四是区域金融的结构定位。在既定的银行主导融资环境下，商业银行为控制风险，必然导致优势企业可以获得充裕的资金，而另外大量企业又不能获得银行贷款的局面，因此必须在这个银行主导融资的环境中，先建立熟悉和掌握地区经济特点的区域银行，建立地区信用融资模式，以扶持本地区支柱和潜力产业为发展目标，根据经济发展状况再发展到市场主导融资的结构模式。

从国内外各金融中心形成的模式看，主要有自然形成模式、政府主导模式和混合形成模式三种模式。自然形成模式指随着经济和贸易的发展依靠自身力量形成的。政府主导模式是指本国的经济并未达到特定的水平，而是政府通过一些优惠政策及大力推进，加速形成的模式。混合型模式是指自然形成模式和政府主导模式的结合，这种模式既克服了自然形成的低效率，又克服了政府主导模式中的盲目性，是当前的主流模式。无论是何种模式，都应是与自身发展相适应的，结合市场经济与政府的推动，从而有效、快速地形成区域金融中心。

从国外建立金融中心的成功案例来看，一个成功的区域金融中心，其金融业发展会相对完善，即证券业、银行业及保险业的齐头并进。例如伦敦有着完善的金融市场体系，包括货币市场、资本市场、外汇市场、保险市场、黄金市场、衍生工具市场等；而纽约除了拥有世界最大的纽约证券交易所，还是全世界美元的清算中心；香港拥有的外资银行数目仅次于伦敦和纽约，

20家世界最大的银行在香港均设有分行，其保险业对外开放程度也较高，而金融创新工作则为金融中心的建设不断输入新鲜"血液"，使金融中心永葆生机。其实，金融创新使金融市场不断地完善，而完善的金融市场又可以促进金融创新，两者相辅相成。

金融中心的建设要与国家城镇化发展规划有机结合起来，要与国家产业战略布局结合起来，与国际金融发展趋势结合起来，促进境内外金融机构、金融人才在更宽领域、更深层次参与国际分工与合作，不断增强区域金融中心对高端金融资源的聚集力和辐射力，以区域金融一体化促进区域经济一体化，促进经济发展方式转变，提升区域竞争发展能力。

第四篇

城镇化金融的主体形态

　　金融业回归竞争性行业的本来面目，形成一个各种市场主体共同参与竞争的金融生态，为促进实体经济发展提供有力支撑。让金融成为一池活水，更好地浇灌小微企业、"三农"等实体经济之树。

第**12**章　市值剧增的中国银行业

作为城镇化金融主体的中国银行业，需要全力支持和服务城镇化的推进，这既是银行业实现自身战略转型发展的内在要求，也是助力城镇化发展的重要着力点。银行业金融机构需要根据自身的特点和优势，找准市场定位，形成经营特色，为城镇化发展提供更多金融服务。

日赚亿元的大型银行

当前，中国共有中国工商银行、中国农业银行、中国银行、中国建设银行和交通银行5家大型商业银行。在英国《银行家》杂志公布的2013年"全球1000家大银行"排名榜单中，中国工商银行以1606亿美元的一级资本规模击败了美国银行以及摩根大通，成为全球第一大银行。中国建设银行则以1376亿美元的一级资本规模，位列排行榜第5位。中国银行、中国农业银行、交通银行则分别位列第9位、第10位和第23位。

脱胎换骨发展路

改革开放三十多年，中国银行业经历了脱胎换骨的深刻变革：从一元银行体制到多种类型银行业金融机构并存，从代理部分财政职能向完全商业化变革，从银行间无序竞争、高风险运行到风险可控运行，从长期封闭发展到全面对外开放。国家专业银行、国有独资商业银行到大型上市银行，国有商业银行改革"三部曲"成为中国银行业改革主旋律，银行业的发展历程跌宕起伏，波澜壮阔。

第一阶段（1978~1993年）：恢复四大专业银行。

在这一阶段主要是突破过去高度集中型的金融机构体系，确立了二级银行体制。1979年2月，国务院批准恢复组建中国农业银行，作为从事农业金融业务的专业银行；1979年3月，专营外汇业务的中国银行从中国人民银行中分离出来，完全独立经营；同年8月，中国人民建设银行也从财政部分设出来，专门从事固定资产贷款和中长期投资业务，后更名为中国建设银行。这些专业银行各有明确的分工，打破了人民银行独家包揽的格局。1983年9月，国务院决定中国人民银行单一行使中央银行职责，同时设立中国工商银行，经营原中国人民银行办理的工商信贷和储蓄等经营性业务。这一步骤标志着中国金融机构体系的重大变革，即中央银行体制的正式建立。以中国人民银行为核心、四大专业银行为主体的金融机构体系正式形成，这是中国国有商业银行发展的真正起点。

第二阶段（1993~2003年）：商业化改革的开始。

1993年12月，党的十四届三中全会提出建设社会主义市场经济体制的目标。同时，国务院《关于金融体制改革的决定》正式提出建立以国有商业银行为主体的金融体系，实施由国家专业银行向国有商业银行的战略性转变。为此，国务院先后批准设立了三家政策性银行（国家开发银行、中国进出口银行和中国农业发展银行），承担原专业银行办理的政策性金融业务，力图解决国有专业银行"一身兼两任"的问题。政策性业务初步分离后，专业银行推行了贷款限额下的资产负债比例管理，实行了统一法人制度，逐步建立健全审慎的会计原则，建立了授权授信制度，推行经营目标责任制，实行审贷分离、内部稽核制，等等。1995年7月，《中华人民共和国商业银行法》正式颁布实施，从法律上明确了工行、农行、中行、建行四家银行是实行"自主经营、自担风险、自负盈亏、自我约束"的国有独资商业银行。

第三阶段（2003年至今）：股改上市实施。

2004年1月，国务院公布中国银行和中国建设银行实施股份制改造试点的决定，国有独资商业银行股份制改革正式进入实施阶段。按照国务院确定的"财务重组—股份制改造—引进战略投资者—公开发行上市"思路，被称为"背水一战"的国有商业银行改革相继取得突破。2005年6月22日，随着中国建设银行向香港联交所递交上市申请,拉开了国有商业银行上市的序幕。2005年10月27日正式在香港主板市场上市,募集资金725.5亿元。2006年6月1日,中国银行在香港溢价发行112亿美元,成为当时全球第四的IPO。2006年10月27日,工商银行A+H股在上海证券交易所和香港联交所成功上市,成为中国证券发展史上具有里程碑意义的标志性事件。中国农业银行于2010年7月15日和16日正式在上海和香港两地上市。经过股改,国有商业银行一跃成为具有广泛国际认知度的大型商业银行。包括交通银行在内的5家上市国有商业银行资本充足率从2003年末的2%增至2013年末的13%,不良贷款率从16.8%降为1%,均达到国际先进银行的平均水平。

2013年年报显示,工商银行实现净利润2630亿元,农业银行实现净利润1662亿元,中国银行实现净利润1637亿元,中国建设银行实现净利润2151亿元,交通银行实现净利润622.95亿元。除了交通银行,其他几家大型商业银行的年盈利在千亿元级别,工商银行2013年最赚钱,日赚7亿元。截至2013年末,五大行不良贷款率均接近1%,风险可控。

大型商业银行是中国金融体系中的重要组成部分,承担着支持国民经济持续健康发展的重要任务,在支持经济体制改革、维护社会稳定、配置金融资源、支持城镇化建设等方面发挥了不可替代的作用。主要表现在:一是支持了大量国家重点的基础设施、基础产业,以及支柱性产业("两基一支")等准公共品领域开发性、基础性项目,这些项目投资规模大、资金周转期长、直接经济效益不十分突出,如南水北调工程、农业综合开发项目、医疗卫生防疫体系建设等准公益性项目;二是促进了国民经济和社会协调发展,有力地支持了国家区域政策、产业政策、投资政策的实施,如西部大开发、振兴东北老工业基地及高新科技项目开发等;三是促进了社会经济结构转型、体制机制创新和经济发展,承担了经济转型过程中所产生的部分社会成本,确保国民经济在改革中协调发展,如为大批国有企业的兼并破产、机制创新创造了条件,小微企业贷款、"三农"金融等;四是促进了"以人为本"的社会发展观,努力保障公民享受就业和教育的权利,支持了国家再就业政策和教育、培训等对国民经济可持续发展有重大影响的战略实施,如承担了助学贷款、就业扶持贷款等项目。

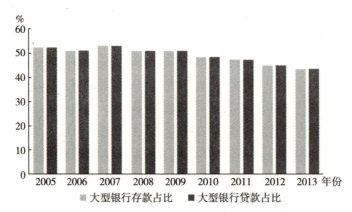

数据来源：中国银监会。

图12-1　五大银行存贷款在金融系统占比情况

面临挑战谋新篇

当前，在全球经济增长乏力的严峻外部形势下，国内经济出现下滑，影响银行的经营和资产质量。同时，新的监管制度、经济政策以及商业银行改革使中国银行业，特别是大型银行面临诸多挑战。

第一，粗放经营和利率市场化挑战。

近几年来，中国银行业的管理水平和素质有了较大的提升，但依赖规模扩张、粗放经营的特征依然明显：产品创新能力相对薄弱，新兴业务拓展乏力；渠道服务效率不高，客户管理精准化程度不高；风险管理能力滞后，资本管理能力有待提高等。

中国《"十二五"规划纲要》要求："稳步推进利率市场化改革，加强金融市场基准利率体系建设"。这意味着中国利率市场化进程在"十二五"期间将有更大的发展。利率市场化后，银行利差将显著收窄。存款付息率的提高和贷款收益率的下降将压缩银行的存贷利差空间。

传统的资产扩张增长方式存在极限。在金融脱媒和利率市场化加快演进的大趋势下，过度依赖资产扩张和利差收入的盈利方式也越来越难以为继。虽然四大国有银行在国际银行业排名中都处于前列，但国际大银行的非利息收入普遍在40%以上，最高的甚至接近80%；中间业务收入占比基本都在20%以上，最高的则在70%左右。从各国的经验来看，利率全面放开后，短期内存贷款利率会有一个整体上升的过程。

第二，资本刚性约束更趋强化。

2012年6月，银监会正式发布了《商业银行资本管理办法（试行）》，该办法于2013年起正式实施。中国新的资本管理办法是在全球金融监管改革大背景下出台的，对现行资本管理体系进行了重大改革。其中，关于储备资本、逆周期资本、系统重要性银行附加资本、第二支柱资本等要求，将使商业银行面临更加严格的资本约束。根据银监会实施资本管理办法过渡期的安排，到2013年末，国内系统重要性银行的核心一级资本充足率、一级资本充足率、资本充足率的最低要求分别为6.5%、7.5%和9.5%；非系统重要性银行这三项指标的最低要求分别为5.5%、6.5%和8.5%。如何在资本约束日趋严格、资本管理更加复杂的情况下，保持合理的资本充足水平，并有力支持各项业务持续发展，成为商业银行，特别是大型银行面临的一个非常紧迫的任务。

第三，互联网金融冲击。

相对于传统银行业务模式，互联网金融在信息收集、信息处理、产品交付以及风险防范方面，都具有优势，其发展对传统商业银行形成冲击。互联网金融在演化进程中，逐步具备了现代银行业的多项基本功能，即融资、支付结算和货币创造。互联网金融有其自身的发展优势，特别是在对一些特殊客户（信息相对不透明的小微客户）的融资服务方面，会给银行带来挑战。在支付服务方面，互联网金融有广阔的发展空间，可以在一定程度上补充或替代银行支付。在货币创造方面，互联网金融以及其他金融创新的发展，会对货币流动性以及中央银行的货币控制能力产生一定影响。以"余额宝"为例，其模式是把网上基金包装成理财产品，再增加一个资金池让用户随时赎回，年化收益率甚至达5%左右，收益是银行活期存款的十几倍，从成立起经过200多天的时间，余额就达到了4000亿元。如果商业银行不能及时创新，依赖高额存贷差获利的金融模式就会受到冲击。

向城镇化进军

在新型城镇化进程中，大型银行需要进一步加强与地方各级政府、土地、财政、规划等部门的联系，充分引入开发性金融理念，将金融发展与城市规划很好地融合，在推进城镇化进程的同时，获得业务发展回报。

第一，确立战略发展定位。大型银行应以全面服务城镇化建设为方向，以风险控制为基础，加强政策支持和资源配置，强化产品创新和品牌建设，采取突出重点、信贷先行、因地制宜、积极稳妥的推进方式，不断提升大型银行在城镇化建设领域中的整体金融服务能力，带动各项业务快速发展。

第二，选好战略发展路径。新型城镇化金融需求不仅仅是对公贷款需求，还包括存款、投行、消费金融等多种需求，以及城镇化推进模式的区域差异化，商业银行可按区域优先选择部分经济总量大、财政实力强、新型城镇化先期实践成效显著的地区先行试点，探索银行参与城镇化建设的综合金融服务模式，待试点成熟后在全国范围内推广。调整渠道网络增强支持和服务能力。根据未来城镇化空间布局调整和产业集聚，以"三纵两横"的城市带发展规划为依托，调整优化渠道网络。加快深化重点区域的网点功能转型，尝试布局中心城市的卫星城镇和一些特殊区位乡镇。在评估经济发展后劲与潜能的基础上，适时适度在重点区域、空白经济强镇增设网点。加大电子银行业务的发展，利用自助终端、网上银行、手机银行、短信金融等电子渠道可以弥补在县域、镇、村的渠道劣势。

第三，找准业务战略抓手。顺应城镇化进程中的产业转移和结构调整，实现自身的业务转型和结构优化梳理信贷政策，积极支持城镇化重点领域的金融需求。

首先，优先支持城镇化建设贷款业务。基础设施建设、旧城改造、土地整理、安置房建设等城镇化建设项目将优先推进，资金需求量巨大，发挥在基础设施建设贷款方面的业务优势。

其次，积极发展投资银行、住房金融、消费金融等业务。新型城镇化将推动地方政府建设债券、城镇化建设企业债券发行，以及通过理财资金满足城镇化建设需求，这为投资银行业务发展带来机遇；农民工以及新增转移人口住房需求增加，为商业银行住房公积金和住房按揭业务带来机遇；农民工市民化后，消费能力不断提高，消费习惯逐步改变，信用卡、消费贷款等需求将大幅增长，为商业银行消费金融业务发展带来机遇。

再次，支持产业升级融资业务。城镇化进程中，产业的升级转移及地方优势特色产业的发展对金融服务需求大，为商业银行发展企业金融，特别是小微企业金融服务提供了大好机会。做强供应链金融，服务"三农"，促进产业升级，为小微企业"输氧送血"，促进当前稳增长，形成金融与实体经济良性互动。

最后，发挥综合化经营优势，满足多元化投融资金融需求。除了通过银团贷款、联合贷款加大信贷的直接支持外，还需积极加快自身的业务创新步伐。特别是运用大型银行经营门类齐全的优势，整合投行、信托、保险、基金、租赁等跨领域业务，积极探索资产证券化、基础设施投资基金、协助发行市政债等多元化融资方式，满足多元化投融资金融需求。

股份制银行的"春秋战国"

中国现有12家股份制商业银行，已经成为中国商业银行体系中一支富有活力的生力军，成为银行业乃至国民经济发展不可缺少的重要组成部分。

各领风骚

中信银行、招商银行、光大银行、华夏银行、民生银行都是中国股份制银行中的佼佼者，无论是资本规模，还是客户群体，其发展速度非常迅猛，可谓"春秋五霸"。作为中国银行业的重要力量，其在维护区域金融稳定、推动市场竞争、促进金融服务水平提高、缓解小微企业融资难等方面发挥了积极作用。

以总资产计算，股份制银行的排名不断地在调整。截至2013年末，招商银行总资产4.02万亿元，排名首位；浦发银行总资产3.68万亿元，排名次席；兴业银行总资产3.67万亿元，暂时排名第三；中信银行总资产3.64万亿元，排名第四；民生银行总资产3.22万亿元，排名第五。在这场群雄逐鹿中，招商银行、兴业银行、浦发银行、中信银行的资产规模相近，谁的战略得当，谁就能领几年风骚。

同时，股份制商业银行信贷资产质量和抵御、补偿风险的能力在进一步增强。这主要体现在不良贷款比率下降、资本充足率进一步提升。2005年股份制商业银行不良贷款总的水平在5%左右，而到2013年末，不良资产比率已经降到0.86%以内，这反映了股份制商业银行资产结构和资产质量得到进一步优化，风险管理能力在进一步提高。2005年末，中国股份制商业银行资本充足率只有4%左右，而到2013年末，中国商业银行资本充足率总体水平已经达到了12.19%。

突出小微金融特色

股份制商业银行网点多分布在大中型城市，在现代工业、商业、服务业等行业发展经验相对丰富，而对传统农业、现代化农业的服务经验比较有限。网点机构分布上，县级城市及以下机构网点较少。股份制商业银行亟需突出特色，把服务实体经济放到更加重要的位置上。

加大对城镇中小微企业的信贷投入，新型产业园，现代商业、服务业等第三产业发展空间广阔，小微企业金融服务需求庞大，对于股份制商业银行来说，无疑是一个巨大的发展空间。

在股份制银行中，民生银行是国内小微金融服务的领军者。民生银行战略定位为"小微企业的银行"，"聚焦小微、打通两翼"，以小微企业金融为突破口，实现传统零售银行和产业链金融的两翼突破，深度开发。以2009年"商贷通"面世为标志，小微贷款规模一年一个台阶，2010年突破1000亿元，2013年底达到4047亿元，小微客户总数达到190万户，不良贷款率0.48%，彰显了该行在小微金融领域专业的管理能力和全面的服务能力。

民生银行从"一圈一链"到"聚焦小微　打通两翼"，从单一产品到综合金融，创新商业模式，摸索并找到一条可持续发展的小微金融之路。在批量开发模式的深入践行下，在全国性大型商圈内、重点产业链条上均有较高的市场渗透率。在实现批量开发的同时，不良贷款率也得以有效控制，服务效率提升，运营成本降低，基本破解了小微金融"风险大、成本高"的难题。

民生银行创新经营管理模式，形成特色化的专业支行运营模式，以此为重要节点，覆盖全国的小微金融各行各业、全产业链研究和产品创新服务网络正在形成。创新客户整合模式，推出城市商业合作社和互助基金担保贷款。通过小微城市商业合作社平台，让商圈内分散的企业实现物理、结算、产品、基金、信息五大平台的共享，进而实现了客户资源的整合和批量开发的整合。

创新产品服务体系，从核心单一品牌"商贷通"向外递延综合金融服务内涵。打造推出的以"乐收银"结算和综合服务为代表的一揽子综合金融服务。近年推出的"民生微贷"产品在推动产品体系不断丰富的同时，也有力推动了该行小微客户结构和盈利模式实现双优。

农商行的地缘金融

中国农村商业银行是在经济发达地区资产条件较好的农村信用社基础上，由辖区内农民、农村工商户、企业法人和其他经济组织共同入股组成，实行一级法人、统一核算的股份有限公司形式的地方性商业银行。截至2013年末，中国已组建农村商业银行约468家、农村合作银行约122家。

发展中的问题

第一，法人治理结构仍有待完善。中国农村商业银行的股东中绝大多数是自然人股东，平均占股较少，股权过度分散，众多自然人股东缺乏行使权利的动力和能力，一般不会花费太多的精力和成本去监督银行的经营行为，从而导致其对农村商业银行的所有权难以体现，却使银行内部人控制的可能性增大。农村商业银行的董事会、监事会也未能充分发挥作用。

第二，风险管理能力亟待提高。当前大多数农商行缺乏全面风险管理理念、意识和文化，没有形成全员风险防范意识，重业务拓展而轻内部控制管理的现象依然存在，缺乏有效的风险识别、评价和预警机制，内部控制制度动态管理机制不健全。从中国银监会2014年2月13日发布的商业银行主要监管指标情况表来看，2013年中国农商行平均不良贷款率为1.67%，而大型商业银行平均不良贷款率为0.98%，股份制商业银行为0.82%，虽然中国农村商业银行的不良贷款率呈逐渐降低的趋势，但与其他商业银行相比仍处于较高的水平。

第三，业务创新能力不足。农村商业银行普遍规模较小，缺乏业务创新的具体规划、战略和研发机构，业务创新能力不足，与其他商业银行相比，可供客户选用的金融工具及业务品种不多。尤其是在中西部地区的农商行，这个不足比较明显。

表12-1　商业银行不良贷款指标表　　　单位：亿元、%

时间	2013年							
	第一季度		第二季度		第三季度		第四季度	
机构	不良贷款余额	不良贷款率	不良贷款余额	不良贷款率	不良贷款余额	不良贷款率	不良贷款余额	不良贷款率
合计	5265	0.96	5395	0.96	5636	0.97	5921	1.00
大型商业银行	3241	0.98	3254	0.97	3365	0.98	3500	1.00
股份制商业银行	896	0.77	956	0.80	1026	0.83	1091	0.86
城市商业银行	454	0.83	496	0.86	526	0.87	548	0.88
农村商业银行	612	1.73	625	1.63	656	1.62	726	1.67
外资银行	62	0.59	63	0.60	62	0.57	56	0.51

数据来源：根据相关资料整理。

未来发展的机遇

在城镇化建设的浪潮中，农商行在城镇大型房地产项目融资、基础设施建设等方面无法与国有大行相比，在城区中小企业、小微企业金融服务方面不及各股份制商业银行，但是农商行熟悉本地经济，触角深入各乡镇和村户，仍然有生存发展的空间和不断壮大的机遇。

一是深化产权制度改革，提升内部管理水平。针对当前多数农商行法人治理结构不完善的情况，一方面可以引进境内外优质战略投资者的参股，进而改善农村商业银行的资本结构，形成利益制衡机制，同时引进投资者先进的经营管理理念、科学的管理方法以及先进的企业文化。另一方面可以进行股份制改造，推进上市工作。农村商业银行上市有利于迅速壮大资金实力，改善股权结构，将对银行的经营决策形成更大的制约力量。同时，应提升内部管理水平，完善内控制度，优化人力资源，强化激励机制，强化商业银行风险意识，健全风险预警、识别和评价体系，不断提升银行自身的竞争力。

二是明确市场定位，发挥地域优势。在城镇化进程中，农商行要明确"服务'三农'、服务中小企业"的市场定位，牢牢占据所在县市、乡镇的农村金融市场和中小企业融资市场，在促进区域经济发展中不断壮大自己。在城镇区域，农村商业银行可大力支持中小企业、高科技企业，支持小城镇、城市绿化带建设，支持城镇居民创业和社区经济发展。在乡村，重点支持"三高"农业、生态农业、旅游观光农业等高附加值农业产业，提高对农村重点龙头企业、农民专业合作经济组织的综合服务水平，积极支持外贸和新兴产业中的农村商业企业和农民再就业工程。

三是提升业务创新能力。在城镇化建设不断发展的今天，农商行一方面要转变观念，主动适应城乡一体化进程，针对金融产品多样化需求，不断开发适合本地农户和小微企业的特色化产品，优化工作流程，提升银行的服务水平，不断拓展其业务空间。

2014年中央一号文件明确提出，要加快农村金融制度创新，强化金融机构服务"三农"职责，支持由社会资本发起设立服务"三农"的县域中小型银行。可以预见，未来农村地区信用社升级改造为农村商业银行的步伐将会进一步加快，更多民间资本将会投资于农村商业银行，推进农村金融业务的发展。

夹层里的村镇银行

为解决中国农村地区银行业金融机构的供给不足、竞争不充分、金融服务缺位等"金融抑制"问题，2007年银监会印发了《村镇银行管理办法》，此后村镇银行如雨后春笋般涌现，村镇银行的发展数量不断增长，规模不断扩大，已经成为中国乡镇、农村金融机构中不可或缺的一支力量。

从某种意义上讲，中国的村镇银行是带着政策光环诞生的，是政策的产物。截至2013年末，全国共组建村镇银行1071家，其中开业987家、筹建84家，已遍及全国31个省份，覆盖1083县（市），占县（市）总数的57.6%。组建的1071家村镇银行中，中西部省份达665家，占62.1%；已开业的987家村镇银行中，有739家实现盈利；以支农支小为主要特色，农户贷款和小企业贷款分别达1455亿元和1825亿元，合计占比90%。

村镇银行数量较少，服务能力不足。村镇银行在城镇化程度较高的地区，网点覆盖面不够广，服务能辐射到的企业和城镇化居民较少。资金来源受到一定限制，由于村镇银行发展刚刚起步，业务品种单一，很难吸收到来源于企业、政府对公客户的低成本存款。由于其规模较小，为应对储户提现和其他日常运营资金需求，需留存超高流动性资产（如现金、存放同业），高流动性资产占比高，盈利能力往往低于其他商业银行。村镇银行结算方式单一，不能提供多品种、高效率的结算服务，这些方面都使村镇银行在与其他各类银行的竞争中处于不利地位。

从城镇化发展来看，村镇银行未来发展前景广阔。根据中国《村镇银行管理暂行规定》，村镇银行接受各种合规资金入股，符合相关规定的境内金融机构、境外金融机构、境内非金融机构企业法人、境内自然人均可以入股村镇银行。2006年，银监会公布了《关于调整放宽农村地区银行业金融机构准入政策更好支持社会主义新农村建设的若干意见》，在准入资本范围、注册资本限额，投资人资格、业务准入、高级管理人员准入资格、行政审批、公司治理等方面均有所突破。2014年3月13日，银监会发布《农村中小金融机构行政许可事项实施办法》，放宽村镇银行在乡镇设立支行的条件，将设立支行的年限要求由开业后两年调整为半年，加快完善农村金融服务网络，提高金融服务均等化水平。

一是对所有社会资本放开。境内外银行资本、产业资本、民间资本都可以到农村地区投资、收购、新设银行业金融机构。二是对所有金融机构放开。调低注册资本，取消营运资金限制。在县（市）设立的村镇银行，其注册资本不得低于人民币300万元；在乡（镇）设立的村镇银行，其注册资本不得低于人民币100万元。在乡（镇）新设立的信用合作组织，其注册资本不得低于人民币30万元；在行政村新设立的信用合作组织，其注册资本不得低于人民币10万元。三是放开准入资本范围，积极支持和引导境内外银行资本、产业资本和民间资本到农村地区投资、收购、新设以下各类银行业金融机构。新设银行业法人机构总部原则上设在农村地区，也可以设在大中城市，但其具备贷款服务功能的营业网点只能设在县（市）或县（市）以下的乡（镇）和行政村。农村地区各类银行业金融机构，尤其是新设立的机构，其金融服务必须能够覆盖机构所在地辖内的乡（镇）或行政村。

村镇银行、监管部门与地方政府要共同打造良好的发展环境，提高村镇银行的社会公信力。村镇银行自身要加大宣传力度，要利用各种媒体和平台向公众宣传设立村镇银行的意义和目的，介绍村镇银行开展的相关业务，正面引导公众充分了解并认可村镇银行；要不断提升服务质量，塑造良好形象，赢取广大群众的信任和支持，提高社会公信力。监管部门应逐步完善结算环境，对村镇银行出台优惠政策，使之尽快加入支付系统、银联系统、个人征信等系统，为广大居民提供更加丰富的金融服务。

民营银行也有春天

民营银行简单地说就是民间资本发起的设立自担风险的银行。从理论上讲，民营银行就是由民间资本控制与经营的，权、责、利统一的现代金融企业。

银监会对民营银行发起人控制人有严格的要求，提出了民营银行五条选择标准和四种经营模式。在选择的标准上，主要考虑五个方面的因素：第一，要有自担剩余风险的制度安排；第二，要有办好银行的股东资质条件和抗风险能力；第三，有股东接受监管的具体条款；第四，有差异化的市场定位和特定的战略；第五，有合法可行的风险处置和恢复计划。在这五点基础上，通过试点，总结经验，再逐步推进。

民营银行四种经营模式分别是："小存小贷"（限定存款上限，设定财富下限）；"大存小贷"（存款限定下限，贷款限定上限）；"公存公贷"（只对法人不对个人）；"特定区域存贷款"（限定业务和区域范围）。

2014年3月11日，首批民营银行试点名单公布，第一批5家民营银行落地天津、上海、浙江和广东地区。7月，银监会正式批准3家民营银行的筹建申请，分别是深圳前海微众银行、温州民商银行和天津金城银行。3家试点银行在发展战略与市场定位方面各有特色，目标是为实体经济发展提供高效和差异化的金融服务，如深圳前海微众银行将办成以重点服务个人消费者和小微企业为特色的银行，温州民商银行定位于主要为温州区域的小微企业、个体工商户和小区居民、县域三农提供普惠金融服务，天津金城银行将重点发展天津地区的对公业务。

对民营银行的监管方面，在统一标准下实行差异化的侧重考量，实行一行一策，重点看关联交易，持续注资能力，风险承担能力。在国家金融新政利好的环境之下，风险自担是对于蜂拥而至的新型银行发起人和银行家们的生死考量，科学的风控体系是民营银行生存和良性发展的筹码。除了准入制度以外，银行业对民间资本放开，还需要建立相应的市场化退出制度，以形成"能进能出"、"有进有出"的市场机制。尝试由民间资本发起设立自担风险的民营银行，强调投资者要自担风险，既符合投资收益和风险承担相一致的市场原则，也能避免在金融机构市场退出机制还不健全的情况下，出现风险处置真空，或者演化成依赖国家信用提供隐性担保。

民营银行应定位为中小型银行。银行给某一家企业的贷款不能超过一定比例，中小银行自身的规模有限，这个定位决定了民营银行很难和大企业合作。这样定位的目的，主要是为了解决小微企业融资难问题，对现有银行体系功能进行补全。不要片面追求规模的扩张，要追求"小而精"、"小而美"，形成自己的商业模式和独特的发展道路，才能迸发出强劲的经营活力。

第**13**章　影子银行：多大的事

对于"影子银行"的风险问题，有不同认识。甚至有人认为，未来全球新一轮的金融海啸，源头极有可能来自中国的"影子银行"！

透视"影子银行"

"影子银行"是在美国次贷危机爆发之后所出现的一个重要金融学概念，核心是把传统的银行信贷关系演变为隐藏在证券化中的信贷关系。这种信贷关系看上去像传统银行但仅是行使传统银行的功能而没有传统银行的组织机构，即类似一个"影子"。

何谓"影子银行"

"影子银行"的概念诞生于2007年的美联储年度会议，由美国太平洋投资管理公司执行董事麦卡利首次提出，根据2011年4月金融稳定理事会（FSB）发布的《影子银行：范围界定》的研究报告，"影子银行"是指"游离于银行监管体系之外、可能引发系统性风险和监管套利等问题的信用中介体系（包括各类相关机构和业务活动）"。

美国"影子银行"产生于20世纪60~70年代，这时欧美国家出现了所谓脱媒型信用危机，即存款机构的资金流失、信用收缩、盈利下降、银行倒闭等。为了应对这种脱媒型信用危机，不仅政府大规模放松对金融部门的各种管制，而且激烈的市场竞争形成一股金融创新潮，各种金融产品、金融工具、金融组织及金融经营方式等层出不穷。随着美国金融管制放松，一系列的金融创新产品不断涌现，"影子银行"体系也在这过程中逐渐形成。比如，在各类金融产品中，美国衍生产品和结构性产品发展更是远远超过传统金融产品。截至2007年末，传统金融产品总值约为70万亿美元，1999年至2007年，其年均增长为5.9%。而衍生产品名义合约额超过了165万亿美元，其年均增长为21.7%。

住房按揭贷款的证券化是美国"影子银行"的核心所在，这种住房按揭贷款融资来源方式的改变，不仅降低了住房按揭者的融资成本，也让这种信贷扩张通过衍生工具全球化与平民化，成了系统性风险的新来源。2007年下半年，美国爆发了席卷全球的次贷危机，随后住宅抵押贷款市场上的金融巨擘房利美和房地美面临破产风险，2008年9月，全球银行巨擘——美国雷曼兄弟公司破产几乎摧垮了全球金融系统，最终美国拉着全世界吞下了次贷危机的苦果。"影子银行"堪称是这次危机的祸首，并且与次贷危机深深地绑架在一起，成为风险的代名词。

次贷危机的起因有很多，但根源在于不受监管的金融创新。次贷危机爆发前数年，美国出现了大规模的抵押贷款，其中一部分贷款落入那些信用记录差，还不起债的"次级"借贷者手中。这些风险性极高的抵押贷款被转移至大银行的金融工程师手上，这些专业人士将大量抵押贷款打包成低风险有价证券出售。随着投资者强烈要求从风险更大的贷款项目中得到更高回报率，业务规模迅速扩张。最终风险积累爆发，多米诺骨牌效应使得投行损失惨重，特别是雷曼兄弟的破产，导致了全球的金融危机。

在美国，"影子银行"主要涉及由投资银行、特殊目的机构、货币市场共同基金、结构化投资载体、对冲基金、资产管理公司、私募股权基金等非银行金融机构，经营的资产支持证券、担保债务凭证、信用违约互换、资产支持商业票据等金融衍生产品。

FSB的研究显示，在2007年即金融危机爆发之前，全球"影子银行"规模达到了62万亿美元。到2011年，整个系统规模达到了67万亿美元，超过调查覆盖的所有国家的经济收入总和。FSB认为，监管当局对"影子银行"的监管需要有针对性，确保"影子银行"从属于合理监督和管理，以解决对金融稳定构成的风险。

中国式"影子银行"

在中国，"影子银行"至今没有一个明确的官方定义，业界普遍认为虽然行使商业银行之功能，但未受严格监管的机构或业务，即为"影子银行"。不同于金融衍生产品丰富的美国，中国金融市场"影子银行"所指对象不大相同，多处于初级阶段。

据媒体报道，《关于加强影子银行监管有关问题的通知》（国办发[2013]107号）中明确，中国影子银行主要包括三类：一是不持有金融牌照完全无监管的信用中介机构，包括新型网络金融公司、第三方理财机构等。二是不持有金融牌照，存在监管不足的信用中介机构，包括融资性担保公司、小额贷款公司等。三是机构持有金融牌照，但存在监管不足或规避监管的业务，包括货币市场基金、资产证券化部分理财业务等。

过去数年间，中国式"影子银行"迅速膨胀，作为变相的信贷产品，为经济输送了大量资金。2013年中国社会融资总额为17.29万亿元，其中非银行信贷占比为48.6%，如果把银行信贷资产以外的都认为是"影子银行"的话，已经占到了社会融资总量的半壁江山。

中国社科院发布的《中国金融监管报告2013》明确，即使采用最窄口径，2012年末，中国影子银行体系规模达到14.6亿元（基于官方数据）或20.5万亿元（基于市场数据）。前者占GDP的29%、占银行业总资产的11%，后者占GDP的40%、占银行业总资产的16%。

中国信托业协会、中国证券业协会、中央国债登记结算公司、中国银监会的相关信息显示，2013年中国广义影子银行的总规模在30万亿元左右，占2013年全国GDP的52%。

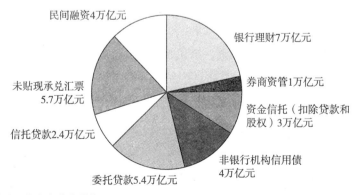

数据来源：根据相关资料整理。

图13-1　2013年末全国影子银行数据

　　"影子银行"的产生是金融发展、金融创新的必然结果，作为传统银行体系的有益补充，在服务实体经济、丰富居民投资渠道等方面起到了积极作用，但其融资规模庞大、杠杆率高、形式多样易变且不透明则为金融体系的安全埋下了隐患。"影子银行"的资金流向绝大部分都流入到实体经济，填补了在正规银行信贷服务里满足不了的融资功能，这和通常所说的与实体经济脱节，与风险分散和高杠杆扩张为基本特点和功能的、达到金融工具价格泡沫扩张的"影子银行"有根本差距。

　　综合来看，"影子银行"具有以下一些特征：一是不受监管或仅受弱监管，与传统银行业受到资本充足率、存款准备金等限制不同，影子银行进行监管套利规避或减小监管成本。二是杠杆率高，利用财务杠杆举债经营，以少量的资金撬动大额的资金。三是期限错配，大多通过短期融资获取资金，投资于证券化、期限较长的资产或项目。四是不透明性，产品设计一般较为复杂，隐含的信用担保链条较长，存在信息不对称、不透明、难以披露、难以监管等问题。影子银行引发系统性风险的因素主要包括四个方面：期限错配、流动性转换、信用转换和高杠杆。

　　从世界范围看，"影子银行"都源于流动性泛滥，但各国金融环境不同，又造成了"影子银行"形态的分化。美国金融危机前货币宽松，金融创新不断深入，各类衍生品交易红火，"影子银行"以交易证券化房地产贷款为主，也因此被指为危机元凶之一。

　　中国的情况不同，在金融管制、资金垄断下，银行信贷规模的收紧，导致资金以理财产品的形式从存款人的口袋流入借款人手中；民间资金的大量富余及沉淀，使得民间借贷蓬勃发展。资金要寻求保值增值，银行存款更重要的价值体现在资金管理及安全，增值价值有限，所以除了购买资产外，最便捷的途径就是各类资金拆借及高息产品。

　　当前，社会融资总量涵盖了10个单项，但这仍难以覆盖真实世界的资金渠道，创业投资、私募股权投资均未计算在内，体量庞大的民间借贷也被排除在外。除非进行金融改革，让银行有足够的动机贷款给中小企业并实现贷款的多样化，否则恐怕难以降低民间市场的重要性和成长性。

"影子银行"的风险堰塞湖

"影子银行"创新的工具以及隐秘的融资渠道，更让资金流动量极大增加，这又在很大程度上令收紧银根的金融紧缩政策效果大打折扣。

2012年10月，国际货币基金组织（IMF）为中国境内信贷风险提出警示：虽然中国银行业维持了较低的不良贷款率，但市场对其信贷质量，尤其是对小微贷款的担忧可能会严重影响非银行借贷机构。当前，亚洲、中东及拉丁美洲一带国家的银行市净率①均较2010年水平严重下滑，其中以中国银行业的下降幅度最高，市净率最低。

在中国影子银行系统中，非正式贷款者是最不透明的，大约占了全国GDP份额的6%至8%，主要服务于中小企业。当前，这些企业正面临较高的信贷风险，体现在借贷利率高达20%以上。受中国经济下滑影响，这些非正式贷款者正面临急剧上升的不良贷款。

许多影子银行机构都在从事各类变相的吸收存款和发放贷款的业务，多具有"类似银行"、"涉嫌非法经营"等特点：一是刻意类比银行，有很强迷惑性。二是涉嫌非法经营，扰乱金融秩序。从"影子银行"已经暴露的法律纠纷中我们能够看到，"影子银行"账外经营较为普遍。部分小额贷款公司、资金互助社为逃税，明暗两套账并行，名义贷款利率定为基准利率下浮10%，实际执行贷款利率为基准利率的近4倍，实际执行与名义贷款利息差额不入大账。三是侵吞实体利润，导致产业空心化。加重小企业经营困难，引发产业资本流出，大量产业资本流入"影子银行"领域，导致部分区域出现产业空心化倾向。如江苏某市十强工业企业中已有9家设立或参股了小贷公司、担保公司、典当行等影子银行机构。

"影子银行"的大量资金不但扰乱了宏观调控的效果，而且一旦出现资金链断裂潮，这个游离在监管之外的"影子银行"体系，可能引发一场前景难测的金融危机。有报道称，曾经因高利贷泛滥而成为"宝马县"的江苏省泗洪县，在2011年7月借贷大户"跑路"、停止付息后，出现高利贷市场崩盘情况，众多放贷人血本无归。江苏省启东市在年中出现信用社员工当高利

---

① 市净率指的是每股股价与每股净资产的比率。

贷捐客，因为资金链断裂而出现离职、逃跑甚至跳楼等情况。

根据金融稳定委员会的数据，2011年年末，G20国家影子银行占其GDP的比重为111%，中国2013年影子银行数额约30万亿元，占GDP的52%。这样对比看来，中国的影子银行规模并不算大。

从风险的本质上讲，"影子银行"面临的风险和商业银行是一样的，即流动性错配、期限错配、风险错配和使用杠杆。但由于缺乏足够的监管，"影子银行"容易发生风险的过度积累。而由于最后贷款人和处置机制的缺失，影子银行的风险一旦暴露，很难在短时间快速遏制和有序处置，从而造成风险的扩散和传播。

所以，并不是简单地将影子银行纳入监管体系，原来的影子银行就摇身一变，不再有问题了。纳入监管的金融机构如果仍然存在过度的流动性错配、期限错配、风险错配和杠杆率，无论这些机构是被称为影子银行还是别的名称，其对金融稳定和金融风险的影响都是一样的。

在中国式"影子银行"急速膨胀的背后，暴露出中国金融市场的发育程度尚显不足，金融体制深化改革不够。解决这些问题，还需要从内在的本质入手，从根本上还原这些业务发展的逻辑，因势利导，加强信息披露，规范和加强银行表外业务和非银行金融机构的审慎监管要求，深化金融改革，促进"影子银行"业务为中国实体经济发展服务。

总而言之，"影子银行"在融资市场中已经占据着越来越重要的地位，尤其是在城镇化金融体系中，发挥着正规金融无法弥补的优势，有效地补充了城镇化建设的资金不足。更为重要的一点是，让原处于地下的"影子银行"系统按照正规的方式运营，现在，"影子银行"中的重点部分信托业务、理财业务已纳入了监管范围，后续需要规范小贷公司、融资性担保公司、网络金融公司等，发展多层次的金融体系，平衡经济运行中的风险与收益。

小贷公司的阳光路

地下钱庄一直被大众认为与高利贷画等号，但其为解决信贷配给下的中小企业融资困境，弥补金融市场在产品与服务等方面的不足，也发挥了积极的作用。中国人民银行和银监会等部门自2005年起多次进行专题调研和政策研讨，推出了商业化的面向"三农"为主的小额信贷新模式——只贷不存的小额贷款公司。

春风化雨

2008年，民间小额贷款业务率先在浙江地区正式亮相。之后，全国大部分省、自治区、直辖市相继开始了小额贷款公司的试点工作。银监会和人民银行联合印发的《关于小额贷款公司试点的指导意见》为小贷公司规范了发展路径，小额贷款公司的"试点"范围也从五省扩大到全国。

近年来中国政府在促进小额信贷发展上做了许多工作，颁布了一系列法规、政策，力求通过推动小额信贷行业的大发展，来缓解国内中小企业融资难的现实困境。

表13-1　政府发布一系列政策扶持小贷行业的发展

时间	内容
2008年5月	银监会、人民银行联合下发了《关于小额贷款公司试点的指导意见》，引导资金流向农村和欠发达地区，以改善农村地区金融服务
2009年6月	中国银监会发布《小额贷款公司改制设立村镇银行暂行规定》，明确了小额贷款公司改制为村镇银行的准入条件，改制工作的程序和要求，监督管理要求等
2009年12月27日	国务院总理温家宝就2010年经济工作等问题接受新华社独家专访时表示"民间投资在一定程度上反映了我们经济复苏的情况"，"现在我们最重要的就是要使市场树立起信心，使投资者树立起信心，来扩大民间投资的领域"
2010年5月	财政部、国税总局发布了《关于农村金融有关税收政策的通知》，明确对一定时期内各类金融机构对农户发放小额支农贷款实现的利息收入免征营业税；对农户贷款的利息收入按九折计入当前营业收入
2010年5月	发布的《国务院关于鼓励和引导民间投资健康发展的若干意见》（简称"新36条"）中明确提出，鼓励民间资本发起或参与设立村镇银行、小额贷款公司、农村资金互助社等金融机构。适当放宽小额贷款公司单一投资者持股比例限制，对小额贷款公司的涉农业务实行与村镇银行同等的财政补贴政策
2010年6月	人民银行、银监会、证监会和保监会联合下发了《关于进一步做好中小企业金融服务工作的若干意见》，鼓励银行机构到金融服务空白的乡镇开设村镇银行和小额贷款公司
2010年7月26日	国务院办公厅下发《关于鼓励和引导民间投资健康发展重点工作分工的通知》。根据2010年5月出台的"新36条"中的40个具体项目，《通知》进一步明确了相关部委和地方政府的工作任务，并要求各相关部门研究提出具体实施办法
2011年10月12日	国务院常务会议出台了九条支持小型和微型企业发展的财政金融政策
2012年1月30日	温家宝总理2012年1月30日在全国金融工作会议上发表讲话指出，要为社会经济发展提供更多优质金融服务，加大对薄弱领域的金融支持，特别是要加快解决中小微企业融资难问题，支持民间资本设立村镇银行，大力发展小额贷款公司和农村合作金融机构

商业银行等正规金融机构由于制度设计的先天性以及中小企业自身企业管理、财务制度缺陷等问题导致中小企业较难从银行获得主要贷款支持。据统计，中小企业从银行获得的金融资源不足10%，这意味着中小企业融资不得不向民间资金求助，而作为民间金融机构的小额贷款公司为中小企业资金需求提供了强有力的保障。据人民银行统计，截至2013年末，全国共有小额贷款公司7839家，贷款余额8191亿元，全年新增贷款2268亿元。

小额贷款发展态势向好，未来市场竞争更加激烈。随着金融市场产品逐级多元化，越来越多的银行开始重视对中小企业的金融服务支持，纷纷成立专门的贷款部门及金融产品，加大对中小企业的资金扶持。当前各大商业银行都在扩大小额贷款业务，通过产品创新突破小贷的抵押、担保方难题。

根据人民银行统计，小额贷款公司从2011年的4282家增至2013年末的7839家，贷款余额也增加了3620亿元，增长了接近一倍，超过3000家小贷公司如雨后春笋般出现，已由"星星之火"渐成"燎原"之势。小贷公司的盈利能力开始逐渐显现。根据《2012年中国小额信贷机构竞争力报告》显示，2012年中国前100家小额贷款公司的资产规模同比增长46%，运营效率有所提高，平均营业费用率为1.38%，同时不良贷款资产占比为1.46%，盈利能力能够达到17.32%。

然而，小贷公司如此大规模的集中出现也带来了地区间数量以及质量上的差异。小贷业务发展较快的地区多为中东部经济较发达的城市。人民银行数据显示，2013年末江苏省、辽宁省和内蒙古自治区的小贷公司数量列前三名，分别达到573家、533家、484家。贷款余额总量上，江苏省、浙江省、四川省分列前三名。

超过实体经济平均利润水平的优势吸引各行各业进军小贷行业，最为引人注目的便是电商企业。当前很多小额贷款公司的发起人拥有正统金融血脉的其实并不多。

早在2010年6月，阿里巴巴就与其他集团联合成立了浙江小额信贷公司，成为电子商务领域取得小贷牌照的先行者，投资的6亿元主要面向淘宝网的商家。一年之后，阿里巴巴再度投资10亿元选址重庆，成立了第二家小贷公司。据相关数据统计，从2010年6月到2014年2月，阿里小贷累计贷款投放超过1700亿元，不良贷款率为1.2%～1.3%。

2012年11月，京东商城也试水小贷业务，开始分享这块"钱生钱"的蛋糕。2012年12月5日，香港苏宁电器有限公司与苏宁电器集团有限公司共同出资成立小贷公司，苏宁电器出资22500万元，占注册资本的75%，苏宁电器集团出资7500万元，占注册资本总额的25%。至此，电商三大巨头齐聚小贷业务。

不仅仅是电商，各行各业都将自己的触角渗透进小贷行业。石油企业华峰集团旗下子公司瑞安华峰小额贷款公司当前总资产规模约15亿元，位列全国第一，净资产规模约10亿元，其2011年净利润约为1.6亿元。物流行业的江苏澳洋顺昌股份有限公司也同样加入了小贷队伍，该公司2012年第一季度小额贷款业务为公司上半年创造利润超过27%。

面对行业巨大的利润回报和超常规发展的现实需求，一些较早成立的小贷公司则在不断实施"增肥"计划。新加坡国有投资机构——淡马锡控股旗下的富登小额贷款（四川）有限公司资本金从3亿元升至5.8亿元。

小贷公司热甚至已经波及资本市场，沪深两市上市公司掀起一轮涉足小贷行业的新高潮，多家上市公司宣布发起成立或向小贷公司追加投资。自2013年温州金融改革方案获批以来，至少已有13家上市公司宣布投资小贷公司或增资小贷公司。

事实上，上市公司介入小贷行业确实也为其带来了丰厚的回报，同时上市公司借此开始涉水金融圈。一些上市公司除参与小贷公司外，还持有地方银行、证券公司股份，而部分上市公司则同时持股地方银行、保险公司，已初具金融集团雏形。据统计分析，这些热衷于投资小贷公司的上市公司则以中小型企业为主，其中2013年宣布投资或增资小贷公司的13家上市公司中有10家是中小板公司，而这10家中小板公司中又有一半上市时间不足2年。出现这种中小板次新股公司热衷投资小贷公司的现象有个最重要原因就是小贷公司的投资规模不大、回报率却相当高。

解开"庞氏骗局"

尽管小贷公司一时之间成为"香饽饽"，但是整个行业的发展前景仍然不容乐观，资本规模不大、融资渠道有限，成为制约其发展最关键的因素。

很多小贷公司成立几个月后，就面临无资金可贷的尴尬局面。有的小贷公司直接非法或者变相非法吸收公众存款和非法集资，形成"庞氏骗局^①"，风险很高。

民间融资的传统投向是房地产、煤炭、钢材等暴利、投机行业，但因近期影响企业经营的不确定性较多，民间融资投入实体经济的意愿不强。由于现行银行授信政策要求企业续贷时"实还实贷"，而小企业能依靠自有现金流归还到期贷款的不足20%。大量的小企业需要依赖"资金过桥"来周转贷款。因此，大部分中介公司都在开办过桥业务，民间融资投向越来越脱离实体经济。

在众多的小贷公司中，也是乱象丛生，小贷行业暗藏危机。2011年浙江温州集中爆发"老板跑路"借贷危机。据估算，温州有89%的家庭或个人参与民间借贷市场；数十个老板"跑路"；温州部分小贷公司盘剥企业，董事长不堪负债跳楼自杀；温州民间借贷坏账或达1500亿元；21家银行受企业资金链断裂牵连……

日本有个震动世界金融界的称谓叫"渡边太太"。20世纪90年代，日本国内执行超低利率甚至零利率政策，一些日本家庭不甘于国内微薄的利息收入，纷纷将资金投向海外金融市场赚取高额收益，人们以日本常用姓氏"渡边"，给这群擅长外汇保证金交易的主妇投资群体命名，在世界外汇市场引发关注。

如今，在中国，类似"渡边太太"的中国群体正在快速成长，他们有着共同的投资焦虑。经济高速发展带来社会财富的持续积聚，投资理财需求越来越迫切。近几年，在房地产限购政策持续、股市低迷的背景下，民间资本的"非理性突围"，已经成为社会普遍关注的问题，有些不仅导致了暴涨暴跌的投机悲剧，还影响到市场正常秩序，伤及正常商品供应。从炒兰花、炒宝石到炒陈酒、炒普洱，另类投资渠道此起彼伏，击鼓传花式的财富泡沫一

---

① 庞氏骗局是一种最古老和最常见的投资诈骗术，是金字塔骗局的变体，很多非法的传销集团就是用这一招聚敛钱财，这种骗术是一个名叫查尔斯·庞兹的投机商人"发明"的。庞氏骗局在中国又称"拆东墙补西墙"，"空手套白狼"。简而言之就是利用新投资人的钱来向老投资者支付利息和短期回报，以制造赚钱的假象进而骗取更多的投资。

次次破灭，又一次次被吹起。

由于小贷公司、农民资金互助社等各类"山寨银行"实际从事吸收存款和发放贷款业务，具有明显的金融业务特征，一旦管控不住，造成此类风险有向银行系统蔓延的趋势。信贷资金频遭挪用，具体来看分为两种形式：一种是部分企业主动将信贷资金移入"影子银行"。当前，商业银行更倾向于将贷款投放给资金相对安全的大型企业，形成对大企业的过度授信，部分大企业通过挪用贷款来实现"以贷养贷"。另一种则是掏空企业，导致信贷风险。企业发生经营困难时，通过民间融资弥补现金流，并向民间融资支付高额费用导致企业难以为继，并最终将风险导入银行体系。2013年以来，在盐城、连云港、宿迁、南通等地均出现信用社员工当高利贷掮客，最终由于资金链断裂而出现离职、逃跑甚至跳楼等情况。

2013年3月底，国务院批准成立温州金融改革试验区，鼓励和支持民间资金参与地方金融机构改革，依法发起设立或参股村镇银行、贷款公司、农村资金互助社等新型金融组织，并特别提出符合条件的小额贷款公司可改制为村镇银行的政策。

温州的金融体制改革已经初见成效，《温州市民间融资管理条例》已于2014年3月1日实施。该条例规定，单笔借款金额300万元以上，累计金额1000万元以上，都要到温州民间借贷服务中心备案。温州民间借贷服务中心2012年4月26日挂牌成立，对登记的借款利率及借款需求进行引导，增加了民间借贷的透明度，使温州地区民间借贷利率明显下降，月利率由过去最高时的5%~6%，降为现在的2%以下。

为了更好地防范民间融资可能带来的风险，需要进一步加强银行业与"影子银行"、民间金融之间的防火墙建设，将民间融资阳光化。一方面，加强信贷资金监控，改善金融机构服务。比如，贷款期限要符合企业的经营周期和实际需要，适当降低贷款利率上浮幅度，以降低企业融资成本。另一方面，要做好正面监管引导，拓宽民间投资渠道。积极落实中央"推动民间资金进入金融业"的要求，在明确监管职责和监管分工的基础上，适当放宽各类"影子银行"转制为村镇银行、小额贷款公司、农村资金互助社和融资性担保机构的条件，将民间借贷纳入监管框架。

谁为担保公司担保

担保行业为区域经济的繁荣和中小企业的发展提供了有力的资金保障，但经营过程中也存在虚假出资、关联交易、违规吸储等问题，给行业的发展带来重大风险。

国家经贸委于2000年8月颁布《关于建立中小企业信用担保体系试点的指导意见》，加快了信用担保体系的建立。财政部也颁布了《中小企业信用担保机构风险管理暂行办法》。《中华人民共和国担保法》、《关于适用〈中华人民共和国担保法〉若干问题的解释》、《中小企业促进法》以及《中华人民共和国物权法》的出台，为担保行业和开展担保业务提供了法律制度上的保障，为中国的信用担保市场的健康发展奠定了坚实的基础。

十几年来，由政府控股或参股的各级信用担保公司率先在经济发达地区成立。紧接着，完全民营的投资担保公司开始成为市场主体。为促使投资担保行业健康发展，2009年2月3日国务院办公厅下发了《进一步明确融资性担保业务监管职责的通知》，根据此通知，2011年3月8日，由银监会牵头，国家发展和改革委员会、工业和信息化部、财政部、商务部、中国人民银行、工商总局七部委共同制定了《融资性担保公司管理暂行办法》（以下简称《办法》），预示着投资担保公司有了存在的法律上的依据，同时也将投资担保公司定位于准金融机构。

截至2013年末，全国融资性担保公司有8185家，在保余额2.57万亿元，行业融资性担保放大倍数（融资性担保责任余额/净资产）2.3倍，获得融资性担保贷款的企业20万户。担保公司最基本的盈利点在于通过银行授信，对贷款企业进行担保，帮助其拿到企业急需资金，担保公司从中收取2~3个百分点的佣金，即担保费。传统业务模式单一、过度依靠银行授信一直是担保机构发展的软肋。然而，由于银行授信的门槛和成本较高，绝大多数担保公司难以取得银行的认可。尤其是近年来，受担保机构违规事件影响，不少银行开始逐渐收缩担保业务，有的甚至"一刀切"暂停了与民营担保公司的合作。

现行借贷模式中，银行、借款人与担保公司三方签订借款担保合同，由银行将资金贷给借款人，担保公司向银行承担连带担保责任。担保公司同时要求借款人或第三人向担保公司提供反担保，反担保一般采用"保证、抵押

（质押）+公证"的模式。

在实际经营过程中，一些担保公司开展企业验资、增资、票据业务以及大额的短期拆借，实际上变相成为了小贷公司，而且有的担保公司还吸收资金，倒手放贷，这种业务往往利润较高，风险大，一旦一笔大额单子回收出现问题，马上就影响担保公司的正常运转。同时，所担保的银行资金安全将受很大威胁。

从近年来担保公司经营情况看，主要存在以下方面的问题：

一是虚假注资。有的担保公司营业执照上核定的注册资金和实有资金差别较大，相当比例的注册资金都是拆借的，注册完成后就抽逃资金。因此，一旦出现大的资金收不回来时，根本无力承担相应债务。二是超额担保。根据《办法》第二十七条和第二十八条的规定，融资性担保公司对单个被担保人提供的融资性担保责任余额不得超过净资产的10%，对单个被担保人及其关联方提供的融资性担保责任余额不得超过净资产的15%，融资性担保公司的融资性担保责任余额不得超过其净资产的10倍。但由于对担保公司管理不到位，有的担保公司和多家银行合作，并对多个借款人进行担保，有的担保金额会是自有资金的数十倍，一旦发生大额代偿，就面临资金链断裂的风险。三是关联交易。一些大型企业集团投资开办担保公司，担保公司担保把钱贷给急需用钱的集团内其他公司，或套现出来后进入暴利行业（股市、房地产、期货期权等），一旦资金链断裂，引发连锁反应，则会导致全盘倒塌。四是违规经营。担保公司的暴利模式，除了自有资金进行高息放贷外，更多的则是通过各种渠道以高回报的承诺，广泛吸收民间资金用于放贷到房地产公司或一些高危行业，有的直接用投资客户的资金去炒地皮，炒房地产，进入股票和基金市场等。五是缺乏专业人才。专业知识和经验的匮乏，严重制约着担保业的发展。

2012年7月，曾作为广东省规模最大的广东华鼎融资担保有限公司日前因涉嫌骗取贷款罪，已被公安机关立案侦查，由此引发的担保风波侵袭了整个行业。华鼎公司自成立以来，通过委托理财、收取高额保证金等方式，大量套取银行资金、占用企业贷款资金等，公司涉嫌骗取贷款罪，被公安机关立案侦查。按照各种渠道公开的数据，华鼎担保及其实际控制人所控制的创富担保和中担担保三家公司担保总额近80亿元，所套取的银行资金投资失利，资金链断裂。

所以，规范才是担保公司长期持续发展的唯一出路。

网络P2P贷款

网络P2P贷款业务（"人人贷"）是近年来在互联网快速发展的形势下出现的草根金融新势力，简单地说，就是有资金并且有理财投资想法的个人，通过中介机构牵线搭桥，使用信用贷款的方式将资金贷给其他有借款需求的人。

P2P平台英文全称"Peer—to—Peer lending"，即点对点，个人对个人的信贷平台，P2P平台首先在国外悄然兴起，美国最大的网络借贷平台是Prosper（译名为"繁荣网"），而欧洲最大的网络借贷平台是Zopa，这两大平台都通过其网站可以实现用户之间的资金借入或借出。在此之前个人借款都是通过银行来实现的，个人将存款汇集到银行，由银行作为媒介发放给贷款人。

人人贷的兴起使得资金绕开了商业银行这个媒介体系，实现了"金融脱媒"，出借人可以自行将钱出借给在平台上的其他人，而平台通过制定交易规则来保障交易双方的利益，同时还会提供一系列服务性质的工作，以帮助借贷双方更好地完成交易。在人人贷诞生之前，个人如果想要申请贷款，首先想到的是银行，需要身体力行地前往银行设立的网点递交申请、提供繁复的材料，之后经过冗长的等待，才能获得想要的资金。人人贷则大为不同，个人通过登录网站成为注册用户后，填写相关信息，通过相关验证，便可以发布个人贷款信息。人人贷相对传统银行贷款业务，特点之一是便捷。此外P2P网络借贷对于个人及中小企业借贷方具有门槛低、审批快、手续简、额度高等优势。

2007年8月，最早在中国商业化经营的P2P公司拍拍贷成立，人人贷经历了三次发展浪潮。第一波浪潮：在2007年至2008年11月的一轮紧缩政策，助推了民间借贷的繁荣，第一批P2P贷款平台也在这个时期开始出现。第二波浪潮：到2009年末，P2P借贷进入第二波发展高潮。第三波浪潮：2010年1月以来，人民银行先后12次上调存款准备金率，银行间市场利率也开始飙升，在紧缩的货币政策下，民间借贷逐渐繁荣，P2P借贷平台也开始进入第三波发展浪潮。进入第三波浪潮以后，P2P借贷平台的经营模式也逐渐丰富起来，越来越多的P2P贷款平台开始将重心转向线下。纯线上的P2P平台不参与实际交易，没有信贷员、销售人员，完全通过互联网开展业务；转做线下业务的P2P平台的模式也更多地带有小额贷款公司的特点。

当前P2P在国内主要有三个模式：一是以拍拍贷为代表的纯线上模式，平台不参与担保，只进行信息匹配；二是以宜信为代表的提供本金甚至利息担保的模式，也是当前P2P的主流模式；三是以陆金所为代表衍生出来的本质上属于信贷资产证券化的模式。

中国的P2P信贷市场规模仍很小，但最近几年却以史无前例的速度增长，据Celent顾问公司去年发布的报告显示，中国的P2P借贷市场已经从2009年的1.8亿元增长至2012年的57亿元，预期2015年前将达到468亿元。最近几年蓬勃发展的数十家P2P借贷网站已经因为借款人违约而关闭。虽然最大的网站至今仍没遭到牵连，但较小竞争对手的快速倒闭凸显了在经济增长放缓和货币环境收紧的大背景下，中国微观借贷行业所面对的越来越大的困难。根据跟踪该行业的网贷之家的数据，中国有接近1000家运营的P2P借贷网站，而2013年最后一个季度有58家破产了。

作为金融创新中新兴的力量，P2P网络贷款虽然体量尚小，但随之而来的便是不断暴露的风险。

第一，信用风险。美国拥有成熟的信用体系，FICO机构会对个人进行信用评级，但中国的个人信用体系并不完善。由于P2P属于信用贷款，大多数贷款人没有抵押物，没有资产证明，甚至没有工作单位，这意味着难以通过传统的手段来收集他们的信用。而P2P行业快速发展也仅仅两三年，本身数据积累和审贷经验非常有限，整体水平远低于传统银行。根据国外的P2P网贷违约率来看，基本能达到10%~15%，某些平台的比率甚至更高。而基于当前国内的信用体系以及行业成熟度的情况，尤其在经济增速放缓的环境下，企业和个人流动性将越发紧张，P2P网贷的违约风险将更大。

第二，道德风险。首份P2P借贷服务行业年度报告——《中国P2P借贷服务行业白皮书2013》共统计了9家企业跑路和关闭案例，涉及金额超过2600万元，但只有2起案件的嫌疑人归案。P2P的道德风险大抵存在两种情况：第一种，P2P平台通过虚构借款方信息诱骗投资者购买，实则资金流向平台企业的腰包，这里特别要提示投资者的是"自融"风险；第二种，平台企业采用债权转让的模式，拆分错配，投资者实际和平台公司产生交易，形成债权债务关系。不管哪一种，只要投资者的资金直接转账到该平台的老板或者高管，都暗藏着"老板跑路"的风险。

第三，经营风险。相对银行、担保公司以及小贷公司来讲，P2P企业在无杠杆限制、无准备金比例的情况下，还附带担保，本身就要承受更大的经营风险。而恰恰有的P2P机构还对债权进行拆分，期限错配，这从另一方面又带来了较大的流动性风险。

第四，网络风险。黑客对于网贷平台频繁进行攻击，造成许多平台出现挤兑的现象。由于互联网金融本身以技术为支撑，在技术方面如果不过关，会对互联网金融的资金安全、个人信息和正常运作带来很大的影响，并且会长期影响投资人的信心，对平台的影响更加深远。

由于中国P2P网络借贷模式多样，没有明确的监管，平台资质参差不齐，经常出现危机事件。2011年7月，积累了10万注册用户、自称"中国最严谨网络借贷平台"的哈哈贷网站宣布因为资金短缺关闭，类似事件在持续不断地发生。2012年末网络贷款平台"优易网"创始人与运营公司工作人员突然人间蒸发，据不完全统计，该网站受害者约有60余人，大约2000余万元的资金无法收回。上线仅一个月的企业众贷网，2013年4月2日发布公告称其已破产，众贷网在"致投资人的一封信"中称，由于整个管理团队经验的缺乏，造成了公司运营风险的发生，在开展业务的时候没有把控好风险这一关，造成了无法挽回的损失。多家人人贷先后曝出"卷款跑路"，这让2013年火热的人人贷平台再次引起公众关注。

银监会于2011年发布了《人人贷有关风险提示的通知》，对P2P贷款平台的风险作出提示。银监会表示，由于行业门槛低，且无强有力的外部监管，当前人人贷平台贷款模式在中国尚处于监管真空状态，由于相关法律不完备，人民银行和银监会都没有对其监管的法定职责，而此次银监会的通知侧重于提醒银行注意风险的跨界"传染"。银监会认为，人人贷主要存在七大风险和隐患，包括影响宏观调控效果；容易演变为非法金融机构；业务风险难以控制；不实宣传影响银行体系整体声誉；监管职责不清；贷款质量低于普通银行类金融机构；开展房地产二次抵押业务存风险隐患。

实际上，伴随负利率现状的持续，许多人手中的闲钱已难以满足于定期存款和银行理财的回报率，主动流向风险更高、回报也更高的投资渠道。这种民间借贷机构的涌现给这种资金提供了一个出口。人人贷是一种金融创新，满足了金融市场的需要，但所有金融创新都存在风险，应该对人人贷风险给予重视。由于不属于银行金融机构，而只是为借贷双方提供信息服务，协助双方交易，这种纯线上的人人贷平台应当被纳入监管中来。

P2P作为类金融行业，风控是核心所在。业内很多风险事件的发生，主要源于企业不具备风控的能力，或者高估了自身的风控能力。对P2P行业而言，风控至关重要，风险失控不仅会危及企业自身，甚至还会引发金融、社会的系列反应。但也要看到，在小微企业贷款难的背景下，对现行的金融系统起到拾遗补缺的作用，实现普惠金融。

互联网金融代表着金融业务的发展方向，完善互联网金融监管体系，努力构建互联网金融安全区，更有利于互联网金融的健康发展。具体对P2P行业而言，需要摆脱"无准入门槛、无行业标准、无监管机构"的"三无"帽子，制订行业监管细则并进行规范，使得P2P行业将真正告别"野蛮生长"时代。

第**14**章 资本市场大未来

中国的资本市场，波涛起伏，演绎着悲欢离合，跳荡着阴晴圆缺，在探索中艰难前行，在暂停和重启中踯躅徘徊。承载着太多的期望，但也充满着厚重的叹息。但毋庸置疑的是，资本市场作为现代金融市场的重要组成部分，将在支持城镇化建设中发挥重要作用。

波澜壮阔的中国股市

1990年12月和1991年7月成立的上海证券交易所和深圳证券交易所拉开了中国资本市场发展的大幕。但在发展初期，资本市场处于一种自我演进、缺乏规范和监管的状态，社会对资本市场的认识也存在一定的分歧。1992年初邓小平同志在南巡时指出："证券、股市，这些东西究竟好不好，有没有危险，是不是资本主义独有的东西，社会主义能不能用，允许看，但要坚决地试。"此后，资本市场迎来重大发展机遇期。

市场规模与实体经济基本适应

1992年10月，国务院证券管理委员会和中国证监会成立，标志着中国资本市场开始逐步纳入全国统一监管框架。1998年12月，《证券法》正式颁布，资本市场的发展走上规范化轨道。同时，资本市场对外开放力度也不断加大，推出了人民币特种股票（B股），境内企业也逐步在香港、纽约、伦敦和新加坡等海外市场上市。2001年12月，中国加入世界贸易组织，资本市场的开放程度进一步扩大。QFII、QDII制度相继推出，与相关国际组织及境外证券监管机构的联系与合作进一步加强。2004年1月，国务院发布了《关于推进资本市场改革开放和稳定发展的若干意见》（简称"国九条"），为资本市场新一轮的改革和发展指明了方向。2009年10月，深交所推出创业板，多层次资本市场体系建设取得重要突破。2012年，全国中小企业股份转让系统（"新三板"）开始试点，随后区域性股权交易市场也纳入多层次资本市场体系。2011年底，证监会会同有关部委建立公司信用类债券部际协调机制，促进了债券市场的统一互联；2012年推出了中小企业私募债，债券产品进一步丰富。2010年4月，沪深300股指期货合约在中国金融期货交易所正式挂牌交易，标志着中国金融衍生品场内市场从无到有的重大突破。

回顾短短二十多年的发展历史，中国资本市场从无到有、从小到大、从区域到全国、从默默无闻到具有世界影响力，得到了迅速的发展，取得了长足的进步。

依托于世界第二大经济体，中国资本市场的规模也已位居世界前列。从股票市场看，截至2013年末，中国股票总市值位于全球前列，仅次于美国、日本和英国，境内上市公司达到2489家，总市值23.1万亿元。虽然比例有所提高，但与成熟经济体80%的比例相比，还有比较大的差距。从债券市场看，截至2013年末，公司信用类债券余额达9.2万亿元位居世界第四。从期货和衍生品市场看，国际上主要期货交易所上市的主要活跃品种，除原油期货外，中国基本上都已有相应品种上市交易。此外，股指期货也已推出，市场规模在世界名列前茅。上市公司在国民经济中的代表性日益增强。2013年，中国上市公司总利润占规模以上工业企业利润总数的35.67%。私募股权基金和风险投资基金近年也得到迅速发展，据估计其规模接近1万亿元。

在发展过程中，中国资本市场的投融资、并购重组、风险管理、财富管理等功能得到了全面发挥。在投融资方面，截至2013年末，中国股票市场累计筹资超过5万亿元，近4年公司信用类债券年均发行1.67万亿元，基金账户开户数超过4千万户，股票账户超过1.3亿户。

中国中小板和创业板为中小企业提供了重要的融资渠道。截至2014年4月30日，中小企业板共有719家上市公司，是2004年的19倍；融资规模达到7305亿元，是2004年全年融资额的80倍，股票总市值达3.76万亿元，约占深市市值的43%。创业板市场共有上市企业379家，民营企业占比96%，首发融资2394.62亿元，新能源、新材料、环保节能、电子信息、先进制造业、生物医药等符合战略性新兴产业发展方向的企业占比89%，高新技术企业占比为93%。同时，创业板市场丰富了风险投资的退出渠道，完善了金融支持创新型中小企业发展的创新机制，已上市企业中，有风险投资参与的占比64%。

资本市场呈现"新兴加转轨"特征

中国资本市场由于发展时间较短，并且建立于经济体制转型的大背景下，既引入了市场机制，又不可避免地存有行政色彩，资本市场呈现"新兴加转轨"特征，存在一些深层次问题。

第一，资本市场相对于经济总量规模偏小。中国资本市场在服务实体经济上发挥的作用还较弱。截至2012年末，虽然中国股市市值和债券的绝对存量较大，但相对于经济总量而言规模偏小。国内非政府债余额与股市市值之和与GDP的比重这一指标，中国仅为75%，与印度和巴西的水平相当。而美国、英国、德国和日本分别达到了208%、171%、81%和128%。近年来，在银行信贷的快速扩张与股市低迷的背景下，金融结构中资本市场占比较小，金融结构的失衡问题愈发突出。

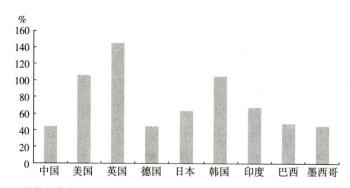

数据来源：根据相关资料整理。

图14-1　2012年末各国股市市值相对于GDP比重

第二，资本市场的稳定性差。中国股市波动程度在金融危机前与发达国家相比一直较高，特别是在2007年，发生的"过山车式"的行情让人惊心动魄。近两年，中国股市波动情况有所好转。2012年，中国股市波动幅度已经接近或低于韩国、巴西等新兴国家。此外，中国股市市盈率也逐年下降，现已基本达到和美国近似的估值水平。

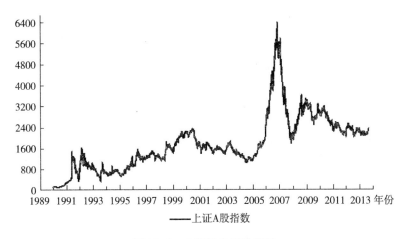

图14-2　上证综合指数趋势

第三，资本市场结构不合理。以美国为代表的成熟市场，股权市场有明晰的层次，不同的企业有与其相适应的股权融资平台。市场结构呈"金字塔"形，顶端是少数大型的、优质的企业，底部为大量中小企业。中国实体经济中的大、中、小微型企业分别有数千家、数十万家和1000多万家，这种企业层次在客观上需要一种"金字塔"形的资本市场体系与之匹配，而中国股权市场结构正好相反，呈"倒金字塔"形，对小微企业、成长型企业覆盖少。主板、中小板和创业板的上市公司总数已达2494家，数量大致为美国的一半。然而，截至2014年6月，全国中小企业股份转让系统，即新三板，仅有811家公司挂牌。各地方股权交易中心的挂牌企业总数接近2000家，但是绝大部分几乎没有成交量，缺乏实质意义。即中国当前的上市公司主要是大中型、成熟企业，对小微企业和成长型企业覆盖少。而美国场外市场有一万多家企业挂牌、灰色市场有几万家企业交易。另外，从最新上市公司规模角度看，上市公司中以大型企业为主，缺乏中小微企业。

第四，中国上市公司的行业分布结构也存在一定问题，跟发达国家相比，中国股票市值分布上，金融板块、工业板块、材料板块占比过大，而与民生相关的，例如可选消费、必需消费、信息技术、医疗等板块相关上市公司的市值规模还特别小。从另外一个角度来看，中国上市企业主要以周期类、跟投资相关的企业为主，而国际成熟资本市场上与消费有关的企业则占据很大的份额。从某种程度上来讲，股票市场反映了一国经济体制的结构，中国股票市值分布上消费类、医疗类、科技类占比偏小，这些问题都说明中国的经济体制结构调整和股票市场结构调整没有同步。

资本市场发展的新机遇

党的十八大提出要加快发展多层次资本市场，这对资本市场作出了战略性部署，也为资本市场的进一步改革发展指明了方向。

第一，借助资本市场平台整合经济存量。一是存量的整合，即通过并购等市场化手段进行产业整合；二是增量的发现，即建立和完善资本和科技对接的机制、推动战略性新兴产业的发展。无论是存量的整合还是增量的发现，都需要资源的优化配置，因此都离不开一个强大的资本市场。通过国际对比可以发现，2012年末，美国的银行贷款占金融总存量比为14%；即使是属于典型银行主导的经济体的德国与日本，银行贷款占金融总存量比也仅有35%和24%。若以国民收入来分类，中低收入到高收入国家的资本市场平均金融存量比例都在66%左右。中国未来资本市场存量占比也可以用这个水平作为参考。

第二，提供高效的产业的整合并购平台。发达国家中，市场化并购完成的交易额，常常占到GDP的5%以上，甚至超过10%，即使新兴市场国家也占到了3%以上，中国却只有1%左右。例如，美国历史上的五次并购浪潮是其产业调整的重要推动力，特别是发生在1887年至1904年重工业化阶段的第一次并购浪潮，8年内共发生2943起并购交易，平均每年368起，3000多家中小企业被兼并。这次并购使得大部分行业集中度大幅提升，重复建设和低水平竞争减少，加速了美国的重工业化进程，彻底改变了当时美国的经济结构，涌现出了大批企业巨头，如杜邦公司、标准石油、通用电器、柯达公司、全美烟草公司以及国际收割机公司，提升了美国经济的国际竞争力，并为日后美国跨国公司在全球扩张奠定了基础。

第三，推动战略性新兴产业创新发展。为创新型、成长型企业提供良好的金融服务环境，真正的新兴产业往往孕育于小微企业之中，其极大的不确定性和轻资产的特点，使得其往往难以获得银行信贷资金的支持。而资本市场，包括股票、可转债，以及风险投资、私募股权基金等，提供了一套融资方和投资方风险共担、利益共享的机制，可以成为推动创新型企业成长的基础平台。近年来美国的苹果和脸谱等公司取得了令人赞叹的成功，引领了智能手机、平板电脑和社交网络等新兴产业的迅速崛起，都得益于其资本市场敏锐地捕捉到了这些产业并推动其快速成长。

第四，为城镇化建设提供融资平台。资本市场既可以支持符合条件的基础设施、公共事业、能源等行业的企业发行上市，还可以通过发债、项目融资、资产证券化等方式帮助筹集资金。基础设施投资具有周期长、收益低的特点，而发展资产支持证券化产品和类市政债产品均需要资本市场的支撑。在城市基础设施建设融资中，国外发展最成熟的一种直接融资手段是发行市政债券。参考美国、日本和英国市政债券市场的特点，中国在完善债券市场化发行机制、市场约束、风险分担机制、强化偿债能力的基础上，可以逐步探索、改革现有债券品种，在市场较为成熟的情况下，进行市政收益债试点。另外，国际经验表明，现代农业的生产，包括产品的储存、运输、加工等诸多环节，没有现代化的资本市场和风险管理机制支撑是做不好的。当前，中国整体农业依然高度分散，亟需支持符合条件的现代农业企业上市融资和并购重组，帮助做优做强，带动整个农业生产的科学组织和产业升级。同时，也期待开发、完善相关的证券期货产品，加大对"三农"的服务，健全远期价格发现机制，规避生产经营风险。

第五，支持中国经济加速国际化进程。随着能源和大宗商品等各种生产资料价格的上涨、国际贸易摩擦的加剧和全球产业竞争和整合的加速，中国企业将更多地走出国门，海外并购日趋增多。同时，越来越多的国外企业和金融机构也将进入中国市场。中国经济新的全球定位对中国资本市场产生了现实而迫切的需求。而一个具有国际竞争力的资本市场，也有利于提高中国开放型经济水平。支持境内企业"走出去"，利用好"两个市场、两种资源"，在全球范围内获取资源和收购优良资产，鼓励中国投资者在全球进行资产配置。

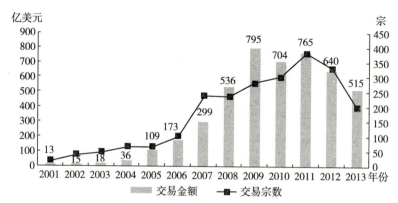

数据来源：根据相关资料整理。

图14-3　2001~2013年中国企业海外并购交易情况

IPO暂停与重启

A股市场IPO暂停背后的逻辑是，当股市行情不佳时，通过限制股票供给来提振股市。IPO重启的目的则是给市场带来新鲜的"血液"，让一些代表未来发展方向的新兴产业的公司登陆资本市场，获得资金的支持。但暂停、重启的利弊之争和节奏的把握，这些纷争同中国资本市场的走势一样波澜起伏。

IPO暂停是一剂心理安慰剂

自1994年IPO首次暂停以来，截至2014年3月底，A股共经历了8次IPO暂停。最近一次IPO暂停起于2012年11月16日，且已历时一年多，创出了A股有史以来IPO暂停时间最长的纪录。

回顾历史上几次暂停，大都出现在市场低迷时期。1994年，股市出现惨烈暴跌，投资者惊慌失措，监管部门迫于无奈暂停新股发行以"救市"；2001年6月，国有股减持方案出台，"市场价减持国有股"招致市场强烈不满，上证综指从阶段高点2245点开始一路下泄。2001年7月31日至2001年11月2日，证监会完全停止了新股发行和增发；2008年，A股在经历了6124点的疯狂之后一路下行，金融危机以及新股大量发行导致市场暴跌，为积极"救市"，监管部门暂停IPO。

然而，据统计，8次暂停时间的长短不一，暂停期间股市走势情况不尽相同。总体来看，IPO暂停对上证指数的影响偏于正面，历史上8次暂停中，股指上涨的次数为5次，下跌次数为3次。但这一正面影响是短期的，不可持续的。IPO暂停后的短时间内（如一周、一个月、两个月），股市波动较大，但长时间后，股市对IPO暂停麻木，股指逐渐恢复正常水平。IPO暂停期间，指数跌幅最大为17.88%；暂停期间指数涨幅最大的一次为53.02%。

由此可见，股市上涨与IPO没有必然联系，而IPO暂停也难以达到良好的救市效果。暂停IPO或许能起到"心理安慰剂"的作用，但并非市场资金紧张的最重要因素。

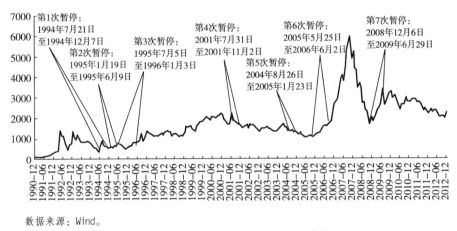

数据来源：Wind。

图14-4　前7次IPO暂停期间上证指数走势图

当然，IPO暂停对其他板块还是存在着直接影响的。从统计结果来看，历次IPO暂停期间，中小板指数都出现了较大幅度的上涨，最大涨幅均超过了30%，由于中小板企业估值普遍较高，受市场资金供给波动影响较大。第8次的IPO暂停，创业板企业经历了几轮上涨行情，而与之对应的主板企业则持续维持缓慢下跌态势。

中小企业由于估值偏高，受资金供给影响较大。IPO暂停期间，创业板的投资标的一时成为稀缺资源，使得那些想分享中国"新经济"发展的投资者过度投资于已经上市的创业板股票上，导致创业板股票估值过高，一度出现了明显的泡沫，存在较大的调整压力。

重启IPO有多大影响

历史上8次IPO暂停后的重启，都经历了短时间内的下跌。从静态上来看，在宏观经济和上市公司没有发生大的变化的情况下，投资者对股票市场整体观点不会有明显改善，整个股票市场就很难吸引增量资金介入，因此新股发行只会从现有的资金池里分流出一部分，导致已上市股票的价格下跌。但是，如果经济增长或企业盈利出现大幅度、可持续的回升，或者由于新行业或新技术的兴起令企业推出更高附加值的新产品，导致毛利率大幅度提高，盈利增长质量改善或可持续提升等，股票市场往往会吸引大量的增量资金，此时重启IPO虽然依旧会分流出一部分资金，但如果增量资金的规模远远大于IPO的规模，IPO重启的负面影响就会很小。

2006年，在股改完成重启IPO之后，由于宏观经济和上市公司业绩保持健康增长势头，加上股改和汇改的制度改革红利，股市在此期间走出了空前的牛市。

新股发行一级市场和交易二级市场本身就是一种相互依存的关系，A股市场中新股的发行影响市场资金供需，继而对二级市场大盘有一定影响。据统计，上轮IPO重启持续了三年半的时间，期间累计发行了881只新股，从这些个股1月10日的收盘价和发行价比较来看，仍有352只个股处于破发的状态。从历史统计结果来看，但就新股发行单一因素对二级市场的影响幅度相对有限，并没有改变大盘的总体趋势，但往往成为市场上涨或下跌的加速剂。

IPO重启后新发行的较高质量股票对已上市的较低质量的股票的替代作用，应该是存在的，这对于一些已经存在价格泡沫的中小市值股票来说更为明显。从统计结果来看，2005年后几次IPO重启中小板指数都呈"倒V"字形走势，冲高后有所回落，如图14-5所示。由于叠加大牛市背影的影响，IPO暂停、重启尚不能成为市场反转的分水岭。

由于过去一段时间IPO暂停，创业板的投资标的一时成为稀缺资源，使得那些想分享中国"新经济"发展的投资者过度投资于已经上市的创业板股票上，导致创业板股票估值过高，一度出现了明显的泡沫，存在较大的调整压力。

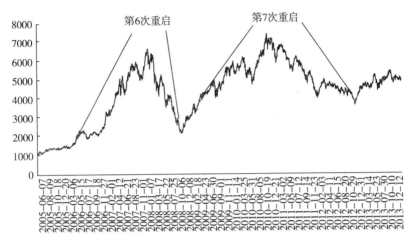

数据来源：Wind。

图14-5　IPO重启中小板指数走势图

IPO的重启，通过允许新的创业板公司发行新股并上市流通，为二级市场的投资者提供了更多的投资标的，为他们更好地分享中国"新经济"成长的股票组合提供了更广泛的选择。这些"优胜劣汰"的投资者决策会增强股票市场的价格发现功能，挤压创业板市场依然存在的一些不合理定价，这不但有助于创业板市场的健康发展，也有助于保护投资者的长期利益。

IPO重启的直接影响是股票供给的增加，尤其是中小市值板块的供给增加，"壳"资源的生存价值被极大削弱，预计中小盘和创业板整体估值将回归正常，个股表现和估值可能继续分化。IPO重启和新股发行体制改革是直接融资市场正常化的过程，有利于投资者分享更多优质企业的创新和成长。

理论上讲，IPO重启的影响主要取决于其融资在股市融资中的占比情况。从2002年至2012年，IPO融资额占当年A股市值的比例均小于2%，除2009年之外，自2008年后IPO融资额显著低于增发募资额。可见IPO融资在股市融资中占有份额较少。

2002年至2012年（除2007年以外），IPO融资占社会融资规模比例均低于4%，比重非常小。2007年后IPO融资额远远低于企业债券融资额。2012年IPO融资额不到信托贷款的10%，不到企业债券的5%，不到社会融资额的0.7%。

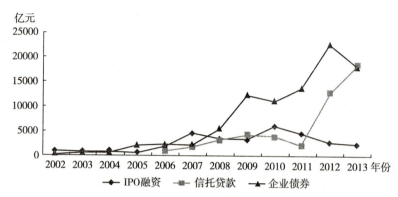

资料来源：中国统计年鉴。

图14-6　2002~2013年IPO融资额与社会融资规模对比

比如说一国的国民储蓄率高于50%，处于世界前列；民间借贷资本充足，积极寻求投资机会。IPO并不会对资金需求产生大的影响。IPO融资额与增发募资额相比，规模不算大，与社会融资规模和A股总市值比几乎是微乎其微。IPO是"抽血机"造成股市下跌，是过分的夸大其词。

IPO流量控制优于暂停

被国内学术界赋予"金融市长"这一民间头衔的重庆市市长黄奇帆曾如此评价中国股市困局，他认为，近期股市困局的症结及其出路，都可以通过深入领会十八届三中全会决议来找到答案：应当先建立多层次资本市场，再推多渠道股权融资让巨量现金进入股市，提振股市信心后，再启动股票发行注册制改革。

在成熟市场，IPO的多少是通过市场进行调节的，在股市高涨的时期，IPO企业更多；在股市低迷时期，企业融资成本高，就不愿意IPO。IPO的时间由企业自主决定，监管机构主要从信息披露的真实性、准确性、完整性和及时性进行判断。

中国资本市场还不发达，投资者不够成熟，羊群行为明显，加上社会维稳压力，因此在市场低迷或者快速下跌的时期，金融监管部门主动放缓IPO的节奏，能够安慰投资者，防范发生群体性的社会事件。控制IPO流量可能比暂停IPO的办法更好，对市场的冲击小，对企业和投资者的不利影响也小。

另外，适时积极引导养老金、保险资金等长期资金入市，增加QFII额度，能有效应对股票供给增加对股市的冲击。养老基金等长期投资基金的投资管理以追求长期收益为目的，在稳定性、规模性和规范性上有较高要求，积极推动养老金等长期投资者基金入市可以改善中国资本市场结构，提高中国资本市场的稳健性。从当前情况来看，中国的资本市场存在着投资者结构不合理、机构投资者的比例相对偏低、市场的波动性偏大等问题。

长期来看，新股发行体制改革将进一步完善市场化机制和理顺市场主体之间的关系，中小板和创业板的估值将向合理水平回归，有利于直接融资市场的发展和社会资源的合理配置。

瑞信预计，2030年全球股市市值将升至284.2万亿美元，中国股市市值将超越英国和日本，位居世界第二，仅低于美国，中国股市市值将是当前的13.5倍。

区域产权交易市场

中国有几十万家的股份制有限公司，但境内也只有2400多家公司在上海和深圳证券交易所上市公开交易。从融资的需求和供给角度来看，存在着严重的不均衡，可见，中国迫切需要发展区域产权交易市场，扩大直接融资比重，健全资本市场体系，形成层次结构合理的资本市场体系，服务经济社会发展。

区域产权交易市场推进资源优化配置

产权交易市场通常是指以依法设立的产权交易所、产权交易中心为载体和平台的产权交易市场。全国200多家产权交易机构形成了三个层次的市场：第一个层次是多家产权交易机构以联合体或"共同市场"方式形成的区域产权交易市场，最具代表性的是北方产权交易共同市场和长江流域产权交易共同市场等；第二个层次是以单一的省级产权交易机构为载体形成的区域产权交易市场，其中较有代表性的是北京、天津、上海和重庆四个能够实现央企产权交易的省级产权交易市场；第三个层次是以单一的市、县级产权交易机构为载体形成的区域产权交易市场。

区域产权交易市场可以进行多种分类，如按市场专业属性的不同可分为区域技术产权交易市场、区域文化产权交易市场、区域金融资产交易市场、区域环境产权交易市场等。区域产权交易市场按照形态的不同可分为独立型区域产权交易市场和联合型产权交易市场。独立型区域产权交易市场是指由各级地方政府批准或直接组建，以冠有行政区划名称的产权交易所（中心）为主要载体并以企业产权（包括未上市证券）为主要交易对象，主要服务于行政区划内地方经济发展的产权交易市场。联合型区域产权交易市场是在各独立产权交易机构实现联合或统一的基础上，发展为各独立产权交易机构之间实现资源联合的一个跨区域市场平台。

发达国家和地区的区域证券交易市场和产权交易市场都非常活跃，其市场结构能够满足各类企业的融资需要，因此发达国家和地区的多层次资本市场为企业的创新和发展提供了强大的资本推动力，相比之下中国的资本市场非常单一。在中国，间接融资和直接融资比重发展存在显著的不平衡，间接融资比重远高于直接融资比重。在直接融资当中，资本市场功能发育尚不完全，结构单一，主要依据于上市企业的主板市场。

对于区域经济而言，建立多层次市场有利于调动和聚集区域资金，区域产权交易市场能够吸引本地甚至是外地的社会资本，为区域内企业提供发展资金，带动区域经济发展；有利于引导民间资本和民间财富投资，减少区域民间资本投资的盲目性，为民间资本提供多种制度化和高收益的投资途径；有利于企业股权的流通和企业间的并购，加速区域内产业的整合和兼并，促进区域内快速形成一批优质企业，促进区域经济竞争力的提高。

作为四大产权交易所之一的北京产权交易所近年来市场业绩喜人，据《金融投资报》报道，2013年全年，北京产权交易所共完成各类产权交易项目31872项，同比增长28.02%；成交金额10195.8亿元，同比增长8.52%。年度交易规模突破万亿元，作为全国产权第一信息门户的地位更加稳固。2004年合并重组的北京产权交易所，更侧重于为非上市公司权益流转和股权融资服务。从传统的企业国有产权交易到林权、石油、文化产权、金融、环境权益、矿权等专业交易平台的搭建，北交所已成为促进全国要素资源有序流转的重要平台。十年来，累计完成交易金额3万多亿元，年交易规模扩张了40

多倍。

　　当然，中国区域产权交易市场在运行中还存在一些问题，主要体现在：一是只有转让，没有流通，融资功能较弱。二是信息披露不足，监管难度较大。三是交易品种有限，业务范围狭窄。四是交易市场流动性较低。

完善区域产权交易市场制度构建

　　区域产权交易市场需要完善各类制度建设，应以产权交易市场规则的全面、细致、体系化为主线，借鉴主板市场的交易、运行、监管等做法，充分体现出市场规则的程序性、公开性、公正性和可操作性，增强区域产权交易市场对市场主体的吸引力和对资本的吸附力，使区域产权交易市场充分发挥服务地方经济的功能。

　　与主板市场的严格要求不同，进入区域产权交易市场的企业应该主要定位于中小企业。处于初创期的中小企业最需要资金的支持，但是沪深证券交易所的容量有限，只有大型国有企业才具备上市资格，中小企业难以达到上市标准。而深市的中小企业板、创业板，吸纳中小企业上市的数量也十分有限。区域产权交易市场的优势则在于包容度较广，可以发挥产权"超市"的作用。

　　从当前的情况来看，产权交易方式无法一步实现标准化的连续性交易，但可以根据交易标的差异采取多种交易形式，包括协议转让、招投标、竞价拍卖等方法。在条件成熟的情况下，可引入连续竞价制度，避免在不连续报价的情况下交易者盲目报价，导致价格大起大落。连续竞价制度有利于吸引投资者进场交易，增大市场流动性。

　　区域产权交易市场应该发挥为主板市场和二板市场培育更多上市资源的储备作用。全国层面的各个产权交易所也应该建立层次分明、衔接紧密的统一框架，实现"全国产权交易市场—区域性产权交易市场—省级产权交易市场—县市级产权交易网点"的金字塔形结构。区域产权交易所应实现区域与全国资本市场的对接，当该企业具备一定资质或者满足一定条件时，可以进入全国产权交易联网中进行交易。

　　创新区域产权市场业务和交易品种。产权本身含义较为广泛，包括股权、债券、知识产权、物权等多种类型。区域产权交易所可以在上述业务的基础上探索更多的业务内容和交易品种，例如碳排放量的交易以及排污权交易等。也应致力于在加大金融资产流动性方面的尝试，例如，与金融机构合作开展理财产品和信托产品的交易，这类资产数额较大，当前基本上没有二级市场，区域产权交易所利用自身的平台优势可以加大这类金融资产的流动性，实现资源的优化配置。

积极探索为中小企业债券的发行和流通提供平台。中国的直接融资中，股票融资比重远远高于债券融资，而且债券融资也主要是以政府债券和金融债券为主，公司债券规模非常有限。建立中小企业债券发行和流通平台，可以为中小企业有效解决融资难问题。

同时，发展特色产权交易市场。如成立文化产业交易市场，实现文化产业与金融市场对接，为各类文化创意活动提供实现价值的通道，文化产业与资本市场实现灵活多样的结合，这也是中国产权交易所这种要素市场机制的一种新的发展方向，能够对文化产业发展产生非常巨大的推动作用。通过文化产权交易所公开交易，可以使得信息公开化，打通与大众沟通的渠道，创立新的商业模式，吸引中介机构的广泛参与等，使得文化资源真正形成产业化。另外，文化产权交易平台的存在，将使得文化领域的偶然交易变为一种常态的市场交易，让各种要素集聚，扩大成交额，形成规模集约效应。上海文化产权交易所，依托上海左手是金融，右手是文化的区位优势，挂牌金额突破1000亿元，以"小机构大市场"为理念，逐渐形成文化展示、交易、演艺、保管、融资、鉴定、评估、贸易、交流、培训为一体的全国性文化产权交易服务平台，成为文化与资本对接的重要通道，对于探索"文交所"可持续发展模式具有重要意义。

第**15**章 走向理性的保险业

保险业作为现代金融的重要组成部分，是现代经济社会的"稳定器"和"助推器"，具有经济补偿、资金融通和社会管理三大功能。探索保险业服务新型城镇化的体制机制和有效模式，逐步使其成为新型城镇化建设的重要融资渠道，成为新型城镇化过程中应对灾害事故风险的重要手段。

保险就是平安

国学大师胡适先生谈起保险时曾说过，"保险的意义只是今天作明天的准备；生时作死时的准备；父母做儿女的准备；儿女幼时作儿女长大时的准备，如此而已。今天预备明天，这是真稳健；生时预备死时，这是真豁达；父母预备儿女，这是真慈爱。能做到这三步的人，才能算做现代人"。

自有人类以来，各种自然灾害、意外事故就时常威胁着人类的生存与发展，为了寻求防灾避祸、安居乐业之道，萌生了对付各种自然灾害、意外事故的保险思想和一些原始形态的保险做法。最早的保险思想产生于处在东西方贸易要道上的古代文明国家，如古巴比伦、古埃及、古罗马等，《汉谟拉比法典》是一部有关保险的最早法规，基尔特制就是一种原始的合作保险形式。

保险作为一种社会经济制度，是一种社会化的安排，从狭义上讲，指投保人根据合同的约定，向保险人支付保险费，保险人对于合同约定的可能发生的事故因其发生所造成的财产损失承担赔偿保险金责任，或者当被保险人死亡、伤残、疾病或者达到合同约定的年龄、期限时承担给付保险金责任的保险行为。

中国的保险法规体系逐步完善，形成了以《中华人民共和国保险法》为核心、以行政法规和部门规章为主体、以规范性文件为补充，基本覆盖保险经营和保险监管主要领域的制度体系。保险市场主体不断增加，不仅包括国有保险公司和外资保险公司，并且在保险公司的专业化经营上取得了新的突破，如成立专业性的农业保险公司、养老金保险公司、健康保险公司、汽车保险公司等。截至2013年末，全国共有中资、外资保险公司接近300家，专业保险代理公司、保险经纪公司和保险公估公司等保险中介机构接近3000余家。2013年全国实现保费收入1.72万亿元，同比增长11.2%；全国保险公司利润总额达到991.4亿元，保险公司总资产8.3万亿元，较2013年初增长12.7%。从保费收入的规模和增长速度来看，近20多年来，增长速度都高于同期GDP增长速度。

中国保险业虽然发展势头良好，但也存在着一些问题。

第一，行业发展方式粗放。经过几十年的发展，中国保险业的发展基础和外部环境已经发生了深刻变化，但沿袭下来的粗放发展模式却没有发生改变，总体上仍停留在争抢业务规模和市场份额的低层次竞争水平上。保监会统计数据显示，2013年全年实现保费收入1.72万亿元，同比增长11.2%，扭转了业务连续下滑的势头，保费规模全球排名第四。

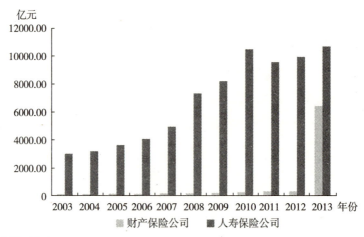

数据来源：Wind。

图15—1　财产保险公司和人寿保险公司保费收入

第二，保险业创新动力不足。大多数保险机构片面追求规模扩大，产品结构雷同，机构设置重复，大多数产品从国外市场引入，距离人民消费水平的提升速度和投资需求的多样化仍有一定差距。保险行业2013年的营业利润率约为4.75%。车险承保利润率持续下滑，2013年车险已经全行业承保亏损。

第三，保险产品配置及资金运用结构不合理。从保险产品配置角度看，财产险、寿险等产品存在单个产品发展过快，占据市场份额过大，既不符合中国市场发展趋势，也不利于各险种均衡发展；从保险资金运用角度看，当前保险资金投资固定收益类资产过高，过分强调安全性而忽略收益性，既不利于资金运用结构的调整，也不利于保险资金资源的优化配置。资金运用方面，资产结构得以优化，企业债和另类投资等高收益资产占比较2013年年初分别增加2个百分点和6.3个百分点。2013年保险业利润总额同比增加112.5%的一大主要原因即为投资收益率的回暖。保监会数据显示，2013年全行业实现投资收益率5.04%，比上年提高1.65个百分点，是近4年来的最好水平。

第四，部分机构急需重塑信誉形象。由于发展速度过快缺乏有效监管，部分机构在诚信经营方面出现问题，表现在：设计的保单晦涩难懂引诱消费者落入陷阱，待出险时逃避保险责任；夸大保险的保障功效；借助权力部门强制销售保险；通过热门产品搭配销售有关险种等。这些现象破坏了保险业的整体形象和声誉。

尽管保险业存在诸多问题需要解决，但随着中国社会法制化进程及整体经济的发展，中国保险市场必将日益繁荣，监管政策逐步完善，各类保险机构运行更加市场化、专业化、规范化，为社会提供优质的保险产品和服务，逐步走向国际保险市场。

城镇化中保险业战略机遇

城镇化发展战略为保险业快速发展提供了难得的历史机遇，城镇化过程中的基础设施建设、公共服务、养老保障、医疗救助、劳动力转移等都需要保障机制的配套和资金的支持，保险业必须主动融入城镇化建设大局，充分发挥其自身优势，助推城镇化建设的顺利实施。

保险业推进新型城镇化建设大有可为。一是为新型城镇化提供资金支持。保险资金具有长期性、稳定性等优势，在属性上与城镇基础设施建设较匹配。二是提供保险保障，促进人的城镇化。通过发展进城务工农民等一揽子保险，促进社会保障均等化，推动农村转移人口市民化。三是促进城市管理现代化。通过参与公共产品和服务采购，发展与公众利益密切相关的责任保险，有利于创新城市管理方式，提高社会管理效能。四是城镇化进程中需要搭建以商业保险保障为依托的社会安全保障网络，保险业通过专业化运作和高品质服务，可以切实发挥社会管理功能，如大病医疗保险，就是商业保险机构利用其专业优势来承办大病保险，发挥市场机制作用。五是推动新型城镇化与农业现代化协调发展。通过发展"三农"保险，有利于提升农村和农民的现代化水平，缩小城乡人口转移的跨度和冲击。

据有关统计分析，新型城镇化与保险密度[1]相关性甚高，286个地市城镇化率与保险密度相关程度为50.33%，城镇化率每提高1个百分点，保险密度就增加30.686元。286个地市城镇化质量指数与保险密度相关程度为55.39%，城镇化质量指数每提高1个百分点，保险密度就增加69.802元。在人身保障、养老、医疗、住房、教育、汽车、权益保障，以及基础设施建设等方面，保险机构可以以其独有的市场化和专业化特点，在新型城镇化的进程中提供有效的保险服务。据此推算，2020年中国年保费收入将达到3.98万亿元，对应年化增速为12.01%。城镇化建设形成的资产需要保险保障。同时，保险深度[2]也会有很大幅度的提高。

表15-1　2013年部分地区的保险密度和保险深度

指标名称	北京	河北	辽宁	上海	浙江	湖北	重庆	云南	新疆
保险密度（元）	4269.0	1051.3	1323.0	3447.3	1797.7	919.5	1124.0	585.8	1055.0
保险深度（%）	5.0	2.9	2.3	4.1	2.8	2.4	2.9	2.6	3.2

数据来源：根据相关报道整理。

---

[1] 保险密度是指按当地人口计算的人均保险费额，反映了该地国民参加保险的程度，以及一国国民经济和保险业的发展水平。

[2] 保险深度是指某地保费收入占该地国内生产总值（GDP）之比，反映了该地保险业在整个国民经济中的地位，保险深度取决于一国经济总体发展水平和保险业的发展速度。

从世界范围来看，随着人们收入水平的不断提升，各国的保险密度也在不断提高。美国、英国和德国的保险密度分别由1975年的494.8美元、198.4美元、303.1美元，递增到2004年的3755.1美元、4508.4美元和2286.6美元，法国、意大利、日本、墨西哥、印度和韩国等国家也都出现了不同程度的增长。与发达国家相比，中国的保险业还有很大的发展空间。

表15-2　1975~2007年世界主要国家保险密度变化情况　单位：美元

年份	美国	德国	英国	法国	意大利	日本	墨西哥	印度	韩国
1975	494.8	303.1	198.4	214.8	73.2	180.4	11.0	1.6	8.4
1980	833.7	653.9	554.7	419.2	127.1	506.9	21.0	2.7	39.4
1985	1256.8	726.5	651.6	496.1	175.1	905.8	14.9	3.2	136.4
1990	1928.66	1462.79	1316.74	1261.30	524.16	2252.49	30.37	2.50	640.46
1995	2372.20	1899.20	1694.20	2268.40	674.40	5088.30	39.10	6.40	1190.8
1999	2921.10	1675.70	4642.70	2080.90	1153.70	3908.90	84.60	8.50	1022.8
2000	3461.28	1645.71	3971.17	2101.83	1461.90	3497.49	126.74	14.71	1159.29
2002	3461.6	1627.7	3879.1	2064.2	1435.4	3498.6	126.7	14.7	1159.8
2003	3637.7	2051.2	4058.5	2698.3	1913.1	3770.9	106.5	16.4	1243.0
2004	3755.1	2286.6	4508.4	3207.9	2217.9	3874.8	117.8	19.7	1419.3
2005	3875.2	2310.5	4599.0	3568.5	2263.9	3741.7	121.3	22.7	1706.1
2007	4087	2662	7114	4148	2322	3320	164	47	2384

瑞士再保险关于亚太区医疗保障缺口的最新研究报告显示，在亚太地区，中国的医疗保障缺口最大，2011年约为32亿美元，2014年为122亿美元，至2020年则将达到730亿美元。这当中蕴含着商业健康险巨大的市场。

很多国家和地区的发展经验表明，商业保险在统筹城乡发展、完善社保体系、提高保障水平、辅助社会管理等方面具有明显优势，在推进城镇化建设中发挥了重要作用。一是解决社会保障的问题。根据207个国家及地区的数据分析，城镇化率的上升能带动居民保险保障需求快速增加。以德国为例，德国自1881年起逐步建立了以法定养老保险、企业养老保险和私人养老保险为支柱的养老保险体系，为城市人口的激增奠定了社会保障基础。特别是通过发挥商业保险机制的作用，有效缓解了人口老龄化的冲击和财政支出压力加大等问题，在城镇化进程中发挥了不可替代的作用。二是解决资金来源的问题。从世界范围看，保险资金一直是城镇化建设的重要资金来源。以美国为例，第二次世界大战后美国城镇化快速发展，城镇化率由1940年的56.5%上升至1960年的70%，快速的城镇化进程产生了巨大的资金需求。美国政府通过在债券市场上大规模发行国债及市政债券获得充足的资金。在这一过程中，保险资金逐步提高对基础设施建设相关行业（航天、国防、广播、电力、石油天然气、通信、物流）的债券投资。三是解决公共管理的问题。人口向城市集中，会给城市带来一系列社会问题，增加了政府公共管理压力。从欧美国家治理环境污染的经验看，运用社会化的救济方式替代民事赔偿等个别化的救济方式，将污染损害赔偿的责任在同种危险制造者之间进行社会性的分散，摒弃"损失要么由加害人承担，要么由受害人承担"的狭窄视野，走出一条环境污染赔偿责任社会化承担之路，是治理城镇化带来的环境污染的有效途径。

城镇化推动人口和经济资产的高度集中，这使得城市，尤其是大型城市更容易受到自然灾害风险的打击。对于沿海或靠近地震活动比较频繁，以及水灾易发地区的超大城市而言更是如此。据瑞士再保险公司统计，2011年居住在沿海超大城市的人口中，有约87%的人群受到至少一种自然灾害的影响。中国是世界上自然灾害最严重的国家之一，平均每年灾害直接经济损失超过2000亿元。从发达国家看，保险赔付占自然灾害损失的比重一般在30%~40%，中国仅3%左右。比如，2013年23号强台风"菲特"给宁波带来了强降雨，引发特大洪涝灾害，全市3万余家企业、248万余人受灾，7万余辆车和27480间房屋受损，全市一半以上农田受淹，给当地经济发展和人民生活造成严重影响。在这百年一遇的灾情中，保险业赔款给付超过35亿元，为缓解灾区人民的生产生活困难和促进灾后恢复重建发挥了积极作用。

城镇化与农业现代化相辅相成、密不可分。新型城镇化过程不能回避农业现代化，只有实现了农业现代化，才能把更多的农民从土地上解放出来，从而真正走向城镇化。通过大力发展"三农"保险，有利于提升农业现代化水平。一是保障农业生产。2013年我国农业保险承保主要农作物突破10亿亩，占全国主要农作物播种面积的42%，提供风险保障突破 1 万亿元。2007年至2013年7年期间农业保险累计共支付赔款760亿元，为稳定农业生产发挥了积极作用。二是保障农民生活。农村小额人身保险可以为农民提供保费少、保额低的保险服务。当前，中国开展农村小额人身保险试点，农民平均花20~30元就能获得1万元左右的保障。三是支持农村信贷。通过开办小额信贷保险，为农民提供信用担保，形成保险与信贷结合，从而有效解决贷款农户和农村金融机构两方面的风险保障问题。

养老需要保险

老龄化是当今世界人口结构的发展趋势，中国在20世纪末已步入人口老龄化时代，人口老龄化造成了极大的社会保障和经济压力，对处于改革进程之中的城镇基本养老保险制度无疑是一个巨大的挑战。解决城镇化进程中的养老问题关系着城镇化的成败，城镇化则为保险业实现新发展提供了一个良好契机。

中国已经进入老龄化社会

人口老龄化是指人口总体中的中老年人口所占比例（或份额）不断增加这样一种渐进过程，当一个国家 60 岁以上人口占本国总人口的 10%，或 65 岁以上人口占本国总人口的 7%时，称为老年型人口社会。

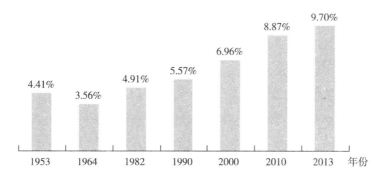

数据来源：国家统计局。

图15-2　中国65岁以上人口比重

中国人口老龄化有三个特点：一是老年人口基数大，当前中国60岁以上的老年人口占亚洲老年人口的二分之一；二是老年人口增长速度快，中国人口结构用了不到二十年时间就从成年型转向老年型；三是人口老龄化超前于经济发展。伴随着中国社会经济的发展和计划生育政策的实施，中国人口的出生率和死亡率都大幅下降。与此同时，与发达国家相比，由于中国政策的特殊性，国民财富的累积还未达到相应的程度却要承担庞大的老年人群各方面的需要，呈现出"未富先老"的特征。

人口老龄化对处于改革进程之中的城镇基本养老保险制度无疑是一个巨大挑战。从经济增长和养老保险的关系上看，人口老龄化给经济增长带来的不利影响，最终会反映在养老保险的待遇水平上，摊薄赡养费则会使社会保障制度的运行受到严重威胁，进而影响城镇化进程甚至是社会稳定。

中国人口总量已经接近14亿人，预计到2015年，老龄人口将达到2.2亿人，2020年将达2.48亿人。同时，中国平均每个家庭的人口数量为3.44人，逐渐形成家庭"4—2—1"的结构，两代人组成的家庭比例不断增加，传统的家庭养老保障受到严重的削弱。

当前，养老保障制度"多轨制"，中国现行养老金制度未把机关、事业单位纳入基本养老保险社会统筹范围，仍实行国家财政统包，但却要享受较高的退休金待遇，加剧了养老金的收支矛盾；随着人口老龄化程度的加剧，支付压力日益增大；养老资源严重缺乏，例如存在养老设施总量供不应求，养老服务队伍的职业化建设滞后，体制机制不顺畅等问题。

缺失的养老金

中国正逐渐走向深度老龄化阶段，劳动力资源不足、养老压力增大对社会经济的发展有着巨大的限制作用。养老保险制度是社会保障的一个重要方面，其关系到公民的利益，随着中国人口老龄化的加剧，中国的养老保险也将受到诸多方面的影响，诸如养老负担加重、制度给付年限增加、退休费用增加、制度层次偏低等，为了更好地应对这些挑战，应该对其进行充分地了解，并采取有效的措施。

中国的社会保障体系起步较晚，尚未形成全覆盖的、统一的社会养老保障制度。2011年，全国社会保险基金收入仅占GDP的总值为5.08%，支出占比为3.82%，而欧元区国家社会福利支出占GDP的比重平均能达到17%。此外，现存的养老体制在设计上因人而异，分为政府与事业单位人员养老、城镇职工养老、农村居民养老三部分，存在覆盖面不广、保障低、养老资金紧张、隐性债务显性化、个人账户空账运行等问题。现行养老体制的缺陷在运行中使得养老金缺口持续扩大。据中国社科院《中国养老金发展报告2012》显示，2011年中国养老金个人账户空账额继 2007年后再次突破2万亿元。如果养老金缺口问题不能得到妥善解决，可能出现若干年后退休人员领不到养老金的局面。面对剧增的养老需求，中国正着手进行养老制度改革，但基于经济上中国仍处发展中国家，经济储备不足，养老制度未完善的现状，职工退休前收入与退休后领取的养老金有巨大落差，老龄人士难以纯粹依赖国家养老体制为个人提供全面充分的养老保障。

2014年2月，财政部与人社部印发《城乡养老保险制度衔接暂行办法》，合并新型农村社会养老保险和城镇居民社会养老保险，建立全国统一的城乡居民基本养老保险制度，标志着全国范围内养老保险制度并轨破冰启程。统一城乡基本养老保险制度有助于迅速推进养老保险全覆盖。截至"十一五"末，中国农民工总数已达2.42亿人，但其中养老保险参保人数仅为3284万人，这种差别殊悬的状况，彰显的是打通城乡两套养老保险制度模式的必要性与迫切性。统一城乡基本养老保险制度可为未来更大口径养老保险制度并轨积累经验、探察路径，这种事权、财权同时上提，以及按地区、视情况差别化处理的基本思路，显然也适用于未来更大口径养老保险制度并轨。

当然，适当调整退休年龄，减缓人口老龄化对养老保险的冲击也是一个有效的措施。当前，中国的退休年龄还是20世纪70年代末制定的，一般退休年龄为：男性60岁，女干部55岁，女工人50岁。这个标准是针对当时国情、人们的身体状况和平均寿命制定的，近30年来中国人民的身体素质和平均寿命都有了大幅度的提高，以前的标准显然已不符合制定退休年龄的初衷。近年来，西方发达国家对退休年龄也做了一些改革。日本男性从2013~2025年，女性从2018~2030年，退休年龄从60岁延长到65岁。英国女性的退休年龄在2010~2020年逐步延长到65岁。提高法定退休年龄可以有效减少退休人员占从业人员数量的比例，从而减轻养老保险基金和国家财政支出的负担水平。根据中国人口年龄状况，我们可以运用鼓励性、阶段性的方法逐步提高退休年龄。

"以房养老"新思路

"以房养老"也被称为"住房反向抵押贷款"或者"倒按揭"，是持有房屋产权的老年人向金融机构或其他机构抵押借款，来满足老年人退休后生活成本的支付意愿，以维持其基本的生活品质；借款额度的多少与借款人年龄、预期寿命、房屋现值、房地产市场状况等多项因素有关。"以房养老"充分考虑了家庭生命周期与住宅生命周期的差异，被视为完善养老保障机制的重要补充。

举例测算，一名70岁男性老人，若房产价值为500万元，平均预期寿命还有14.8年，通过计算房产增值，扣除掉未来的预支付息，考虑平均寿命等因素，一个月可以拿到27000元，这种反向抵押方式比卖房养老、租房养老更划算，反向抵押不仅每个月能拿到的钱更多，而且可以继续居住，分享房产增值的收益。

实行"以房养老"有积极的现实意义。一是缓解养老压力，为老年人提供一种新的选择，增加其退休后的收入来源。二是优化资源和财富配置，对于空巢老人可以通过以房养老变现，提高自己晚年的生活水平。三是提高老年人整体消费能力，保障其生活水平。四是会有更多的住房出租或者出售，有助于盘活二级房地产市场。五是活跃金融市场，吸引银行等金融机构参与养老市场。

结合国外以房养老的模式及经验，我们可以得到一些借鉴。美国是以房养老发展比较成熟的国家，在发展以房养老的过程中，政府发挥了极其重要的作用，出台相关的优惠政策，进行一系列的引导和宣传，为公众提供各种咨询，增强社会信誉度。美国的住房养老模式有多种方式，有各自不同的特点，也适合于不同的人群，提供了多样的选择，使更多的老年人群体参与到这一业务中来。同时，对可能存在的各种风险进行合理的规避，建立反向抵押贷款的再保险机制，解除各种后顾之忧。

表15-3　美国反向抵押贷款产品特征

贷款类型 贷款特征	HECM	Home Keeper	Financial Freedom
贷款机构	联邦住房管理局授权的商业银行	Fannie Mae	Senior Funding Corporation
贷款机构性质	政府主导	公共公司	私营
贷款限额	$160176至$290319不等，依所在地贷款最高额度限制而定	最高贷款额度为$333700，依所在地贷款最高限制而定	$700000
支付方式	终身支付、定期支付信用限额或其组合	终身支付、信用限额或其组合	一次大额支付、购买年金或者开放式最高信用额度，未用额度每年增长5%
发起费用	多样化、通过反抵押贷款融资的最高额度为$1800	房屋价值的2%，或最高贷款额的2%加1%贴息	不超过房屋评估价值的2%
适用人群	房屋价值较低的借款人	房屋价值中等的借款人	借款人拥有较高房屋价值
保险情况	由住房与城市发展部承担保险机制的设计管理	无	无
二级市场	Fannie Mae购买合格的贷款	Fannie Mae购买合格的贷款	证券化

　　截至2002年末，在美国，可以办理住房反向抵押贷款的金融机构已经达到了1500家。在经历了2007年的美国次贷危机以后，美国的住房反向抵押贷款的业务数量仍然处在不断上升的趋势之中。

　　2013年9月13日，国务院印发了《关于加快发展养老服务业的若干意见》，明确提出，"开展老年人住房反向抵押养老保险试点"。2014年3月，保监会近日向各家人身保险公司下发了《关于开展老年人住房反向抵押养老保险试点的指导意见（征求意见稿）》，并拟在北京、上海、广州和武汉四地率先开展试点，对参与保险的人群和从事该业务的保险公司都有明确的要求。

　　大力推进以房养老模式，从现实的情况来看，还存在一些阻碍因素。包括：一是传统文化和社会习俗的约束。中国传统的养老模式是养儿防老、家庭养老，随着社会的发展，中国社会中传统的养老方式正面临家庭规模和结构的巨大挑战，"以房养老"模式的实施，将打破中国传统的养老方式，家庭内部的财产分割和继承关系也将遭遇挑战。二是房地产市场的支撑程度。

近几年来，中国房地产市场迅速发展，投资规模不断扩大，房价增长猛增，价格泡沫不断积聚，直接影响到房屋的估值，而房屋价值的稳定性是实现以房养老的基础。三是技术方面的阻碍因素。房地产、金融、保险、社保及行政管理多个方面尚未形成配套的具体规定。国外成功的经验就是可操作性，在房产价值评估方面，根据老年人的健康状况等有关数据推算预期寿命，结合不同老年人的实际情况找出最适合的养老模式，然后再由专门的服务机构从事这样的工作，从而达到专业化的水平，但当前中国缺乏同类机构。"倒按揭"涉及利率变动、房产价值变化和老年人预期寿命等众多不确定性因素的影响，银行操作起来也顾虑颇多等。

保险资金的城镇化运用

保险资金具有规模大、期限长、稳定性强、融资成本相对低廉的特点，契合了城市化进程中基础设施等长期项目的资金需求。当前，保险资金支持城镇化建设，主要通过基础设施投资计划、股权和股权基金以及投资养老产业等形式。

保险资金分享城镇化盛宴

中国保险资金运用历程大致经过了四个阶段。第一阶段，从1980~1987年，为起步阶段，保险资金运用尚未成为保险公司的主要经营工作，资金的运用形式基本为银行存款。第二阶段，从1987~1995年，为全面放开阶段。当时中国正处于经济体制转型期，经济波动较大且无相关法律规范约束，形成大量不良资产。第三阶段，从1995~2004年，为逐步加强监管阶段。国家逐步颁布各项法规和规定，规范保险资金运用的管理，并逐步开放保险资金投资市场的范围。第四个阶段，从2004年至今，为进一步完善监管阶段。一系列保险资金运用新政得以颁布，保险资金投资渠道得到扩宽，投资领域已逐步与国际接轨。

2012年6月起，保监会推出13项险资投资新政，增加了保险业保险投资品种，且首次提出保险资金可以直接投资不动产，这样使得中国保险业可以拓宽新的领域。13项保险资金投资新政几乎囊括了所有投资工具，包括债券、证券投资基金、央行票据、非金融企业债券等。还打通了保险业和证券、基金、银行、信托行业在产品、渠道、托管等方面的业务通道。2014年4月4日，保监会发布《中国保险监督管理委员会关于修改〈保险资金运用管理暂行办法〉的决定》，新《办法》中最核心的变化是对原《办法》中第十六条有关险资投资具体资产的比例进行了调整，自5月1日起实施。进一步推进保险资金运用体制的市场化改革，目的在于提高保险资金运用效率。其关于资金运用比例的最新规定说明保险资金投资被进一步松绑，也意味着保险资金运用监管正式迈入大类资产比例监管时代。

第一，保险资金运用额度大幅提升。从2001年到2012年，伴随着中国保费收入和保险总资产规模的增长，保险资金运用额度大幅提升。保险资金运用余额从2001年末的3702.8亿元增加到2012年末的68500亿元，年均增长50%以上。

第二，保险资金运用领域扩大。随着相关政策的颁布实施以及市场环境的改变，保险资金运用的投资策略不断调整，投资结构也随之变化。2007年保险公司扩大了股票投资比重，资金运用收益大幅提高；2008年，面对国际金融危机的不利影响，各保险公司实时调整投资策略，银行存款、债券等流动性较强、收益率相对稳定的资产所占的比例有所上升；2010年，低利率、高通胀导致的负利率对以保险资金为代表的稳健型投资者构成严峻挑战，债券、股票、证券投资基金份额分别同比下降；2011年，保险资金运作风险较大，增加了新发基础设施债权、不动产投资计划等另类资产的投资，以增强投资的稳定性和可持续性；2012年末，保险资金运用余额为6.85万亿元，占保险业总资产的93.2%。其中银行存款2.3万亿元，占比34.16%；各类债券余额3.06万亿元，占比44.67%；股票和基金8080亿元，占比11.8%。

第三，保险资金运用机构专业化。当前，中国保险资金运用主要有三种模式：成立独立的资产管理公司，委托专业机构运作以及公司内设资金运用部门，随着政策支持不断开放，保险公司纷纷通过设立资产管理公司、养老金管理公司等专门机构进入相关领域，完善和优化了保险资金资产管理体系，使资产管理体系建设更加规范化、专业化、科学化。信托作为一种良好的金融工具也开始受到保险资金的青睐，京沪高铁项目就是保险资金成功运作的案例。

　　保险资金，无论是养老健康保险积累的资金，还是财产保险中长期沉淀的资金，都有较长的实际久期，资金长期性、稳定性契合了城市化进程中基础设施和房地产建设的资金需求。基础设施类项目一般所需资金量较大、项目营运周期长，基础设施投资中的铁路、桥梁、高速公路、水利等项目无疑在期限上能够实现与保险资金的较好匹配。保险资金能够成为解决城镇化资金来源的重要渠道，并且保险资金支持城镇化建设相对成本较低，从现在保险资金的债权计划来看，资金成本比银行贷款利率有一定的折让，保险资金在成本上还是有明显优势。

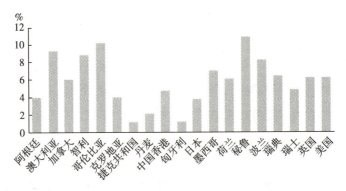

数据来源：Towers Watson。

图15-3　1990~2007年世界各国（地区）养老金平均投资收益率

　　过去5年，保险资金运用规模的复合增长率为20.48%。如果未来20年平均增速能够保持在15%，按资金运用总额20%的比例投入基础设施和不动产，那么保险业可以累计提供资金24万亿元，加上以债券等方式的投资，共可为城镇化建设提供资金60万亿~80万亿元。从另一个角度看，保险资金投资城镇化，实际上是满足了人口老龄化和城镇化的双重需求，实现了社会保障体系建设和城镇化的良性互动。

　　通过投资基础设施、公用事业和公共服务项目，保险资金投资收益将向社会资金平均收益逐渐靠拢，这对于提高保险业发展速度、增强保险业服务经济社会的能力、扩大保险业覆盖面具有战略性的意义。

　　据测算，仅基础设施投资计划和不动产两项，当前保险基金能够为城镇化建设提供的资金约为1.2万亿元。而如果再考虑到债券投资，则数字更为可观。加速的城镇化建设能够为保险资金提供更广阔的配置空间，促进保险资产配置的多元化，分享新一轮城镇化的收益。

创新保险资金运用方式

国际经验表明，城镇化同时还为保险资金提供了稳定的配置标的。在美国城市化建设加速的过程中，其债券市场得以迅猛发展，保险资产配置也从之前的以国债为主逐步转为以企业债券为主。并且，随着城镇化不断向纵深推进，集体土地流转或被征用后，不动产等更多要素资源的增值，将有利于提升保险资金投资收益。在中国，保险公司基本都是通过投资基础设施债券参与城镇化，随后保险资金逐步进入基础设施投资领域。2007年，中国平安牵头保险团队以股权投资计划的方式投资京沪高速铁路项目。2011年，中国太保等7家保险资产管理公司以债权投资方式参与北京"蓝德计划"保障房项目。

"二战"后美国城市化加速的过程，是债券市场大发展的过程，也是保险资金配置多元化的过程。美国出台了一系列政策来支持城市化的推进，城镇化率由1940年的56.5%上升至1960年的70%。快速的城镇化进程产生了巨大的资金需求，债券市场由于其融资成本相对较低而受到政府青睐，政府通过在债券市场上大规模地发行国债及市政债券获得了充足的资金。城镇化还增强了美国企业的投资需求，从而刺激了企业的融资需求，美国公司债券市场规模快速增长，截至2011年，美国非政府债券市场规模为22万亿美元，而同期政府债券市场规模为16万亿美元。美国债券市场的重大发展，为保险资金提供了大量的优质债券供给。而且，高质量的公司债券也推动了保险业的巨大变革。"二战"前，寿险业50%以上的资产投资于国债。战后因重建需要，美国公司债券快速发展，同时住房需求也迅速上升。保险行业持有的公司债券和抵押贷款比例提高。1945年到1960年，保险投资国债、公司债和抵押贷款的比例从50%、25%、15%变化为4%、40%、35%。而当前中国保险投资国债、企业债的比例是7%，16%，具有很大的优化空间。

对于保险资金支持城镇化，还需要加强创新管理，在积极稳妥地支持城镇化建设的同时，确保保险资金稳定的回报。

第一，保险资金支持城镇化应创新业务模式。充分利用保险机构营业网点众多，客户资源丰富的优势，使保险资金更好地对接优质项目资产。另外，进一步加强保险资金运用与保险产品的联系，尝试探索创新的资金运用模式，研究建立适合区域经济特征的保险产品与保险资金运用相挂钩的投资模式，做到保险资金取之于区域经济，服务于区域经济，加快形成保险产品、保险投资与区域经济的协调良性发展机制。最后，对于具有公益性质的城镇化项目，可以研究借鉴国家开发银行投资模式，与当地政府探索合作共赢的业务模式。

第二，保险资金支持城镇化应创新市场机制。培育符合保险资金长久期特征、固定回报要求、有较强流动性的另类投资市场，首先要参照银行间交易市场模式，研究构建适合保险资金特性的保险间投资交易市场。其次要开发适合在保险间市场投资交易的品种，包括：基础设施投资计划、项目资产支持计划、单一信托计划、优先股投资计划以及夹层、并购基金等资产证券化产品。还要形成依托市场服务机构，建立资产管理产品的注册、评估、登记和交易流通等市场化管理机制，提高产品发行效率，增强产品流动性。

第三，保险资金支持城镇化应创新投资工具。一是探索股债结合的投资方式，借鉴国外优先股模式设计优先股投资计划，以股权方式投入，约定投资回报率。二是基础设施投资计划创新，逐步放宽对于主体资质和增信措施的限制，推动保险机构成为识别、承担风险的主体；拓宽债权投资计划行业范围，不再限定基础设施领域，凡国家不禁止的行业，保险机构均可进行投资，支持保险资金投资于新兴战略性产业，服务于国家经济转型和结构调整。三是进一步创新资产管理产品，围绕城镇化战略，重点投资基础设施、清洁能源、医疗保健、养老服务、现代农业等领域，完善项目资产支持计划等产品业务，促进保险资金对接优质项目资产。

第四，保险资金支持城镇化应改进监管方式。首先要"科学监管，简政放权"，整合比例监管政策，重新整合定义大类资产，取消一些不适应市场发展要求的比例限制，按照投资品种风险属性不同纳入到大类资产配置比例中，不再单独设置具体比例。其次要"提倡创新，助力变革"，鼓励保险机构设立投资基金以及通过投资私募债支持小微企业。同时，需要鼓励保险机构创新投资方式，从保险资金自身特点出发，探索更多符合要求的投资方式。此外，应推动保险资金运用组织机构创新，推动一些类似登记结算中心的基础性组织的设立，为保险资产管理产品提供集中登记与结算等服务。

第五，需要"看清底线，改进监管"，将偿付能力和资产配置作为投资硬约束严抓不懈，把信息披露和风险责任人追责制度作为硬要求落到实处，牢牢守住不发生系统性区域性风险的监管底线。

投资城镇化有利于改变保险资金过度依赖股市的格局。现阶段，中国保险资金投资回报率同股市相关性较高，这在一定程度上放大了收益的波动风险。随着投资政策的进一步放宽，同城镇化建设相关的股权类、债券类等产品将会大量涌现，借助此类投资，保险资金可以实现更加合理的配置，摆脱之前过度依赖股市的情况，降低资金收益的波动性。

第**16**章　托得起的信托业

信托业在近年来实现了快速增长，2013年总资产规模达到了11万亿元，并迈过第二大金融行业的门槛，这使得它名正言顺地与银行、证券、保险列为中国金融四大支柱行业之一，仅排在银行之后，信托业已成为城镇化金融的主力军。

立于信成于托

信托作为一种财产管理制度，在观念与制度上起源于罗马法，但真正奠定它作为普遍适用的为他人管理财产的制度，是英国的信托法律与实践。经过历史变迁的洗礼，信托作为一种具有高度灵活性与可塑性的财产管理制度，超越了民事信托的原型，向商业信托方向发展。

六次整顿的"坏孩子"

翻开中国信托业30多年的成长历史，再没有一个金融行业有着这样的经历，记录在案的大整顿多达6次，监管层和社会舆论都把信托行业看成金融界的"坏孩子"。从1979年第一家信托公司中国国际信托投资公司的成立，到80年代初地方政府和专业银行蜂拥而上开办了多达1000多家的信托投资公司，之后却由于信托业内"事故"频发，经过6次整顿后，如今只剩下68家信托公司。

1982年4月，国务院下发《关于整顿国内信托投资业务和加强更新改造资金管理的通知》，开始第一次信托业整顿，要点是清理非银行金融信托机构，要求地方所办信托业务一律停止，以加强和协调信托业和银行业的宏观调控关系。

1985年初，国务院发出《关于进一步加强银行贷款检查工作的通知》，1985年12月23日，中国人民银行发布《金融信托投资机构资金管理暂行办法》，开始第二次信托业大整顿。

1988年，中国经济呈现出高速发展的势头，经济过热现象空前严重，到1988年末，全国信托投资机构数量达到上千家。同年8月，人民银行开始第三次信托业整顿，目的在于通过清理整顿金融信托机构来控制货币、稳定金融秩序，也较前两次更为严厉。

1992年，中国经济的一轮高速增长，以固定资产投资过快增长为主要特征的经济过热现象再次出现，信托公司在其中又扮演了加剧和扰乱的角色。1993年6月，中央决定进行宏观调控，收紧银根，严控货币发行，整顿金融秩序。人民银行第四次对信托业进行清理整顿。

1999年3月，鉴于信托公司普遍存在资产质量差、支付困难的问题，容易引发信托行业系统性风险和区域性风险的爆发，国务院开始对信托业的第五次清理整顿。从此，信托公司不再经营证券经纪业务和股票承销业务。

2007年，银监会颁布《信托公司管理办法》和《信托公司集合资金信托计划管理办法》取代2001年颁布的《信托投资公司管理办法》和《信托投资公司资金信托管理暂行办法》。随后又陆续发布《信托公司治理指引》、《信托公司受托境外理财业务管理暂行办法》等政策性文件，开始信托业的第六次清理整顿。在新的"两规"中，原"信托投资公司"特别去掉了"投资"二字。

然而，经历过六次大整顿，这个过去被边缘化的行业，正在扭转众人眼中"坏孩子"形象，逐步成长为中国金融业四大支柱之一。

2010年7月，银监会全面暂停银信合作业务，并逐步进行规范。2012年10月，备受期待的券商资产管理新政正式发布，2013年商业银行和保险资产管理公司资管计划的推出，全面开启了"泛资产管理时代"，进一步加剧了竞争。财政部等四部委2012年底发布的规范地方政府融资行为的"463号文"以及2013年3月银监会发布的规范商业银行理财业务投资运作的"8号文"，增加了信托公司政信合作业务和银信合作业务的不确定性，信托业又站在了发展的"十字路口"。

11万亿元是怎样炼成的

中国现代信托业虽然已经有30多年的发展历史，但在很长一段时间内，对其存在的功能和价值，在认识上一直存在模糊之处。2001年以后，中国颁布了《信托法》，确立了规范的信托制度；加上中国经济持续的快速发展，社会财富急剧增长，从而造就了规模巨大和极具发展潜力的信托市场。

在中国金融业当前实行分业经营、分业监管的体制下，信托公司是唯一可跨越货币市场、资本市场和实业领域投资的金融机构。信托在实现其管理财产的过程中，由于具有设立方式多样性、信托财产多元化、信托目的灵活性、信托受益权组合多样性等特征，无论是在投资范围，还是在资金运用方式上，均具有明显优势。

中国信托业在中国金融体系中的重要价值在于：促进储蓄向投资的转化，提高金融体系运行效率；信托是天然的产融结合工具，服务实体经济具有突出的优势；信托公司已成为中国的金融产品创新基地；信托公司满足了居民的投资理财需求，创造了巨额的财产性收益。

信托业已成为资产规模仅次于银行业的金融服务业"老二"。来自中国信托业协会的最新数据显示，2013年中国信托业资产总规模创历史新高，达10.91万亿元，与2012年的7.47万亿元相比，同比增长46%，但增速已有趋缓之势，首次结束了自2009年以来连续4年超过50%的同比增长率。全行业实现利润总额568.61亿元，实现人均利润305.65万元，在金融业中居于首位。

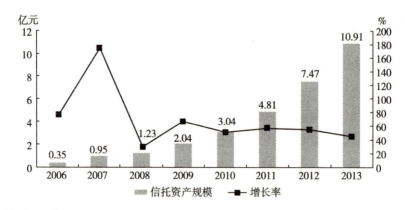

数据来源：中国信托业协会。

图16-1 信托资产规模增长情况

信托业务的发家史，离不开中国经济的快速增长、监管部门对银行信贷规模的管控以及社会财富的增加，尤其是离不开银行的"支持和配合"，银信合作成就了信托的"5万亿元时代"。

信托业管理的资产规模开始"爆发式"增长是在2007年。2007年末，信托业管理的资产规模从上年末的3600多亿元，增长到9621亿元，银信合作"打新股"产品，第一次成就了信托业管理资产规模的快速增长。

当时，股市在多年的"熊市"行情后，随着股权分置改革的实施，启动了一年大"牛市"，打新股成为几乎稳赚不赔的生意。银行理财计划不能"开户"申购新股，但是信托计划可以，于是银行就把理财资金委托给信托公司去"打新股"。银信合作"打新股"产品在2006~2007年曾让银行理财产品的投资者赚得"盆满钵满"，但此后，随着股市的下行，此类产品风光不再。

随后，融资类银信合作开始盛行。银行将理财资金委托给信托公司，然后信托公司按银行的要求购买信贷资产，或者对指定的客户发放信托贷款。2008年国家"四万亿"经济刺激计划出台后，银行开始大规模的信贷投放，但2009年第四季度以来，国家开始逐步控制信贷规模增长。在偏紧的信贷融资环境下，企业能够承受较高的融资成本，加之信托资金使用的灵活性，实业企业对信托融资的接受程度和实际需求都大大增加。

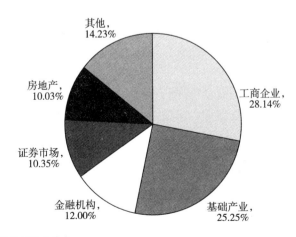

数据来源：中国信托业协会。

图16-2　2013年信托资金投向领域

从2013年资金信托的投向领域来看，投向工商企业的信托余额2.90万亿元，占比28.13%；投向基础产业的信托余额2.60万亿元，占比25.22%；投向房地产的信托余额1.03万亿元，占比9.99%；投向金融机构的信托余额1.24万亿元，占比12.03%；投向证券市场（包括股票、基金、债券）的信托余额1.07万亿元，占比10.38%；投向其他领域的信托余额1.47万亿元，占比14.25%。

海通证券数据显示，在政府融资平台15万亿元的债务中，有3万亿元来自于信托债务，占总债务比例的20%，而在这3万亿元的地方信托债务中，大部分归属于基建类信托。另据中国信托业协会公开数据显示，2013年第一季度投向基建产业类的信托余额21114.76亿元，占比达25.78%，位居信托各类投向的榜首。

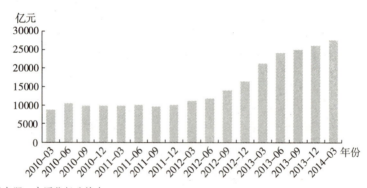

数据来源：中国信托业协会。

图16-3 投向基础产业信托余额增长情况

房地产属于信托投资的重点领域之一，房地产信托产品的交易结构非常丰富，除了传统信托贷款产品的结构之外，越来越多的公司采用房地产信托基金的形式，即信托资金以股权形式进入项目。在以房地产为中心的产业链条上，链接着众多实体经济部门，这些企业伴随中国房地产业在过去十几年的高速发展一同促进着中国经济的繁荣，因此，房地产一度被提升到中国经济的支柱产业。同时，中国房地产企业资金短缺问题严重。2003年6月，人民银行发布121号文件限制房地产企业向银行融资，但房地产市场的火暴及行业的高利润率使得房地产企业转向信托寻求融资支持，而此时信托行业也迎来了自身发展的黄金期。在房地产建设的各个阶段都能看到信托的身影。

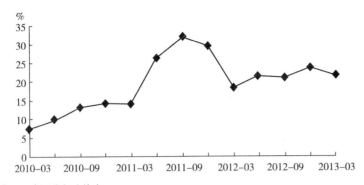

数据来源：中国信托业协会。

图16-4　房地产的信托新增规模/主要金融机构中房地产贷款

中小企业信托产品以支持区域经济发展为目的，以服务域内中小企业为手段，通过引入政府支持基金、大型国企资金、国有担保企业以及社会资本资金等，为实体经济的发展供给养分。中小企业信托投资的企业所属的领域更为广泛，涵盖了汽车服务业、农业食品业、生产制造业等多个行业领域。该类产品结合地方政府对当地中小企业的扶持政策，帮助降低企业的融资成本等。地方政府为促进当地规模以下经济的快速发展，都会以税收优惠、融资担保方式创新和设立发展专项资金等方式为中小企业提供相关支持。该类产品一般与政府控股或主导的担保公司合作，产品设计上采取结构化，安排由企业实际控制人或者担保公司认购次级信托单位，优先保证普通投资者的投资收益，除此之外，由于单个企业的资金需求量不会太大，为实现规模效应，降低运作成本，产品均采取打包投资的方式，同时组合投资也可以分散投资风险。

谁为信托买单

进入2014年以来，信托业兑付危机频频爆发。中诚信托30亿元信托产品兑付危机余波未了，吉林信托近10亿元信托产品再现逾期未兑付，华润信托稳益系列集合信托产品也出现本金大幅亏损的状况。

刚性兑付

中诚信托事件再度引起对"刚性兑付"的关注，中诚信托事件的导火索是其融资方振富能源实际控制人官司缠身，且名下资产短期难以变现，致其2011年起发行的"诚至金开1号"信托项目产品30亿元可能无法顺利退出，暴出兑付危机。后经多方协调，投资者将面临两种选择，一是立刻签字拿到本金，但未获得足额预期收益；二是继续持有，收益及本金需视项目未来情况而定。大部分投资者放弃了尚未兑付的第三次利息，选择了本金的落袋为安，并拿到了期待已久的本金。至此，中诚信托"诚至金开1号"从无法兑付的恐慌，最终落定为本金安全、利息损失的结局，一场备受国内外关注的金融事件也暂告段落。

按照"刚性兑付"应有之义，即使信托产品盈利极低甚至发生亏损，信托公司也要动用自有资金或引入第三方承担损失，从而保障投资者的本息。就当前中国信托业的产品种类而言，如果按照投资标的划分，主要可以分为融资类信托和证券类信托，其中融资类信托主要投资于实体经济，并与投资于虚拟经济的证券类信托相区分；如果按照发行方式划分，主要可以分为单一资金信托和集合资金信托，其中集合资金信托主要针对广大散户投资者，并与仅向一个投资者发行的单一信托相区分。虽然遵循"刚性兑付"原则仅限于融资类集合信托，但其却是当前信托市场的主力产品。

"刚性兑付"曾经对中国信托业发展起到至关重要的推动作用。从这个意义上讲，它的出现也是有其历史必然性的。早在2001年中国《信托法》实施之初，社会各方一度对信托业发展前景普遍看好。尽管如此，后来还是发生了金信信托、庆泰信托等事件。作为标志性事件，监管部门于2008年出台了《关于加强信托公司房地产、证券业务监管有关问题的通知》，其中明确提出，"对集合信托项目和银信合作信托项目，各银监局应在项目到期前两个月介入，督促信托公司做好兑付资金准备工作。对可能存在兑付风险的信托项目，应及时制定风险处置预案，并专项报告银监会"。由此，"刚性兑付"成为整个信托业普遍遵循的"规则"。

"刚性兑付"成为一纸背书，投资者便开始狂热追逐信托产品，并由此造就最近几年信托业"跨越式"发展的神话。但同时应该看到，"刚性兑付"的负面影响日益凸显。

第一，"刚性兑付"与相关部门规章并不完全契合。按照《信托公司管理办法》第三十四条有关规定，信托公司开展信托业务不得"承诺信托财产不受损失或者保证最低收益"。同时，按照《信托公司集合资金信托计划管理办法》第八条有关规定，信托公司推介信托计划不得"以任何方式承诺信托资金不受损失，或者以任何方式承诺信托资金的最低收益"。显而易见，"刚性兑付"并非上述部门规章应有之义。

第二，"刚性兑付"在很大程度上助长了投资者和信托公司的贪婪。与商业银行普通定期存款相比，信托计划不但预期收益率高，而且同样能够毫无风险实现收益，只要手中有钱，投资者对信托产品的需求肯定是多多益善。与此同时，一旦投资者的收益被固定，对于一个十分成功的信托计划，信托公司的收益就会占据大头。需要进一步指出的是，作为信托产品的代销者，商业银行不但没有制止上述行为，反而通过一向稳健的自身信用对"贪婪"起到了推波助澜的作用。

第三，加重了信托业的风险。不可否认，在经济形势稳定且市场主体对未来经济走向持良好预期的前提下，信托项目只要抵押措施无瑕疵，风险处置只是时间问题。但当前，全社会企业负债率越来越高，房地产企业包括许多著名的地产企业负债率高企，未来还款依赖后续融资，政信项目更是如此，说击鼓传花并不过分。后续融资能力终归要取决于宏观经济形势和中央的货币政策。

信托业希望打破"刚性兑付"，无非是不想背负"刚性兑付"带来的压力。人们称之为信托业的魔咒。可是我们不得不承认，这个魔咒又在客观上成为信托业过去几年快速发展的助推器。一方面，这个未在任何规定中体现出来的所谓潜规则有利于赢得投资者的青睐，另一方面，信托公司虽不背负法律上"刚性兑付"的义务，但是实现兑付的目标确实迫使许多信托公司提高风控标准。

长远来看，信托"刚性兑付"需要打破，但治理"刚性兑付"不可一蹴而就。如果之前不作市场铺垫或让投资者有足够的心理预期而听任违约，很可能会给信托业带来信誉危机，甚至灭顶之灾。为此，必须多管齐下做好应对。投资者风险意识增强，信托产品有流动性，薪酬内控合理，这些都是破除"刚性兑付"的前提条件。与这些工作相辅相成，监管部门可以允许信托公司逐步暴露风险，例如，可以从默许个别信托项目延期兑付或者利息部分兑付做起，直至最终实事求是地是反映整个信托业的全部风险与收益。

通道业务

通道类业务是指委托人自主决定信托设立、信托财产运用对象、信托财产管理运用处分方式等事宜，自行负责前期尽职调查及存续期信托财产管理，自愿承担信托投资风险，受托人仅负责账户管理、清算分配及提供或出具必要文件以配合委托人管理信托财产等事务，不承担积极主动管理职责的信托业务。通道类业务可以是单一、集合、财产或财产权信托业务。

在信托合同中，信托通道类业务应具有以下三大特征：第一，信托设立之前的尽职调查由委托人或其指定第三方自行负责，委托人相应承担上述尽职调查风险，受托人有权利对信托项目进行独立的尽职调查，确认信托项目合法合规；第二，信托的设立、信托财产的运用对象、信托财产的管理、运用和处分方式等事项，均由委托人自主决定；第三，受托人仅依法履行必须由受托人或必须以受托人名义履行的管理职责，包括账户管理、清算分配及提供或出具必要文件以配合委托人管理信托财产等事务，受托人主要承担一般信托事务的执行职责，不承担主动管理职责。

通俗地讲，所谓"通道业务"，就是商业银行在政策限制下，不得向某些行业（如房地产）直接发放贷款，因此银行转而通过"理财产品"的形式"吸储"，之后用理财产品募集的资金认购信托公司发行的金融产品，而这个金融产品的投向，其实就是向房地产企业提供贷款——由此，银行的储蓄资金，通过信托公司这个"通道"，最终贷给了房地产企业。

在信托行业通道业务中，信托仅提供通道，并不会进行细致的尽职调查。如此在信托通道业务中出现了一个"尽调真空区"，即通道方不做细致调查，代销方也没有尽相关义务。

单纯从法律上看银行只相当于"中介"，只负责代理销售业务，并没有直接参与信托产品的设计。但是实质上，银行从中获利丰厚，若不出现兑付风险，银行可以得到融资人支付的较高的融资成本和代销费用。一旦问题暴露，银行可以以代销为由，拒绝承担兑付风险，则把信托公司推到了火坑里。

按照中国信托业协会的统计，截至2013年第三季度末，信托公司银信合作业务余额为2.17万亿元，占全部信托资金的比重为21.39%。作为信托公司通道业务中最重要的一类形态，银信合作业务的比重在近两年中持续下降。在不到两年的时间里，银信合作业务规模的增长幅度没有超过30%，其占全部信托资产的比重下降了13.34%，但同期信托资产的规模增长了一倍有余。

然而，随着这一持续贡献信托公司利润的业务逐渐迎来券商、基金等"分羹者"，部分信托公司利润增长乏力将逐渐显现。平安信托与麦肯锡公司联合发布的研究报告指出，2012年通道业务为信托业贡献了39%的收入，而随着证券、基金及银行理财资管计划等纷纷开展类似业务、通道业务今后将会逐渐萎缩。原因包括两点：短期内，券商资管计划和基金子公司的发展将持续压缩信托公司在通道业务上的市场份额和费率；中长期来看，银行将可以直接运用信托的法律形式设计理财产品，从而绕过所有通道，导致银信合作的通道业务完全消失。

信托业的隐忧

如果说风险事件单纯是部分项目本身的问题的暴露，那至多是对信托业风险处置能力的一场考验。但这些风险事件如果是整个宏观经济形势变化之下而凸显出的冰山一角，那么未来风险事件的危急程度和普遍程度恐怕会越来越深。一时的危险可以通过延后或者动用各种资源来化解，可如果危险背后是更多的危险该如何处理？

从个体的信托角度看，比如说以诚至金开项目来看，首先它投资的项目是矿产的项目，它投资的形式即购买了相当于是母公司的股权，可是它的信托既然是有期限的，为了保证收益做一个回购的安排，到了一定时间，以比较高的价格把股权再回购，这样可以给投资者一个现金的回报。其表面上是股权的投资，实际回购的安排非常类似于贷款的实质，这依赖于项目控制人的偿还能力。质押品本身的价值也依赖于矿产整个行业的价格走势，可是实际控制人的还款能力，依赖煤矿行业的走势。如果一旦煤矿行业陷入困境，实际控制人的流动性就会枯竭，偿还的能力就会丧失。同时作为质押项目本身的价值也会大幅的缩水，在这种情况下，就会出现到期难以兑付，甚至即使处理抵押物，也难以保证偿还投资人的本金，更不用说是利息了。

同样，在房地产信托上也存在这样的问题，有些地域房地产出现了泡沫的破裂，房地产价格出现了停滞或者是下降。此时，因为都意识到房地产的风险，无论是银行业，还是其他资金来源，都收紧了对房地产资金的供应。有一些房地产的信托，已经出现了兑付的困难。从这些角度上讲，信托业的风险与宏观经济形势息息相关，系统性风险是信托业最大的风险。

在2013年个案信托项目风险事件发生时，引发了社会对信托业系统性风险的担忧。据统计，2012年信托行业到期清算出现问题的信托项目大约有200亿元，相比当时7.47万亿元的信托资产总规模，不良贷款率为2.68‰；2013年被媒体曝光的信托项目风险事件又有十多起，问题项目的总金额也有所上升，但是相对于10万亿元的规模而言，不良贷款率仍是非常低的。由于信托项目实行独立的信息披露制度，信托行业的风险事件很难被隐瞒，尽管经济下行通道中包括信托资产在内的金融资产不良贷款率会有所提升，但从已经披露的问题信托项目看，仍然属于个别事件，不属于普遍现象，也没有出现具体信托公司因个案信托项目风险事件而陷入经营困境的情况。而且，由于监管部门长期以来对信托业实行信托赔偿准备金制度和净资本约束制度，信托行业的风险抵御能力也在不断增强。

中国信托业协会分析，截至2013年末，全行业计提的信托赔偿准备金达90.60亿元，可以覆盖200亿元问题资产的45.30%；全行业净资产高达2555.18亿元，是200亿元问题资产的12.78倍。因此，信托资产质量到目前为止总体表现相当优良，发生系统性风险的可能性较小。

但从信托业务主要投向来看，多是由于银行在信贷政策上受限制而办理的变相信贷业务，这些业务的风险水平通常认为要比正常的贷款水平高。截至2013年末，全行业计提的信托赔偿准备金达90.60亿元，即使按所上报的200亿元的问题信托计算，计提率仅为0.89%，低于商业银行融资类业务的平均水平。如果按照2013年末商业银行平均1%的不良贷款水平计算，近11万亿元的信托业务中问题信托规模则近1000亿元，赔偿准备金的比例则更低了。而在同期，商业银行的贷款损失准备金额为16740亿元，拨备覆盖率则达到了282.70%。可见，信托业的风险防控能力比银行业弱了很多。11万亿元的信托规模一旦大面积发生兑付危机的金融风险，将对中国整个金融行业造成重创。

虽然信托业发生系统性风险的可能性不大，但频繁的个案信托项目风险事件的发生，确实也暴露出许多令人担忧的问题，对行业经营者和监管者敲响了警钟。

信托业的转型之旅

如前所述，支撑信托业过去发展的业务模式在新的经济形势和经营环境下，已经遭遇到严峻挑战，这种挑战已经在2013年度全行业增速趋缓的事实中反映出来。

受人之托，代人理财

中国人民大学周小明分析认为，信托业的成长拐点尚未到来，信托业的经营拐点已经到来。

说信托业的成长拐点尚未到来，是因为信托业发展的市场基础依然雄厚。信托业的发展，从中短期看，会受政策取向转变与经营环境变化的影响，但从长期看，最终还是要取决于理财市场的需求规模。得益于不断深化的市场化改革和中国经济的持续增长，形成了多元化的利益主体并积聚了巨额的财富，由此催生了巨大的资产管理需求，形成了长期增长的资产管理市场。从发达国家（美国和日本）的经验来看，信托资产的规模与GDP的规模具有正相关关系，一般是GDP规模的2倍上下。照此推演，中国资产管理市场的规模起码应该在百万亿元以上。而当前，加上信托业在内的资产管理规模尚不足40万亿元（据有关方面统计，银行理财规模约为10万亿元，基金业管理的资产规模为4.2万亿元，证券公司的受托资产规模为5.2万亿元、保险资产管理规模为8.3万亿元）。据此，中国的理财市场仍然处于成长周期之中，理财需求规模的拐点尚远未到来。这预示着信托业长期增长的周期还没有结束，在未来的相当长时间内，信托业规模的快速增长仍然可以期待。

说信托业的经营拐点已经到来，是因为支撑信托业过去几年快速增长的主导业务模式即非标准化的私募融资信托，在多种因素挑战下，将呈现出日益需求递减、风险递增、竞争加剧的中长期趋势，这意味着信托业再也不能简单依赖过去机会驱动的私募融资信托经营模式，来抓住成长市场中的巨大的未来发展机会。换言之，信托业的成长拐点虽然没有到来，但经营拐点确实已经到来了，信托业要抓住未来发展的大机遇，经营模式迫切需要提升和转型。

2014年4月8日，银监会下发了《中国银监会办公厅关于信托公司风险监管的指导意见》，涉及非标准化理财资金池、股东提供流动性支持、第三方代销管理、强化投资者教育等多个方面，可以有效防范化解信托公司风险，推动信托公司转型发展。总的要求是坚持防范化解风险和推动转型发展并重的原则，全面掌握风险底数，积极研究应对预案，综合运用市场、法律等手段妥善化解风险，维护金融稳定大局。明确信托公司"受人之托、代人理财"的功能定位，培育"卖者尽责、买者自负"的信托文化，推动信托公司业务转型发展，回归本业，将信托公司打造成服务投资者、服务实体经济、服务民生的专业资产管理机构。

特别需要指出的是，银监会提出要求完善资本监管：要求2014年上半年完成信托公司净资本计算标准修订工作，调整信托业务分类标准，区分事务管理类业务和自主管理类业务，强化信贷类信托业务的资本约束，建立合理明晰的分类资本计量方法，完善净资本管理制度。这也是为防范信托业务过度扩张、抵御系统性风险所设立的一道重要的风险防线。

土地流转信托

城镇化是未来中国经济增长的发展动力，而城镇化与土地制度改革紧密相关。农村土地流转问题是新型城镇化的关键问题之一。伴随工业化、城镇化的进程，农业产业结构出现调整，农村劳动力大规模转移，形成大量零散、闲置的农村土地，农村土地流转需求日益紧迫。

土地流转信托通常是将农用地的土地承包经营权、集体建设用地使用权以及宅基地使用权等农村土地使用权作为信托财产，委托给信托公司进行经营管理，并实现土地受益权的标准化和凭证化，农民凭证定期领取收益，其目的是实现农村土地流转。

土地流转信托实质上是一种用益物权的信托化，将农村土地使用权作为信托财产，委托给信托公司进行经营管理，主要包括农用地的土地承包经营权、集体建设用地使用权以及宅基地使用权。十八届三中全会明确提出，在坚持和完善最严格的耕地保护制度前提下，赋予农民对承包地占有、使用、收益、流转及承包经营权抵押、担保权能，允许农民以承包经营权入股发展农业产业化经营。这无疑为农民承包土地流转的金融创新指明了方向。

当前，安徽、海南、山东、上海等地正在加快土地流转试点探索，推进土地管理制度改革。最近几单农民承包经营土地的信托流转，更是把农村承包经营土地的信托流转推向了一个新的高潮，出现了"中信模式"、"北国投模式"等做法。

中信模式：承包经营权

以2013年10月10日成立的"中信农村土地承包经营权集合信托计划1301期"为例，中信信托的公告中只是笼统地说"信托计划的A类委托人为安徽省宿州市埇桥区人民政府，信托计划成立时发行A类信托单位5400万份。本计划中的服务商为安徽帝元现代农业投资有限公司"。但并未具体说明信托财产。而中信信托在自己较正式的场合，则用土地经营权或土地使用权来描述信托财产。

当前中信已分别在安徽宿州、山东青州、贵州开阳、安徽马鞍山以及湖北黄冈与河南济源成立了六单项目。作为全国的首单土地流转信托项目，安徽宿州的"中信·农村土地承包经营权集合信托计划1301期"在推出时便受到了广泛关注。该信托项目期限12年，流转面积达5400亩，流转后土地将用于建设包括现代化养殖、农业种植及水资源保护工程、生物质能源和基质肥项目、设施农业和农业物联网、农业科研平台在内的现代农业循环经济产业示范园。农户可获得每年每亩不低于1000元的固定土地租金收入，还可获得收入扣除土地投入成本及服务管理费用后的增值部分。

中信信托的第二单项目落地在山东青州，该项目土地流转面积为1850亩，信托期限10年，流转后的土地主要进行大棚蔬菜种植，农户可享受每年每亩约920斤小麦市价的固定收入，年底还可获得分红。而中信信托在贵州开阳的流转项目操作模式与宿州基本相同。此后中信信托又在安徽马鞍山成立土地流转项目，该项目的受托管理面积为2.66万亩，将主要进行油菜籽的种植，由大平工贸（集团）有限公司进行收购加工。同时，中信信托设立了2000万元的资金信托项目，以支持其生产运营。

湖北黄冈的土地流转项目于3月初签约成立。与前几单不同，中信信托与湖北黄冈的合作有了新模式，将触角深入到了国有农场的改革，该项目信托时间为10年，土地流转总规模将达到6万亩，是当前中信信托面积最大的一单。区别上述几单直接引入了服务商，此次对土地进行运营管理的是中信信托与国有农场共同出资成立的服务公司。

北国投模式：双合作社设计

2013年11月7日，北京国际信托在江苏无锡推出了土地信托"无锡桃园村项目"。该信托采取了"土地合作社"+"专业合作社"的双合作社设计，即首先将拟进行信托的土地经营权确权到村民个人，再由村民以其土地经营权入股"土地合作社"，土地合作社作为委托人以土地经营权在北京信托设立财产权信托。不设定固定信托期限，但不少于15年。在这一项目中，村民的承包经营权投资入股土地合作社后，承包经营权就属于合作社了，合作社作为委托人将承包经营权委托给北京信托设立信托。

北京信托在句容成立的第二单信托项目"北京信托·金色田野土地1~5号"与无锡的项目类似，但由于包含很多期，因此总流转的土地亩数相对较大，为9928.46亩，是当前北京信托面积最大的一单。该项目采用了双信托模式，在开展土地财产权信托的同时，配合土地的集约经营，跟进了资金信托。

作为北京地区当前唯一的土地流转项目，在密云推出的"北京信托·金色田野2014008号土地信托（密云水漳村）"项目延续了此前的双合作社设计结构以及"固定收益+浮动收益"模式，项目受托面积达1680亩，期限13年。农户可获得每年每亩1000元的固定土地租金收入，由专业的合作社进行樱桃、葡萄、蓝莓等作物的种植，项目盈利后，农户还可获得浮动收益。北京信托接下来还将为合作社提供资金支持，平行推进"财产权信托+资金信托"双信托结构。

土地流转信托业务市场需求巨大，它可以有效地实现土地所有权、经营权和受益权的分离，完善农村土地所有制，构建"土地看护人"机制。另外，信托机构的介入可以导入金融元素，激活土地的资本属性，实现市场化有效的增值。

中国信托业，且行且珍惜。

第**17**章　金融高地的租赁业

金融租赁改革是银行业金融机构围绕实体经济进行的一项成功的金融创新。2013年12月27日，国务院总理李克强在考察天津的金融租赁公司时表示，金融租赁产业在中国是一个新高地，这释放了鼓励金融租赁创新的积极信号，预示着金融租赁有望迎来"大发展"时代。

新的金融高地

据统计，中国租赁市场渗透率只有4％左右，远远低于欧美国家20%~30%的平均水平。在欧美发达国家，它已经成为仅次于银行信贷的第二大金融工具，被誉为"朝阳产业"以及"新经济的促进者"。

新经济的促进者

美国是世界上最早开发和功能最全的租赁市场，从 20世纪50 年代起租赁在各行各业中就被广泛应用。美国政府在政策上一贯积极支持租赁业的发展，仅在 1982 财政年度政府就给租赁业提供了67亿美元的赋税优惠。1981年加入美国设备租赁协会的厂商，由 1983 年的800家增至959家。据该协会统计，设备租赁额增长迅速，1980年为435亿美元，1982年增至576亿美元，1984年为744亿美元。1986年美国的商业固定耐用设备投资金额为3161亿美元，其中设备租赁金额为948亿美元，占全部耐用设备投资金额的30%，公司债券金额占耐用设备投资比例的32%，商业银行贷款占耐用设备投资的比例的14.8%，这足以说明美国厂商进行租赁业务活动的普遍性。根据1984年美国《幸福》杂志对600家企业的调查，有64%的企业在近两年内都从事过租赁活动，约有74%的企业租用了价值100亿美元以上的物资。当前美国有80%以上的企业采用设备租赁的办法，以节省投资资金。

对外开放以来，中国通过各种方式积极利用外资，至20世纪90年代初中国已成为世界上吸收引进外资最多的国家之一。作为利用外资的重要方式，中国的融资租赁业在对外开放过程中逐步发展起来。1980年中国国际信托投资公司率先承做了中国的第一笔融资租赁业务。同期，中国民航与美国汉诺威尔制造租赁公司（Manufacture Hanovel Leasing Co.）和劳埃德银行（Lloyds Bank）合作，从美国租进了第一架波音747SP飞机。1981年中国第一家中外合资租赁公司中国东方租赁有限公司成立；同年7月，第一家全国性的融资租赁公司中国租赁有限公司成立。这两笔业务与这两家租赁公司的成立，标志着中国融资租赁业的起步。

成立金融租赁公司需经中国银监会批准，其是以经营融资租赁业务为主的非银行金融机构。一般融资租赁公司为商务部或本地商务局审批。金融租赁具有融物与融资双重功能。作为非银行金融机构，金融租赁公司除了可开展融资业务外，还可吸收股东1年期（含）以上定期存款、发行金融债券、进行同业拆借等金融业务，金融租赁公司比一般融资租赁公司更具有优势，更能满足企业的融资需求。

当前，中国融资租赁业正处于快速发展阶段，2013年既是中国融资租赁业波动最大的一年，也是主体业务取得历史性突破进展的一年，具有三大标志：一是融资租赁公司突破了1000家，达到1026家，比年初的560家增加466家，增长83.2%。二是行业注册资金达到3060亿元，比上年的1890亿元增加了1170亿元，增长61.9%。三是全国融资租赁合同余额突破20000亿元大关，达到21000亿元，比上年末15500亿元增加5500亿元，增长幅度为35.5%。在众多的金融租赁公司中，由商业银行投资或控股的金融租赁公司共10家，背靠实力雄厚的银行大股东，规模优势显著。

经过近几年的发展，国内金融租赁公司的资产规模和业务领域逐步扩大，经营管理和风险控制能力也得到较大提升，金融租赁公司的经营特色越来越鲜明，专业化程度在不断提高，部分公司在飞机、船舶、工程机械等金融租赁的传统目标行业发展较快，逐步形成了一定的业务基础和核心竞争力。可以说，随着银行系金融租赁公司的设立和发展，中国融资租赁行业的市场格局和业务模式都发生了较大变化，行业优势和社会价值初步显现。租赁资产行业分布广泛，租赁服务领域不断增加，在航空、航运、电力、机械、医疗、印刷等领域形成了特色鲜明的产品线，有效地扩大了相关行业的投资、生产和消费，在促进中国经济结构调整的同时，带动了租赁行业的快速发展。

表17-1　2013年全国融资租赁企业发展概况

	2013年末（家）	2012年末（家）	2013年新增（家）	数量增长（%）	2013年数量占比（%）
金融租赁	23	20	3	15.0	2.2
内资租赁	123	80	43	53.8	12.0
外资租赁	880	460	420	91.3	85.8
总计	1026	560	466	83.2	100

数据来源：中国租赁联盟。

新的资源配置新方式

发展租赁业具有多方面的积极意义：

一是有利于优化资源配置，促进经营方式创新。租赁是一种资源配置机制的创新，配置方式十分灵活，资金、设备、人才和技术等可以通过租赁在不同主体之间实现跨国别、跨地区、跨行业、跨所有制的分配，银行开展融资租赁能够有效促进银行由信贷金融的经营向资产的经营转变。多种经营方式的转变，不仅有利于优化资源配置，也能大大降低经营风险。

二是有利于促进产融结合，提高金融运行效率。发展租赁业能够有效促进金融业和实体经济的结合，提高制造商的销售规模，扩大承租人的资产融资，特别是通过对实物流和资金流等生产要素结构化交易安排，实现多种业态的融合创新和金融产品创新，以适应多种个性化融资需求，有效地提升金融运行的效率。

表17-2　2014~2020年中国融资租赁行业主要应用领域规模预测

单位：亿元

	2014E	2015E	2016E	2017E	2018E	2019E	2020E
飞机	795	880	1037	1164	1296	1468	1684
船舶	964	1212	1568	2090	2759	3612	4695
印刷设备	159	180	200	225	252	275	311
工程机械	2292	3012	3896	4979	6024	7229	8615
汽车	325	429	550	692	856	1046	1266
医疗设备	118	162	221	300	387	498	638
基础设施	3903	4834	5800	6930	8731	10672	12913

数据来源：前瞻产业研究院。

三是有效拉动民间资本，推动实体经济发展。民间资本对中国经济发展作用在不断增强，而租赁作为资产所有权与使用权可以分离的现代金融创新，能够比较有效地促进民间资本进入实体经济领域，通过租赁使民间资本更好地借助融资租赁商业的各个领域，更好地服务于中小企业，促进就业。

四是为重大基础设施、高技术产业和战略性新兴产业提供有效的融资支持。重大基础设施、高技术产业和战略性新兴产业具有大型化、长周期、高效益，但是相对高风险等重要特征。在产业发展初期，需要比较大量的资金投入，在现行金融体制下，无论是对供给方、制造商，还是需求使用方，都会造成困难。比如高技术的产业所需要的大型设备，可通过租赁飞机、卫星、海洋工程装备、大型医疗设备，既促进金融租赁业的发展，也促进相关产业的发展。

五是有利于防范金融风险，维护金融安全。从金融角度看，租赁以融物为基础，以租赁物产生未来现金流为支持，这就使得与其相关的融资活动存在真实交易的背景，保障了商业银行等金融机构相关的信用要求，因其建立在实质经济过程的基础之上，可以说是一种优化的资产运行模式。特别是融资租赁具有融资融物一体化的特点，有利于促进虚拟经济和实体经济的协调发展。

专业化、特色化的经营之路

最近几年，金融租赁公司的发展给融资租赁行业增强了信心，但在发展中也存在一些问题。总的来说，融资租赁在国内还是一项新兴业务，处于发展的初级阶段，其外部市场环境、法律环境还不够完善和成熟，作为市场主体的租赁公司的专业技能、经营管理水平、风险控制能力也有待进一步提高。

从金融租赁公司的经营情况看，租赁业务模式较为单一，多以融资租赁和回租业务为主；产品结构设计较为简单，与银行存在一定程度的同质化竞争；同时，与贷款相比，租赁的融资方式更加灵活，客户群体更加广泛，对业务开展的专业能力和风险管理水平要求也更高，而对于成立时间不长的金融租赁公司而言，在这些方面还存在较大的提升空间；另外，各家公司对租赁市场的细分程度也不够，尚未形成具有公司特色的市场定位和业务模式。这些情况一方面使得租赁公司与银行信贷之间、租赁公司与租赁公司之间存在较强的竞争关系，另一方面也使租赁公司对资金来源的数量和成本较为敏感。因此，需要不断发挥租赁的特点和优势，走专业化、特色化的经营之路，这将是金融租赁公司需要深入思考的战略性问题，也是一个艰苦的探索过程。

另外，经过近几年的高速发展，金融租赁公司的经营能力和盈利水平虽然有了较大提高，但部分金融租赁公司较为看重市场排名，机构之间存在比份额、比规模、比增速的问题，这种情况不仅增加了金融租赁公司自身经营管理的难度，而且也增加了金融租赁行业的同业竞争压力，不利于金融租赁行业的持续稳健发展。

从金融租赁行业的外部环境看，首先，缺少统一的融资租赁立法，配套的法律法规和实施细则还不完善；其次，在现有合同法、物权法等法律框架下，很多动产租赁物的登记和公示制度尚不能满足租赁业务的需要，租赁权属关系难以得到有效的保障；最后，租赁物的二级市场不成熟，租赁物的取回和处置难度较大，使得融资租赁的独特优势在很大程度上难以发挥。

但是，环境和市场的完善与成熟是一个逐步和长期的过程，不能一蹴而就，租赁公司需要清醒地认识所处的发展环境和面临的发展任务，研究学习国内外租赁行业的经验和教训，不断探寻金融租赁行业发展的内在规律，着力于在现有条件下，提升自身的经营能力和核心竞争力，真正将产品创新和风险管理摆在首要位置，摸索出一套成熟有效的商业模式，促进行业的可持续发展。

买得起的大飞机

航空租赁当前扮演着越来越重要的角色，当前全球530家航空公司在它们区域经营租赁公司。过去20年全球喷气客机从100多架增加到7000多架，增长率达到16.4%。全球经营性租赁公司管理喷气客机数量达到相当的规模。1997年全球订购喷气客机21000多架，其中由租赁公司所管理的订单占有相当的比例，2011年该比例为26.3%。

飞机租赁是国际贯例

据前瞻网统计，当前全球航空运输业所使用的飞机三分之二以上通过租赁方式获得。租赁公司对航空公司融资和飞机订购极其重要，促进了航空业务的发展。主要优势：一是航空租赁业务是金融租赁业务的重要内容，而金融租赁业务是全球仅次于银行信贷、资本市场的第三大融资方式，满足了客户个性融资需求。二是飞机租赁可以将飞机所有权风险和回报与飞机运营风险和回报分离开来，这一优势使飞机租赁业务快速发展。三是许多传统银行撤出飞机租赁领域，而将该业务集中于更加专业的金融租赁公司。四是经营性租赁可以使航空公司更新他们的机队，又不会有很大的财政负担和现金支出。近年来经营性租赁公司管理的喷气客机数量保持增长，未来将会继续保持增长。当前全球租赁公司握有的喷气客机订单超过1800架，预测未来5年制造商每年向租赁公司交付的飞机均在200架以上。全球前十位租赁公司储备订单情况占租赁公司订单数的74%。

《中国航空租赁行业市场前瞻与投资战略规划分析报告前瞻》数据显示，2013年，中国共有客货运航空公司32家，全货运航空公司11家，通用航空企业113家；机队规模近2500架，其中运输飞机1597架。南方航空、东方航空、中国国航的国内旅客运输量分别居全球第3、第7和第8位；首都机场的客流吞吐量居全球第2位，浦东机场的货运量居全球第3位。中国民航业的发展，离不开金融租赁业的支持。据预测，到2020年中国民航要补充的新飞机在2500架以上，飞机租赁所涉及资金至少为830亿美元。

2012年2月28日中国南方航空股份有限公司发布公告称，已与波音公司签订《飞机购买合同》，向波音公司购买10架B777—300ER飞机，根据双方合约，波音公司将于2013年至2016年向南方航空交付全部订单。此次南方航空采购的B777—300ER飞机每架公开市场报价约为2.98亿美元，10架飞机将达到近30亿美元。2014年3月26日，习近平主席出访法国期间，中国航空器材集团公司与欧洲空中客车公司签订购买70架空客飞机框架协议，其中包括43架A320系列飞机和27架A330系列飞机，这份合约价值100亿美元。这些飞机的价格都是相当高的，直接一次性由购买方出资购买资金压力确实很大。

由于中国飞机租赁业起步晚、内外部条件不完善，中国飞机租赁业与发达国家相比还有较大差距，存在企业核心竞争力不足、政策措施不完善、产业联动不强等突出问题。国务院办公厅在2013年底出台了《关于加快飞机租赁业发展的意见》（以下简称《意见》），已充分认识到，飞机租赁作为支撑航空业发展的生产性服务业，是航空制造、航空运输、通用航空及金融业的重要关联产业，通过七项政策措施的实施以及"三步走"战略，加快中国飞机租赁业发展，使中国在2030年前成为全球飞机租赁业的重要聚集地。

《意见》认为，今后10年至20年是中国大飞机市场开拓和航空制造业转型升级的关键时期，也是中国飞机租赁业发展的黄金时期。因此，在《意见》中提出，要从现在开始到2030年，即在2015年前，2015~2020年，2020~2030年这3个时间段里，通过"三步走"战略，不断营造有利的政策环境，加强政府引导，支持飞机租赁企业发展国内国际市场，打造飞机租赁产业集群，使中国成为全球飞机租赁企业的重要聚集地。《意见》明确了改进购租管理、加大融资力度、完善财税政策、开拓国际市场、加强风险防控、完善配套条件、支持先试先行等七项政策措施，这为中国飞机租赁业的发展打下了基础。

推进农业机械化

融资租赁对农业机械化可以发挥巨大的推动作用。一方面，与贷款等一般融资行为相比，融资租赁无需提供担保，这就避免了农村普遍存在的担保难的问题。另一方面，融资租赁只需支付少量的首付款就可以获得农机具的使用权，相比较直接购买而言降低了固定资本投资的门槛。通过对农业机械融资租赁可行性的分析可以得出，在农业机械领域发展融资租赁业务是切实可行的，它符合农户、融资租赁公司、农业机械生产厂商等行为主体的经济利益要求，中国农村也具有发展融资租赁业务的政策法律环境。但是要在农业机械领域发展融资租赁业务也存在着很多需要解决的问题。首先，农村信用环境较差，不利于融资租赁业务的发展。金融机构少、资金不足、农户信用缺失等都是影响业务开展的负面因素。其次，中国农业生产以农户为单位，生产规模小，也不利于农业机械融资租赁的发展。同时，中国农业地区间差异较大，农业机械融资租赁将不能按照一个模式开展，地区间经验借鉴会因为差异性而遇到阻碍。

农机生产商通过与融资租赁公司合作，开展供应商租赁服务，能够有效"助建农村流通体系"。这种合作模式是融资租赁中一个比较成熟的模式，即农村流通体系建设中，大量流向农村的设备，典型的如农机等农业生产资料、农村物流体系建设中所需的各项固定资产，都可以通过这一模式，形成比较完整的租赁方式。"三农"是融资租赁广阔的蓝海市场。随着国家经济转型加速推进，国家扶持力度的加大，农业基础设施日趋完善，农村经济稳定快速增长，涉农工业、农村物流发展势头强劲，农村劳动力转移和城乡一体化进程加快。"三农"将在中国经济转型和新一轮经济增长中成为最具活力的经济增长点。理性客观地认识"三农"领域的机遇和挑战，结合中国国情，积极审慎地进行金融创新，就有可能变弱势为优势，变挑战为机遇。他表示，现代农业、农业龙头企业、农业"走出去"战略、"三农"重点项目、城乡统筹新农村建设将成为金融租赁切入"三农"市场的战略支撑点。只有如此，才能使金融租赁成为推进"三农"可持续发展的有力金融工具。

欧美发达国家租赁市场的工程机械占机械总量的85%左右，单从这个数字就可以看出发达国家工程机械租赁市场的普及程度。在欧洲，施工企业向租赁公司租赁工程机械分为两种：短期使用的是连人（驾驶员）带机租赁，长期租赁的，也可以只租赁设备，自配驾驶员。又分简单租赁和全包租赁。

简单租赁是客户需要什么施工机械，租赁商就为客户提供什么施工机械，这种租赁类似中国租赁市场上个体租赁提供的设备出租。全包租赁是租赁商为客户提供租机方案优选咨询、租机使用服务和维修服务、竣工资料整理服务等机械施工的全过程服务。

从国外的成功经验来看，政府的扶持是促进农业机械融资租赁业务发展的关键，通过减免税、补助等形式可以有效刺激业务发展。同时，可以通过将融资租赁业务与农机合作社、农机租赁公司结合的方式化零为整，实质上扩大了农机的使用规模，提高了农机的使用效率。还应当进一步完善农村信用体系建设，为农业机械融资租赁的发展创造一个良好的信用环境。针对地区间经济和农业发展的差异，各地区在业务开展过程中要因地制宜，结合自身优势，充分利用所具有的资源，并且可以考虑鼓励经济实力较强的东部地区率先开展农业机械融资租赁的试点工作。

聚焦中小企业

中小企业采用融资租赁的方式进行设备融资，能够实现生产力的迅速提升，解决资金瓶颈问题。同时租赁的租金额度和支付方式都非常灵活，在实践中，往往是由承租企业投入生产并转化为实际产品后再进行支付，一般不需缴纳很高的保证金，真正体现了融资融物一体化的功能，有效降低了中小企业的融资成本。但当前，针对中小企业，尤其是小微企业的融资租赁业务开展的还很少，需要在金融服务方式上进行创新。

第一，完善融资租赁公司的功能。当前中国融资租赁公司的业务范围还比较狭窄，租赁功能健全，而融资功能较弱，在扶持中小企业发展方面还有很多不便之处。因此，应该借鉴其他国家的成熟经验，允许租赁公司改制为融资公司，一方面可以壮大融资租赁行业的资本实力，更有利于融资租赁公司提高自身的资本充足率和抵抗风险的能力，另一方面也可以为中小企业提供更多的资金支持。同时，提高融资租赁公司的业务技能。

第二，推进融资租赁企业进行专业化、规范化经营。对融资租赁企业制定的中小企业申请融资租赁资格进行指导，为中小企业利用融资租赁业务提供条件，在中小企业密集地区进行示范性推广，降低中小企业使用融资租赁的相关税费。出台相应的措施支持中西部地区融资租赁企业的发展，协调地区差异，规范行业经营。中小企业发展较快的地区、中小企业较为密集的地区，要加快发展融资租赁业，推动有实力的融资租赁企业开设分支机构。

第三，鼓励中小企业积极使用融资租赁。只有中小企业对融资租赁的需求不断增长，才能推动融资租赁行业的迅速发展。特别在那些有大型企业融资租赁业务经验的地区，中小企业要积极学习已有经验做法，主动争取融资租赁。不仅是制造类型的中小企业，其他类型的中小企业也可以积极学习国内外先进模式，自己联系本地或外地的融资租赁公司，要求进行业务合作。当然，中小企业的管理人员必须不断提高自己运用各种金融工具的能力，合理判断租金水平、恰当选择融资租赁标的，获得融资租赁公司的支持。

第四，健全和完善监管体系。中国的融资租赁业已经出现了经营不规范、营业风险加大的现象，因此需要逐步统一监管机构的职责，改变现行的双头审批和监管格局，将三类融资租赁机构划归同一标准和部门的监管之下，这样才能权衡取舍，保持公正公平；建立"有进有退"的监管机制。

敢吃"皇帝蟹"

李克强总理在视察工银金融租赁公司时表示，鼓励金融机构往前闯、往前试，闯出自己新天地，做第一个吃螃蟹的人，要敢吃"皇帝蟹"，还要能够驾驭"皇帝蟹"周游世界。李克强总理强调，金融租赁要给实体企业，大型中国装备企业走出去提供有力的金融支持。

金融租赁业"走出去"，并不仅是一个行业国际化、提高经营管理和技术水平的问题，而且对其长远发展更具有深远的战略意义。

第一，可以实现生产性资源在全球的最优配置。在融资方面，金融租赁国际化可以将资本投放到全球资金回报率最高的地方；在融物方面，金融租赁国际化可以将设备投放到全球生产贡献率最高的地方，从而在全球实现生产性资源的最优配置。以大型设备为代表的固定资产，是全球资产市场的重要组成部分，但普遍存在交易笔数少、运行效率低的不足。金融租赁业国际化可以开拓设备资产的新市场，提高交易频率，发现最优价格，从而改善全球资产市场的运行效率。当然，还可以为发展中国家开辟新的经济发展道路。

第二，可以有助于中国经济结构调整。经济结构调整是当前经济发展的重要任务。据统计，中国已有20多个行业出现了产能过剩，特别是钢铁、水泥、平板玻璃、电解铝等"两高一资"行业较为严重。解决这一问题，如果单靠压缩产能，会导致经济增长放慢、停产和失业等不良后果，需要找到消化吸收的解决途径。金融租赁业的国际化，可以带动设备出口，转移生产能力到海外，达到既消化过剩产能，又稳定经济增长、调整结构的三重目的。在这方面，电信、电力、机械等行业已有不少尝试和成功案例，并正在成为一个普遍趋势，租赁业从中可以发挥重要的助推作用。

第三，可以有助于国际贸易平衡。国际贸易失衡是21世纪以来困扰中国经济的另一个突出问题。2001~2008年，中国贸易顺差从225亿美元增至2954亿美元，7年中增长了12倍，年均增速高达44%。虽然2008年国际金融危机后，顺差规模有所下降，但2010年仍高达1831亿美元，成为引发内部经济失衡、外部贸易和汇率纠纷的重要因素。金融租赁国际化有助于解决这一问题，可以通过增加进口，优化出口，促进贸易平衡。进口方面，金融租赁可以通过从国外采购而直接拉动进口，同时降低企业的初始投资要求，促进产业结构调整和技术升级，刺激对国外先进设备和技术的需求。出口方面，金融租赁可减少贸易统计中的出口额，缓解对出口目的国相关产业的冲击，减少贸易摩擦和贸易保护主义的阻力。

第四，可以有助于金融业"走出去"。"十二五"规划提出，要逐步发展中国大型跨国金融机构。当前，金融业"走出去"的主要还是商业银行。但海外业务还主要停留在传统存贷款业务上，利润贡献率很低，主要原因是缺乏投资银行、资产管理、私人银行等高端金融服务的配套，因而难以取得当地市场的竞争优势。金融租赁是商业银行重要的产品线，具有较高的技术含量和附加值，而且可以依托中国制造业和金融资本实力的优势。因此，金融租赁有条件在国际市场竞争中，取得领先优势，从而发挥金融业中"走出去"的先锋作用，带动其他金融业务走出国门。

第五，通过金融租赁的国际化，一方面有利于在实践中吸收国外同业的先进管理经验，另一方面也有助于充分利用境外广阔和活跃的租赁物投资、二手租赁物和残值交易市场，使飞机、船舶、工程机械等租赁业务具备更好地运行基础。同时，还可以充分利用境外各个不同区域的法律、会计和税收政策的有利因素，为租赁业务的转型和升级创造良好的基础条件。可以有助于创新更有特色的租赁产品。现代租赁产品的创新，如英式租赁、法式租赁、日式租赁、美国杠杆租赁等，均是在国际化的经营模式中形成。如果没有跨边界、跨区域、跨市场的结构设计，这些新型产品就难以出现。要充分利用各国法律、监管、税务、会计上的不同因素，寻找最优的解决方案，形成更为合理的商业模式。

中国金融租赁公司的"走出去"过程中，必然面临国际行业巨头的竞争，西方标准中不利的商业规则等困难。要克服这些困难，中国的金融租赁企业要团结一致向外看，敢于参与国际化的竞争与挑战，肩负起发展壮大中国金融租赁业的历史使命。

金融租赁的"营改增"

2011年11月，财政部、国家税务总局发布了《关于印发〈营业税改征增值税试点方案〉的通知》（财税〔2011〕110号），标志着营业税改增值税这一重大税制改革开始启动。2013年5月24日，财政部和国家税务总局联合发布了《关于在全国开展交通运输业和部分现代服务业营业税改征增值税试点税收政策的通知》（财税〔2013〕37号，以下简称"37号文"），该通知明确自2013年8月1日起，在全国范围内开展"营改增"试点，融资租赁行业作为现代服务业的一种也被纳入"营改增"。"营改增"最重要的意义在于，将有效避免融资租赁业务中流转税可能存在的重复征税问题，对于属于一般纳税人的承租人而言，可以抵扣的进项税会增加，实际税负相应减少，收入和利润也随之增加，这将有利于融资租赁业的长期健康发展。

但是，在实际推行"营改增"的过程中，遇到一些具体问题时也面临一定的挑战。针对融资租赁企业"营改增"之后税负大幅增加的情况，"37号文"中规定了增值税即征即退的优惠政策，即对提供有形动产融资租赁服务的一般纳税人，其增值税实际税负超过3%的部分实行增值税即征即退政策。直接租赁形式下，融资租赁企业征收营业税以及现行"营改增"税制下的纳税情况，现举例说明并作一比较。例如：一家融资租赁公司根据承租人的要求，购买了一套100万元的机械设备，应税货物增值税17万元，物件采购手续费为采购总额的1.5%，租赁手续费为租金总额的1.5%，租赁公司借款利率8%，租赁利率10%，为期3年每月月末等额支付。"营改增"前后税费比较分析如表17-3所示。

表17-3　营改增前后税费比较分析

	营业税政策	增值税政策
政策待遇	享有合理税收政策	享有优惠税收政策
税率	5%	3%
税基	差额纳税余额	差额纳税余额
凭租金发票即征税款总额	1890.94	197475.19
除应税货物增值税，实际应交纳租赁增值税总额	无	1134.56
城教附加税费总额	189.09	642.92
即退税款	无	196340.62
承租人是否可抵扣	不可抵扣	可做进项税抵扣
其他应税劳务税费	1896.82	2276.18
承租人是否可抵扣	不可抵扣	可做进项税抵扣
其他城教附加税费总额	189.68	227.62
应税劳务税费合计	4166.54	4281.29
应税货物增值税	170000.00	170000.00
总税负	174166.54	174281.29
与信贷比可增值税抵扣额	170000.00	199751.37
延迟退税	无不利因素	每期租金退税延迟1天，大约增加利息成本1.20元

通过对比来看，即使在增值税实际税负超过3%的部分实行即征即退的情况下，"营改增"后的实际税负水平要高于营业税下的税负水平。

首先，流转税税收负担有可能会略有增加。举例说明：在原来营业税税率为5%，融资租赁营业税应纳税额=（租赁收入–借款利息支出）×5%，通过对实务操作中租赁公司的税负统计，融资租赁营业税政策下实际税负约为3%，但是在那些资金成本较高、利息支出较多（即应纳税额减项金额较大）的租赁公司实际税负一般会低于3%；在增值税政策下，融资租赁公司增值税应纳税额=（租赁收入－利息支出）×17%，实际税负=应纳税额/租赁收入，实际税负高于3%的部分将予以即征即退。从以上公式可以观察到，对于原来实际税负低于3%的融资租赁公司而言，在营业税改增值税之后企业的税负将有所上升。

其次，附加税后增加。根据城建税暂行条例规定，对增值税、营业税、消费税实行先征后退、先征后返、即征即退办法的，除非另有规定外，对随三税附征的城建税和教育费附加，一律不予退返还。由此可见，增值税附加并没有包括在即征即退范围内。营业税改增值税后，如果附加率为10%，附加税增加额=（含税租赁收入－借款利息支出）/（1+17%）×17%×10%-（含税租赁收入－借款利息支出）×5%×10%，根据测算，附加税将增加至执行营业税时的1.9倍。

在全面推广"营改增"时，对于特殊行业，税务部门应在深入研究的基础上出台特殊政策，具体情况具体分析，可考虑通过采取以下措施来降低租赁公司的实际税负。

一是适当增加即征即退的力度，如实际税负超过3%，则超过部分实行即征即退，并且可以按月征税，按月退税。按差额3%征收增值税，税负肯定是降低的。但如果三个附加按17%税率征收，税负加重部分不能即征即退，增值税部分和即征即退计入收入缴纳所得税，融资租赁公司的实际税负能与原来持平就不容易了。

二是延长即征即退政策的时效性。就当前来看，这是一项"营改增"试点的过渡政策。除非今后出台更加有利于减轻纳税人税负的政策，为融资租赁业务的发展保驾护航。为了保持租赁行业健康发展，建议将这一政策长期执行。

三是实行附加税的退税政策。可实行即征即退的政策或者税收优惠政策，使结构性减税这一改革的目的得到最终实现。

现代融资租赁一个最显著的特点就是税收优惠，如果没有政府的税收优惠等一系列扶持政策，各国的融资租赁业就不会有如此快速的发展。因此"营改增"对融资租赁行业的影响，既在考验着中国的税收制度，也在考验着整个融资租赁市场的统一性和适应性。

2014年3月13日，银监会发布新的《金融租赁公司管理办法》。修订完善了金融租赁公司准入条件、业务范围、经营规则和监督管理等内容。银监会表示将依照商业化和市场化原则，鼓励和引导符合条件的各类资本发起设立金融租赁公司，依法做好金融租赁公司的准入及监管工作，促进金融租赁公司行业持续健康发展，更好地发挥金融租赁助力实体经济的作用。

金融租赁业的发展，无疑正走上一条快车道。

第五篇

城镇化金融的制度红利

　　中国经济升级版应是全面的，要在立足扩大开放中扩大内需。要着力提高经济增长的质量和效益。要建立在扩大就业和增加收入的着眼点上。资源环境要可支撑。要靠改革释放制度红利。

第**18**章　城镇化财税金融政策

完善城镇化财税金融政策，推动公共服务均等化，完善分税制体制改革，通过物业税改变土地财政局面，防控地方政府债务风险等，推动城镇化建设平稳有序进行。

公共服务均等化

城镇化进程中，公共服务均等化是财税政策制定与实施孜孜不倦追求的目标，对于缩小城乡差距、调节收入分配以及扩大居民消费需求具有积极作用。只有让城镇居民、农民享有均等的教育、医疗、社会保障等公共服务，才能促进城乡统筹协调发展，打破当前经济不均衡的格局。

何谓公共服务均等化？

公共服务均等化，简而言之就是，人人都能享受到公共服务，享受的机会是平等的。公共服务均等化的社会应该是民主法治、公平正义、诚信友爱、充满活力、安定有序、人与自然和谐相处的社会。公共服务具有再分配的功能，需要通过均等化的制度设计，努力使有所教、劳有所得、病有所医、老有所养、住有所居。

中国实现公共服务均等化的历程刚刚起步，实现均等化的理论基础还相对薄弱，实现均等化的途径和策略还不够清晰，实现均等化的制度还不够健全，制度之间还缺乏系统化的安排。主要体现在三个方面：一是公共服务需求压力大，公共服务供给不足；二是基本公共服务发展不平衡，城乡区域差距明显，弱势群体的基本公共服务还没有得到充分的保障；三是体制机制有待进一步完善，城乡区域制度设计不衔接，管理条块分割，资源配置不合理，服务提供主体和提供方式比较单一，公共服务标准不规范，基层政府财力与事权不匹配等问题较为突出。

实现公共服务均等化：社会保障先行

在中国，由于长期实行城乡分割的社会保障制度，土地对农民而言，具有生产资料和社会保障双重功能，农民一旦离开土地，在享受不到养老、医疗、失业等社会保障的情况下，就有可能陷入生活困境。这是当前中国城镇化进程不可回避的尖锐矛盾。

从空间上看，城镇化旨在将人口积聚到城镇，将农村剩余劳动力转移到非农产业。当前的城镇化没有解决好人口转移、转化的任务，农民向市民转化的过程并不顺利，在这一过程中积聚了社会风险，阻碍了城乡融合。农民本身来自于发展程度偏低的农村地区，无论是持有资金还是自身技能，都无法和城镇居民相比，在城镇生活中处于弱势地位。农民进城后原本应由政府提供的公共服务只能自己通过市场化方式解决，进城后农民想要找到合适的工作并不容易，也没有真正享受到教育、医疗、社保等方面的公共福利。

建立覆盖城乡居民的社会保障体系，全面推进城镇职工基本医疗保险、城镇居民基本医疗保险、新型农村合作医疗制度建设。以社保、医疗等公共服务为突破口，切实解决农民工实际生活困难，对进城农民给予充分的身份认同。推进城镇保障房建设，将农民工家庭纳入保障范围，对其租住房屋给予一定的货币化补贴。增加财政社保支出，支持农民工参加医疗、失业和养老保险。

建立城乡统一的社会保障制度，是中国社会保障制度建设的重要目标之一，可行的办法是区域突破和险种突破，先易后难，逐步推开。尤其是农业和农村经济结构调整应有政府的政策进行支持，如果完全由市场自发配置资源则难以完成，比如加强对农村基础设施建设的投入力度；提高对粮食流通领域的信贷支持；推动粮食收购销售储备业务发展，关键是支持粮食储备体系，提高政府对粮食的宏观调控能力；借助政策性信贷杠杆，促进粮食流通体制的深化改革，增强国家宏观调控的能力。加大对农村社会事业发展的投入力度，建立和完善中央财政对农村基本医疗的专项转移支付制度；建立和完善农村最低生活保障制度，建立以中央、地方财政投入为支撑的多渠道筹措资金机制。

实现教育公共服务均等化，基本要求是要让适龄的受教育者拥有同等的受教育的机会（包括参与竞争的机会）和同等的教育条件（师资、设施和良好的学校管理等）。面对城乡教育公共服务的结构性不均衡局面，需要采取结构性的举措，有针对性地推进城乡互补。继续"一刀切"地向农村地区倾斜配备教育资源，将造成城乡公共教育服务的逆向失衡。在加快城镇化的背景下，这种逆向失衡将不利于公共财政支出社会效益的发挥，也不利于城镇化的进一步推进。政府分配教育公共资源，既要有利于提高农村学校的教育质量，缩小城乡教育不均衡，又要有效缓解城区学校教育资源严重不足，实现教育资源配置效益的最大化。既要保证薄弱区域的学生享有均等的受教育机会，又要让教育资源的配置顺应并有利于推进城镇化进程。

重点解决进城农民的就业问题。就业是农民能够在城镇生存的首要条件，因此要在打破城乡二元户籍限制，在允许自由就业的基础上，加大对进城农民的人力资本投入，为农民工提供能力培训，提高生存技能。对自主创业的失地农民、劳动力就业培训机构、吸纳农民工就业的中小企业给予财政补贴。加强公共就业服务机构管理，实行职业中介行政许可制度，促进公共就业服务向乡镇、农村延伸。

通过改革财政管理体制，完善公共财政制度，加大财政转移支付力度，调整税收返还和财政补助政策，为逐步实现公共服务均等化探索建立财政制度基础。

分税制财税体制改革

从1994年推出至今，中国分税制改革已经走过了20年，其间中国财政收入快速增长、中央宏观调控能力显著增强，财税格局发生重大改变。可以说，分税制改革是中国改革开放30多年来的一大经典之作。

分税制改革成效显著

分税制的精髓在于运用商品经济的原则处理中央与地方收支权限的划

分，把中央与地方的预算严格分开，实行自收自支、自求平衡的"一级财政、一级事权、一级预算"的财政管理体制。中央税收占主导地位，国家容易集中财力，解决重大社会经济问题，稳定全局。实行分税制后，中央财政的收入总量和占比都有了大幅度的增长。财政收入占GDP的比重由1993年的12.3%上升到2013年的22.7%，中央财政收入占全国财政收入的比重由1993年的22%上升到2013年的46.6%。

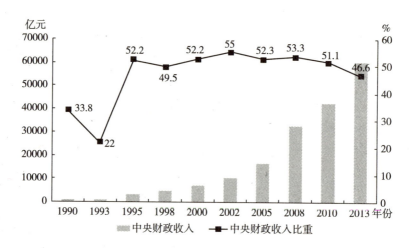

数据来源：国家财政部。

图18-1 中央财政收入及收入占比情况

中央财政收入的显著增长和支配能力的增强，有力地推动了中国基础设施建设等方面的重大飞跃。以高速铁路为例，据《2013~2017年中国高铁行业深度调研与投资战略规划分析报告》统计分析，铁路作为国民经济的大动脉、国家重要基础设施和大众化交通工具，在中国经济社会发展中具有重要作用。改革开放以来，中国铁路取得了长足进步，为经济建设作出了重要贡献。2010年末，中国铁路营运里程达到9.1万千米，居世界第二位；投入运营的高速铁路营运里程达到8358千米，居世界第一位。到2012年低，高铁建成通车合计13000千米以上。随着中国高铁的发展，"四纵四横"铁路快客通道和六大城际快客系统的实现，高速铁路网在2012年和2013年已形成网络效应，这将对现有交通运输格局产生较大影响。

分税制财政管理体制的实施，更好地发挥了中央财政的再分配功能，实现了中央与地方、东部地区与中西部地区的"双赢"。

　　虽然中国现行的分税制是在结合国内外经验和国情基础之上建立的,但由于整个制度环境的欠缺和自身配套体系建立的缺失,使得整个分税制改革还有一些不完善的地方。如,制度安排指导思想定位的宏观地位过强,缺乏变通性。中央与经济欠发达地区在财政收入的初次分配关系上并没有发生根本变化,中央级收入仍占绝对比重,省以下尤其是县、乡财政收入规模很小。这种财权与事权的分离,使得整个制度运行欠缺合理性。中央与地方在系统分配中没有清晰的规定,导致分税上也是财权与事权的分离,财权上移却没有带来分配的规范化等。

　　从实践层面上看,由于经济形势变化、体制和制度实施中出现问题等多种因素,产生了一些与分税制改革相关的经济、社会问题,比如县乡财政困难、土地财政、地方债务等。促使地方政府开土地财政之路,造成21世纪初中国房地产价格暴涨,地方政府暴力拆迁事件屡屡发生,普通民众负担沉重,社会矛盾激化。贫富两极分化加剧,M型社会加速产生[1],中产阶级群体萎缩,蜗居蚁族相继出现,年轻一代失去了发展的机会和动力。

理顺事权财权划分关系

　　财政管理体制的完善,可以从纵向的不同层级政府的角度来进行分析。这包括合理划分各级政府之间的事权、财权以及与事权相适应的财力。应该清晰划分城镇化发展涉及的各级政府事权,特别是对于新生事权进行界定,明确相应的承担主体。事权的划分要以对应的公共物品受益范围小于等于一级政府辖区范围为基本原则,如果受益范围超过了该级政府辖区,则应转由上一级政府承担或受益范围之内的多个层级政府共同承担;财权的划分要以保证该级政府拥有与事权匹配的财力支撑其履行职责为原则。

　　具体地说,要进行顶层制度设计,将政府之间的事权合理划分,特别是

---

　　① M型社会,日本趋势学研究者大前研一以日本近20年发展历程为研究对象,提出的一种社会发展类型的判断。即,原本人数最多的中等收入阶层,除了一小部分能往上挤入少数的高收入阶层,其他大多数沦为低收入或中低收入,原本的中间阶层凹陷下去,变得很小;于是,社会像个被拉开的"M"字。

由多个层级政府或者多个辖区政府共同承担的事权，要在建立协调机制的基础上共同履行相应责任。对照事权，构建与城镇化建设税源结构相适应的财政收入体系，增强地方政府的财政汲取能力。

城镇税源结构状况与公共资金需求必然发生重大变化，形成税收制度改革的强大动力。同时，城镇建设与发展对税制改革提出了新要求。主要体现在：一是筹集建设资金，加快城镇化步伐。城镇建设和公共服务需要巨额资金，除中央税收返还、专项转移支付等收入，以及吸收部分民间投资外，地方税则需要承担筹集城镇建设资金的繁重任务。二是调节收入差距，体现社会公平。利用个人所得税、财产税等税种，对城镇社会各阶层的收入、财富分配进行有效调节，努力缩小差距，体现社会公平，维护社会稳定。三是调节城镇经济发展和资源、人口与环境的关系，实现可持续发展。通过税收制度，促进城镇土地、资本、人力等资源合理利用，优化配置，治理环境污染，走可持续发展的道路。

根据城镇化进程中税源结构的变化，以及对税制改革的要求，总结中国城镇发展的具体实践，借鉴其他国家城镇化的基本经验，可以看出，中国城镇税收制度改革、变迁的基本趋势为：整合现行税种，提升收入能力；适应税源结构变化，及时开征新税种，开辟新税源；逐步形成城镇特色的主体税种。从具体税种建设而言，重点领域如下：

第一，财产税制度改革。一是全面提升财产税在城镇地方税体系中的地位。通过对现行房产税、土地使用税、城市房地产税、土地增值税等税种进行整合，征收统一的物业税，扩大财产税的征收范围，理顺税费关系，扩展税基。个人拥有的房产，无论自住还是出租，都依法纳税。二是适当提高车船使用税等税种的税率，增加政府收入，合理负担公共服务成本。三是贯彻公平原则，通过减免税、设置不同税率等手段，调节社会财富分配差距。四是健全财产税征收网络，在财产购置、持有、交换、继承和赠予等环节完善相关规定，防范收入流失。同时，不断改进征收技术手段，普遍推行税收评估，加强税收征管，充分体现主体税种功能。

第二，城市维护建设税制改革。该税种当前存在内外税制不统一、管理体制有待理顺、附加税性质制约其政策功能等问题，需要进一步改革。一是理顺中央与地方的关系，铁路、银行、保险公司集中上缴中央财政的城市维护建设税，一律就地缴入地方财政金库，归地方政府使用，使之成为完整意义上的地方税。二是将城市维护建设税由附加税改为独立税种，税基不变，仍对城镇缴纳增值税、消费税和营业税的纳税人，按其销售额或营业税额的一定比例征收，改变由于中央调整增值税、消费税税负而使城市维护建设税被动减免的状况。三是在税率调整、减免税等方面，给地方下放较多的税收管理权，满足各地区在城镇化进程中对城市建设资金的需求。

第三，城镇环境保护税的开征。随着城镇化速度的加快，城镇产业、人口密集程度增加，经济发展和人民生活改善对环境压力增大，城市生活垃圾和工业固体废弃物、废水、废气、噪音治理成本费用不断提高，需要增加投入。在国外，许多欧美国家在城市开征垃圾处理税、碳税、噪音税等环境保护类税收已有成功的先例。在制度建设方面，城镇环境保护税的开征可先从单项税制起步，如噪音税、垃圾处理税，条件成熟后再向综合税制发展，其税负应达到治理环境污染相应的水平。

第四，遗产和赠予税的开征。遗产和赠予税是列入1994年税制改革的税种，但由于种种原因至今尚未开征，随着城镇化进程的加快，个人所拥有的各类财产数额迅速增加，遗产和赠予税的开征日益迫切。当前需要创造条件尽快开征该税种。在制度设计上，该税种的主要目的在于调节社会财富分配差距，体现社会公平。

物业税要来了

世界上大多数成熟的市场经济国家都对房地产征收物业税，并以财产的持有作为课税前提、以财产的价值为计税依据。依据国际惯例，物业税多属于地方税，是国家财政稳定且重要的来源。

物业税试点已满三年

2011年1月28日，重庆、上海两地启动房产税征收试点，试点工作已满三年。

重庆市房产税征收试点范围为重庆市主城九区，征收标准为：独栋商品住宅和高档住房建筑面积交易单价在上两年主城九区新建商品住房成交建筑面积均价3倍以下的住房，税率为0.5%；3倍（含3倍）至4倍的，税率为1%；4倍（含4倍）以上的税率为1.2%；在重庆市同时无户籍、无企业、无工作的个人新购第二套（含第二套）以上的普通住房，税率为0.5%；应税住房的计税价值为房产交易价；独栋商品住宅和高档住房一经纳入应税范围，如无新的规定，无论是否出现产权变动均属纳税对象，其计税交易价和适用的税率均不再变动。2011年房产税确立当年，重庆财政局宣布征得房产税1亿元，截至2012年12月31日，重庆应征收房产税的存量及新购应税住房11027套，其中存量独栋商品住宅3605套、新购高档住房7352套、"三无人员"普通住房70套，因重庆房产税为固定税率，一经确认不再变更，考虑2013年新增应税住房数量，重庆三年累计征收房产税应未超过4亿元。

上海市房产税征收对象是上海市居民家庭，在上海新购且属于该居民家庭第二套及以上的住房（包括新购的二手存量住房和新建商品住房）和非上海市居民家庭在上海市新购的住房。针对上海市居民家庭在当地新购且属于该居民家庭第二套及以上的住房，和非上海市居民家庭在上海市新购的住房，适用税率暂定为0.6%。应税住房每平方米市场交易价格低于上海市上年度新建商品住房平均销售价格2倍（含2倍）的，税率暂减为0.4%。2011年房产税确立当年，上海财政局宣布征得个人住房房产税超过1亿元。根据相关部门估算，过去两年上海个人住房房产税税收收入分别为2亿元和3亿元左右，当前应税住房7万套左右，三年累计征收个人住房房产税约6亿元。

房产税试点3年，并没有达到预期的效果。当初房产税征收肩负四大功能：一是提供稳定税源，取代对土地财政的依赖；二是抑制楼市投资投机，以建立楼市调控的长效机制；三是让多占房产者付出代价，调节贫富差距；四是引导居民合理住房消费。但从现有税收情况来看，沪渝两地的房产税收总额较小，占同期市级财政收入比率过低，对更深层次的土地财政问题替代效果有限。

首先，房产税试点3年难撼房价。2013年12月重庆新建商品住宅价格同比上涨14.3%，上海新建商品住宅的价格同比涨幅更是高达24.3%，房产税试点没能阻挡住房价上涨的脚步。在上海，政策主要是针对本市居民家庭在当地新购且属于该居民家庭第二套及以上的住房，和非本市居民家庭在本市新购的住房，房产税的征收不涉及存量住房，仅这一点就决定了上海的房产税试点无法从根本上挤出多套房。从当前上海大多数已经缴纳房产税的家庭来看，其年税费成本多在数千元左右。对于涨幅很大的房地产市场来说，这些税费成本难以撼动投资人涌入楼市的热情。

其次，仍依赖土地财政。截至2011年年末，重庆市对居民住宅征收税款1亿元，而当年重庆市本级财政收入2908.8亿元，房产税占本级财政收入的比重仅为0.03%。2013年，据搜房网及重庆土交所现有数据统计显示，重庆主城土地市场出让居住、商业、金融类用地金额达1164亿元。出让金额仅次于北京、上海，首次超过广州居全国第三。上海的房产税征收虽然在绝对值上要多，但其占财政收入的比重同样是微乎其微。而上海的土地市场更是火热异常，土地出让金屡创新高。上海市统计局发布的数据显示，上海2013年土地出让金总额达2262.0亿元，同比增加128%。2013年上海全年地方财政收入4109.51亿元，比上年增长9.8%，相对于土地出让金，房产税可以忽略不计。

物业税改革之四大难题

物业税从提出到各地空转试点到再次被国务院提上日程，已经历时五六年之久，关于如何征收物业税的争论从来没有停止过，"向谁征、如何征、征多少"是关键难题。总结起来，开征物业税面临的困难主要有四大难题。

第一，物业及土地归属权的问题及土地制度变革。

开征物业税首先面对的是物业及其所依附的土地的所有权问题。因为，物业税从其属性来看是一种财产税，目的是为了纳税人所持有的物业保值增值而设立的税收。中国征收物业税的基础是不牢固的，如果要参照国际惯例来开征物业税，就要建立合理的土地制度，妥善处理物业及其土地所有权的问题，对现行的土地出让制度进行突破性的变革，如招拍挂形式、土地出让金制度等。

第二，征收物业税对现有房地产行业税收及个税影响。

开征物业税如何与现行的财税制度进行衔接？如何把土地出让金、房产税、土地增值税等税费合并，转化为房产保有阶段统一收取的物业税？开征物业税按照什么样的标准来执行，对于不同的物业，怎样进行区分？是按照地理位置、还是按照户型面积、还是按照拥有套数，还是按照物业价值，等等，这些标准很难界定。此外，一些国家在公民购买住房时都实行了减免、冲抵个人收入所得税的政策，这些都需要研究。

第三，如何对征收对象进行评估。

开征物业税还面临着征收物业价值难以有效评估的问题。除了物业的多样性特点之外，评估人员短缺、评估体系尚未建立都是制约因素。据悉，中国现在只有约3万名评估师，注册评估师不到1万人，有些县城连一个注册估价师都没有。这些人要对全国660个城市的不动产进行评估显然会力不从心。无法正确评估就不能合理征收物业税。此外，还要有措施保证专业人士评估房产时不会发生寻租行为等。这些均是摆在面前的实际问题。

第四，物业税的司法地位及立法程序问题。

开征物业税还面临着该税收的法律地位、立法程序及与其他相关法律关系调整的问题，因为，按照现行立法程序，要增设物业税这样一个新的税种，必须经过全国人大的相关程序，确立相应的法律地位。走完全部程序，最短也需要3年时间。此外，开征物业税必然会涉及很多税种、很多收费的合并，一系列法律法规就要因此修订甚至废止。《土地管理法》、《城市房地产管理法》等一大批法律法规就得修改，这些都不是短期能够实现的。

征收物业税是国际惯例

从历史发展来看，国外所征收物业税中，强调根据土地所有权征税的有日本、韩国、法国、加拿大和美国。其中，日本、韩国、法国的物业税是由封建的地租演变而来的。只是土地的属性产生了变化。中国香港、新加坡和印度主要是由殖民时期的地租演化而来。直到今天，中国香港的土地还是租用的性质，但是同样被征收了物业税。澳大利亚土地税的产生与政府抵制囤积物业有关。英国的物业税起源于各个教区对穷人的补助，所以最早是在租金收入的基础上征收的。

从征收的对象来看，主要有3种方式：一是土地住宅私有制，对土地和住宅统一征收。大多数国家和地区都采用这个制度，包括美国、加拿大、英国、澳大利亚及印度。二是土地住宅私有制，但对土地和住宅分开征税。在计算物业税的过程中，实际上是将土地和住宅分开计算税基和税率，日本和韩国采用这种制度。三是土地公有制，住宅私有制。新加坡一些有年限的私人公寓和政府组屋，以及中国香港物业采用这种制度。新加坡采取的是土地住宅统一征税。中国香港采取的是统一的税基，不同的税率。

关于税基和征收范围。按照国际经验，税基可以分为估算物业价值和估算租金价值两类。由于物业的实际市场价值波动较大，各国有各自不同估算方式以保持税基相对稳定。如美国对每年的物业价值上升幅度有上限控制，英国则选取经通货膨胀调整后的价格为估算价值，日本实际上选用的是物业成本。对税基的评估一般由地方政府设立专门的评估机构进行评估。在日本，总务省有一套比较完整的评估标准，但实际操作由地方政府完成。从征收范围来说，自住房在某些国家可以享受税费减免，比如澳大利亚。其他大多数国家都设有起征点。物业价值低于起征点的物业不需要缴交物业税。此外对于低收入、年老体弱、残疾人等情况也都有不同程度的减免。

关于税率的制定。税率一般为累进制（中国香港和新加坡除外），多数在1%~3%。在制定税率的过程中，地方政府的财政需求和购房者的承受能力是2个比较重要且相互制约的衡量标准。由于物业税属于地方税，所以在税率的制定上与地方政府实际的财政需求关联度较高。物业税在地方税种的贡献在4%~20%。日本2009年预算中物业税占到地方政府收入的20%。韩国在2006年的物业税收入占地方收入的8%。中国香港2008年的总收入中，差饷（一般意义上的物业税）和土地税占到4%左右。新加坡物业税对财政收入

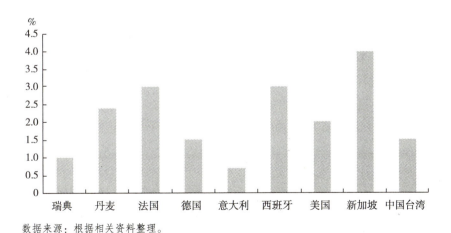

数据来源：根据相关资料整理。

图18-2　有关国家和地区物业税税率情况

的贡献达到7%。在印度，以孟买为例，物业税的贡献在2009年到2010年达到22%左右。澳大利亚在2008年物业税对地方税贡献大约是10%。美国旧金山市物业税占到当地财政收入的10%左右。

关于纳税的配套性措施。纳税人自觉主动地纳税是有效实施物业税的关键。如果地方政府切实可靠地将所收的物业税用于地方建设和公共服务的提供。这样纳税人觉得"税"有所值，就自愿缴纳物业税。从被动约束的角度来讲，国外经验首先是市场约束，主要是建立税收信用体系。在大多数发达国家，纳税情况纳入信用考察范围。纳税情况影响到个人信贷、教育、申请、日常消费、领取失业救济金及租房等。在日本，不纳税会影响到将来从日本政策金融公库或者信用保证协会等国家融资性机构的融资。在法国，纳税行为和公民权利相关，如在竞选和物业转让时都需要出具纳税证明。其次是政府的惩罚性措施。以美国旧金山市为例，如果在12月的纳税日不纳税的情况下会加收10%的惩罚性付款，并将缴费期延长到翌年4月。如果再延迟的情况下，会滚动征收10%的惩罚性付款并将物业界定为"税破产物业"，每月征收1.5%的惩罚性利息。情节严重者要受牢狱之苦。在香港迟交一次税款，罚款是5%；第二次是10%。继续迟交就会受到法院传讯。在法国，对迟缴税费的有征收0.4%~80%的惩罚月息，取决于未付款额的大小和延误时间。对于恶性的故意逃税行为，最高可被判刑7年。

物业税或成地方财政主要来源

除了政府融资平台的债务需要偿付以外，压力还在于未来几年保障房建设、水利建设等资金的大量需求。按照相关规定，地方政府的土地出让收入中，10%须定向用于保障房建设，10%用于教育领域，从2011年7月开始，提取10%用于农田水利建设，此外，地方政府还有数量庞大的公共基础设施建设等待投入。特别是，随着未来几年保障房建设的加快，保障房资金的巨大缺口，无疑给各地方政府以较大压力。

物业税的征收是从流通环节到持有环节的变革，从长远来看，既有利于地方财政收入的稳定，又有利于物业持有者的保值增值，因此是税收发展的必然趋势。但是，从中国的实际情况来看，只有把当前面临的诸多问题解决好，才能为顺利开征物业税铺平道路。

第一，有关税收负担问题。其核心是开征物业税会不会增加百姓的税收负担。要让百姓消除这种忧虑，其一，应当规定人均住房消费免税额，其免税范围和程度在全国应大体统一，但也可因地、因时制宜允许存在适当差异。例如，假定上海市当前规定人均50平方米或60平方米自住住房可免征住房税，就可以把约70%普通居民家庭排除在房产税征收的范围外；其二，超过免税面积一律征税，但税率可按人均超面积具体情况实现逐步累进制，如超过20%人均面积的税率很低，超过40%或50%人均面积的税率较低，超过80%或100%人均面积的税率较高。这样，既可保证地方政府的收入来源，又可起到缩小贫富差距的作用。

第二，简并税种，实行费改税。借鉴西方发达国家开征物业税的经验，改革现有的城市房地产税、房产税、城市土地使用税和土地增值税，取消相应的有关收费，实现简并税种，构建统一的房地产税制。实行费改税将是今后地方税务工作的重点，也是物业税征收的基础工作。在费改税的同时，要努力协调物业税与当前存在的政策之间的冲突，以避免对同一纳税对象的重复征税。统一内外税制，对内外资企业单位、经济组织和个人一律按统一名称征收物业税。

第三，有关物业税开征步骤问题。由于物业税率涉及面广，尤其会影响到相当多的既得利益者，在开征物业税的做法和步骤上必须慎重。物业税一旦全面铺开，虽说不能一成不变，但政策不可朝令夕改。就物业税开征而言，一定要"由点到面，由易到难"，经过试点再逐步推广。在税率设置上应当"由低到高"，逐步提高。另外，在物业税运行初始阶段，为减少阻力，可采取最简便易行的办法是"先增量而后存量"（当前上海的做法），但此做法不可固化，适当时候应当实现房产税从"增量"征收向"存量"征收过渡。否则，这不仅不公平，也难以发挥征收物业税为地方政府提供稳定财政收入来源的基本功能。

第四，建立房地产评估值制度。这是西方国家房地产税法中一条很重要的原则。按房地产评估值征税，能比较客观地反映房地产价值和纳税人的承受能力，有利于解决现行房地产（物业）税制存在的计税依据不合理的问题，使多占有财产的纳税人多缴税，少占有财产的少缴税。同时，随着经济的发展及房地产市场的变化，房产价值随之上下浮动，评估值也会相应调整，体现了公平的原则。在评估值有失公平的情况下，还可以通过法律程序进行调整。按评估值征税可以较好地调节土地级差收益，保护土地资源，也可以促使纳税人合理利用房产、土地，规范房地产市场交易和促进房地产资源的有效配置。

第五，完善中国的财产登记制。作为物业税开征的基础，完善与规范中国的财产登记制度势在必行。应逐步建立起一套完整登记制度，特别是实名财产登记制度，明晰房产所有权人，增强物业税课征的可行性和有效性。

地方政府破产条例

近几年中国地方政府债务风险引起了各界普遍担忧，它一度被视为未来中国经济发展道路上的最大隐患。针对地方政府债台高筑的现状，建立地方政府财政破产机制，或许是一个有益的尝试。

地方政府还不起债怎么办？

从逻辑上说，有三个办法。

其一，赖债不还。譬如说，政府搞开发，拖欠开发商的钱；开发商就拖欠"包工头"的钱、"包工头"则拖欠农民工的工资；农民工有的上吊、有的跳楼、有的找国务院总理。其中还真有一位重庆农妇幸运地于2003年10月遇到在地方调研的温家宝，反映自己丈夫的工资被拖欠。更多的民工则没有那么幸运，有的走上了暴力讨债的路子……地方政府赖债已成为威胁中国经济安全与社会稳定的头号潜在杀手。

其二，下级政府欠债由上级政府乃至中央政府还钱。这是个"大锅饭"的老办法。地方政府比赛花钱、全国纳税人被迫买单、中央财政集中承担无限风险的办法，显然也不是长治久安之道。

其三，只有一个合理的办法，就是破产处理。

由于中国当前的《破产法》并不涵盖政府机关，因此各级人民法院不可能在这方面执法。地方政府财政濒临破产时的破产程序，作为一种变通办法，性质上属于各方当事人（债权人、债务人）在法院外的自愿调解协商程序。自愿调解协商的基础，是有关当事人对于破产程序的成败利害关系的权衡。成，则各方当事人的合法权益尽可能得以实现，社会经济秩序得以维持，政府信誉得到保护。破产事件虽然不幸，合理的破产处理程序却能令人信服。如果没有破产程序或破产处理程序失败，债权人可能一分钱也拿不回；地方政府作为濒临破产、赖账不还的债务人威信扫地，地方投资环境恶化、恶名远播，当地人民物质生活和精神文化的损失都将惨重无比。

按照各国破产法的共同原理，一个人破产了，其高消费要受到限制，高档消费品（豪宅、汽车等）要拍卖用以还债，但生活必需品（诸如御寒的棉衣等）不能拍卖，破产程序不能剥夺破产债务人的生存资料。同理，地方政府财政破产了，地方政府还要生存、工作下去。破产后的地方政府不仅要廉政，而且还必须廉价。除了警察处理紧急公务需要保留少量公车外，至少80%以上的公车应当拍卖抵债；政府办公当然还需要办公室，但若原先是花园式、宾馆式的办公楼，那毫无疑问要拍卖还债，可以去租用廉价的旅社或收购因有乔迁之喜而腾空的旧居民楼或旧厂房、旧校舍。这样既不扰民，又能大幅节省办公经费，挤出钱来还债。破产也许有助于逼出一个廉洁政府。

防范系统性财政金融风险

美国是联邦制国家，除了国防、外交等职能归属中央政府外，中央、州和地方政府各有各的法律、各管各的事、各征各的税、各发各的债。这种情况下，地方政府能否破产是其内部的事情，与中央政府没有太大的关联，中央政府也没有义务为其债务兜底。中国是单一制中央集权型国家，地方政府在中央政权的严格控制下行使职权，由中央委派官员或由地方选出的官员代表中央管理地方行政事务，税收和发债的权力高度集中于中央政府，省以下政府没有税收的立法权，除法律和国务院另有规定外，地方政府不得发行债券。既然地方政府没有征税的权力，也就不可能要求地方政府为其债务负责；既然地方政府预算不能列赤字、不能发行债券，也就不承认地方政府真正拥有债务，地方政府也就无所谓破产之说。

企业破产意味着企业清盘与不复存在，而美国地方政府破产只是财政的破产，不是政府职能的破产，政府破产重在通过财政平衡、债务重组等方式解决债务问题，而不是让政府消失。但尽管如此，政府破产对防范地方政府债务风险仍然具有非常积极的作用。地方政府破产具有风险隔离作用，由于地方政府可以申请破产，地方政府的债务风险是隔离的，一个城市的问题不会带来整个国家的系统性风险；地方政府破产还具有止损作用，可以把债权人的损失控制在一定限度之内，在一定程度上保护债权人的权益；地方政府破产也具有惩戒作用，破产城市的公共支出将大幅缩减，百姓要承担更高的税负，对破产负有责任的官员，其仕途将受到影响；地方政府破产更具有警示作用，提醒人们反思地方经济和财政发展模式存在的弊端，并及时转变发展方式。

地方政府如无破产之忧，一旦下级政府出现债务危机情况，中央政府势必要出手相救，在这种情况下，牺牲的是全体纳税人的利益，虽然掩盖了一时的风险，却可能累积成全国性的系统危机。1999年，国家成立四大金融资产管理公司，负责收购、管理、处置国有银行剥离的不良资产。1999~2000年，四家资产管理公司先后收购四家国有商业银行不良资产1.4万亿元。这些不良资产的产生有些是政府干预的结果，有些借款主体本身就是政府下属部门和企业，剥离的不良资产实质上就是难以清偿的地方政府债务。资产管理公司的注册资本由财政部核拨，金融资产管理公司收购不良贷款的资金来源包括划转中国人民银行发放给国有独资商业银行的部分再贷款和发行金融债券，实际上是中央政府通过直接出资、发债以及隐性货币化方式对债务进行了处置，风险最终承担者是全体国民。

没有什么制度比破产对地方政府的肆无忌惮地举债更具威慑力量。尽管破产并不会对地方政府职能产生影响，政府机构仍然在运作，但是，却要裁员、降薪，削减教育、医疗和其他福利开支，拍卖公共资产，实现收支均衡和财政的正常化。这一过程具有积极的惩戒和警示作用，是一种债务风险控制的长效机制。

探索建立地方政府破产制度

解决中国地方政府债务管理存在的问题，逐步探索建立适合中国发展需要的地方政府破产制度。

第一，推动《破产法》的修改完善。中国的《破产法》并不包括企业之外的债务人，因此，可先按现有破产法的程序处理，将市、县、镇等地方政府，以及提供公益设施的公共派出机构纳入申请破产保护范围，修改相应的法律规定。同时，由于中国地方政府债务风险的根本问题在于中央政府的信用背书，中央政府应向全社会作出不完全救助的表态，防止无条件救助产生的道德风险。

第二，简化破产程序。在有利于地方政府摆脱财政危机的同时，兼顾到大多数债权人的利益，同时要保证地方政府基本行政职能的运作。破产后果由地方政府与债权人共同承担。由省级政府负责市县政府的债务重组，申请破产的地方政府的预算要由省级政府监管。中央政府有条件地给予转移支付，帮助地方政府偿还原有债务，并在之后的政府预算中扣减。

第三，完善政府破产的制度环境。建立健全地方政府债务管理的法律体系，修改《预算法》、《担保法》等相关法律。同时，制定《地方政府债务法》，规范地方政府负债的范围、审核权限、资金投向、偿债责任、危机处理等。

第四，规范地方政府举债融资行为，要建立市场化的地方政府举债融资机制，强化市场对地方政府举债融资的监督和约束，提高地方政府举债融资的透明度。对地方政府发债宜"疏"不宜"堵"，让地方政府举债融资逐渐阳光化和规范化，提高地方政府举债融资行为的规范化程度，建立市场化的地方政府举债融资机制，加强地方政府长期债务管理，严格控制地方政府举债规模。改变当前地方政府融资平台以银行贷款为主的融资格局，调整和优化地方政府债务融资结构，增加其直接融资比重，强化市场对地方政府举债融资的监督和约束，规避借道其他途径曲线融资的现象。

我们不希望中国出现底特律，但是，要从根本上扭转地方政府债务风险不断累积和扩散的局面，恰恰需要中国出现底特律。尽管美国曾经发生过几百个城市的破产保护问题，但是，相对于其几万个城镇以及上百年的城市发展历史来讲，并不是一件多么可怕的事情。相反，这是用一个城市危机化解替代了系统性财政金融风险的发生。

第**19**章 城镇化金融法律规章

推进新型城镇化建设，是确保在新型城镇化过程中社会稳定与和谐发展的重要保障。建立集政策性、商业性与合作性"三维"特征的城镇化金融体系，完善城镇化金融法制建设以引导和规范城镇化金融发展显得尤为重要。

基础设施建设法律规章

在总结新中国成立以来城乡规划和建设正反两方面经验教训、借鉴吸收国外经验的基础上，全国人大常委会于1989年颁布《中华人民共和国城市规划法》，标志着中国城市规划法律制度建设迈上了一个新台阶。1993年，国务院颁布施行了《村庄和集镇规划建设管理条例》。2007年10月28日，十届全国人大常委会第三十次会议通过了《中华人民共和国城乡规划法》，从2008年1月1日起开始施行。

但是，同当前城市发展形势和要求相比，中国城市规划工作还明显存在薄弱环节，主要表现在规划体制不顺，规划实施不够严格，规划法制不够健全。一是城市规划落后于城市发展。一些城市之所以无序扩张、布局混乱、重复建设、浪费严重，首要原因是城市规划跟不上城市发展的步伐。不少地方边规划边建设，甚至是边建设边规划。二是乡镇规划落后于乡镇建设。多年来，城镇建设规划不够完善，有些地方规划不够科学，有的地方规划执行不力，这就是城镇规划落后带来的社会性浪费。三是城乡统筹规划落后于城乡统筹发展。长期以来，城乡规划分割、建设分治，城乡结合部往往成为"两不管"地带，集体土地未经征用就开发建设等问题突出。中国有些县

（市）已经进行了城乡统一规划，但城乡统筹规划总体上仍然滞后，严重阻碍了城乡统筹发展的有序推进。

2014年3月16日，中共中央、国务院印发了《国家新型城镇化规划（2014~2020年）》，提出以人的城镇化为核心，有序推进农业转移人口市民化；以城市群为主体形态，推动大中小城市和小城镇协调发展；以综合承载能力为支撑，提升城市可持续发展水平；以体制机制创新为保障，通过改革释放城镇化发展潜力。在《全国主体功能区规划》确定的城镇化地区，构建以陆桥通道、沿长江通道为两条横轴，以沿海、京哈京广、包昆通道为三条纵轴，以轴线上城市群和节点城市为依托、其他城镇化地区为重要组成部分，大中小城市和小城镇协调发展的"两横三纵"城镇化战略格局。中央政府负责跨省级行政区的城市群规划编制和组织实施，省级政府负责本行政区内的城市群规划编制和组织实施。

城市规划是城市的灵魂，是城市建设和管理的依据，是城市政府指导、调控城市建设和发展的重要手段。加快推进城乡规划一体化，形成布局合理、分工有序、开放互通的城乡空间结构，需要各省完善"城乡规划条例"，主要内容包括：

一是确立全新的规划理念。重视规划的先导引领作用，确立开放式、全覆盖、片区发展和多规叠合的规划理念。摒弃传统的"城市、农村"二分法，实现城乡一体的规划全覆盖。突破乡镇、村庄行政界限，合理划分主体功能区，形成中心城市、产业园区、生态保护区、特色镇、新型社区、自然村落为载体的县（市）城乡空间布局结构。

二是扩大知情权和公众参与度。明确城乡规划公众参与各阶段的内容，不仅包括规划编制、实施和监督检查，也包括规划修改；明确各层级规划、建设项目等的公示期限，如规划草案批前公示以及规划修改、规划变更的批前公示等；明确规划各阶段的公示主体；建立行政听证制度，明确对于涉及公众重大利益的、公众对规划草案有重大分歧的、可能影响社会稳定的应当听证，并确立听证程序规则；建立公众意见的评价反馈机制，明确专人将公众的意见和建议进行归类整理，对公众提出的合理意见应当采纳，未予采纳的，应当说明理由。公众意见及采纳情况应向社会公布。

三是建立集中统一的规划管理体制。破除各部门各行业分管、各自独立自成一体、相互缺乏衔接的现行规划体制，把分散的规划职能统一划给规划管理部门，建立定位清晰、功能互补、衔接协调的新体制，建立科学的城乡一体化发展规划体系运作程序。建立规划实施后评估机制，引入城市规划及其变更的司法审查程序，强化规划实施的法律监督、舆论监督和群众监督。

做好特色工业园区规划，确保企业合理布局。工业企业的发展是符合现阶段中国国情的解决农业剩余劳动力转移，加速城镇化进程的科学选择。企业家追求规模经济的内在动力使乡镇企业的空间集聚具有客观必然性，特色工业园区的设置正是顺应了这种客观发展规律。因此，在城市规划编制过程中，应重视对特色工业园区的规划和建设，根据不同的产业特点和区位条件，利用当地已经形成的具有一定规模的生产、销售或科研等产业链，建成生产要素集聚、资源共享的特色工业园区，实现土地利用方式由粗放向集约转变，节约宝贵的土地资源，便于对基础设施进行合理配置和布局，利用现代科学技术集中处理工业污染，提高环境质量。

统筹考虑，将养老服务设施建设规划纳入城市、城镇总体规划。结合中国人口老龄化的发展趋势，在编制城市控制性详细规划时，要按照城市、城镇总体规划要求落实养老服务设施布局、配套建设要求，因地制宜地确定养老服务设施的服务半径和规模；编制养老设施规划应与城市人口布局规划、建设用地规划、居住区或社区规划、医疗卫生规划等相关配套设施规划进行协调和衔接，积极推进相关设施的集中布局、功能互补和集约建设，充分发挥土地综合利用效益，并合理安排建设时序和规模。90%以上的乡镇和60%以上的农村社区建立包括养老服务在内的社区综合服务设施和站点，全国社会养老床位数达到每千名老年人35~40张。

城市基础设施建设是一项任重而道远的事业，其长期有效地执行有赖于合理的长期总体规划，以最大限度地防范重复建设、资源浪费现象的产生，提高建设的整体效率。需要加强规划的科学性和执行的强制性。同时，应推进先进的科学技术例如地理信息系统（GIS）、全球定位系统（GPS）、遥感（RS）、虚拟现实（VR）、模拟仿真等新技术在城乡规划中的运用，提高规划编制工作中分析研究的准确性，加强对规划实施的动态监测。

土地流转法律规章

中国的土地制度有着极为鲜明的特点，土地实行社会主义公有制，即全民所有制和劳动群众集体所有制。土地制度的基本特征是一种城乡分割的土地制度，城市市区土地属于国家所有，农村和城市郊区的土地除法律规定属于国家所有的以外，属于农民集体所有。在这种城乡分割的土地所有制基础上，城市国有土地和农村集体土地的产权性质和产权的附属权益，也就是所谓的权能也不一样。

当前，中国实行的是建设用地总量控制。任何单位和个人进行建设，需要使用土地的，必须依法申请使用国有建设用地，涉及农用地转为建设用地的，应当办理农用地转用审批手续。此外，中国有比较严格的土地管理制度。当前土地管理制度是高度计划的，其目的是确保粮食安全，所以中国有最严格的耕地保护制度，即通过计划手段保护18亿亩耕地红线。在建设用地供给方式上也采取计划管理，即通过土地征收制度，政府从农村直接征收土地，而征收土地后，实行土地出让招拍挂制度。

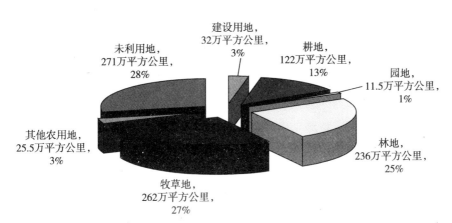

建设用地，
32万平方公里，
3%

未利用地，
271万平方公里，
28%

耕地，
122万平方公里，
13%

园地，
11.5万平方公里，
1%

其他农用地，
25.5万平方公里，
3%

林地，
236万平方公里，
25%

牧草地，
262万平方公里，
27%

数据来源：国土资源部。

图19-1 2012年中国土地资源构成情况图

现行土地管理方式引发的问题

第一，城镇建设用地使用效率下降。伴随着城镇化的过程，土地的使用应更集约，但是中国没有表现出这种明显的态势，而且土地使用粗放程度不断恶化。从2000年到2010年，全国人均城镇工矿用地从130平方米提高到142

平方米，城市建成区人口密度下降，从每平方公里7700人下降到7000人。

第二，农村土地闲置状况比较严重。因为农村人口大量进城，再加上农业收益很低，很多耕地存在荒废现象。据估算，现在进城务工农民数量为2.3亿~2.6亿人，农村人口在减少，但农村建设用地的数量却反而增加，因此导致大量农村居民点的闲置用地。估计当前闲置规模达到185万~285万公顷，相当于现有城镇用地的四分之一到三分之一。

第三，农地质量下降，影响粮食安全。坚守18亿亩耕地红线的政策只是对耕地总量的控制，缺乏对耕地质量的保护。当前，中国18.26亿亩耕地中，中低产田13亿亩。70%的耕地由于农田使用过量化肥、农药、工业污水排放等原因已受到污染，影响了中国粮食安全。另外，过去十年城镇化占用耕地多达242万公顷，而且都是质量比较好的土地。

第四，土地财政问题突出。大量城市有一半到三分之二的城市建设资金都是来自于土地出让收入。审计署的调查显示，2010年末政府性债务有40%左右是要靠土地收益来偿还的。2010年到2013年，国有土地使用权出让收入占同年政府财政收入的比重分别为35%、32%、24%和32%。随着房地产的降温，土地财政难以持续。

第五，大量征地与被征地主体之间的利益平衡越来越困难，由于补偿或者安置问题导致的群体性事件逐渐突出。现行的农村土地制度已经越来越不适应城乡要素流动的需要，进城农民的农村承包地和宅基地的流转存在很大困难。现有的土地产权制度没有很好地保护农民的土地使用权、处置权和收益权，不利于土地使用权的自由流转，没有形成合理的土地流转机制，阻碍了生产要素的合理流动。

第六，土地产权主体模糊，法律在规定了农民集体是农村集体土地的所有权主体之后，并没有确立一个具体的实体作为农民集体行使所有权的代表机构，使农民集体能够作为所有权主体真正行使其权利，这就造成了集体土地所有权的虚置。

推动土地使用权制度改革

现行的土地二元体制，在一定程度上固化了已经形成的城乡利益失衡格局，制约了城乡发展一体化，阻碍了城镇化的健康发展，因此必须重视城镇化过程中的人地矛盾，协调好土地利益的关系，统筹推进土地制度改革。涉及的改革主要有三个方面：第一个方面是改革土地征收制度，包括缩小征地范围，严格征地程序，对现行工程，大新工地设置提供土地标准、改革土地的制度；第二个方面是改革完善集体制用地的制度；第三个方面是深化集体土地产权制度的改革，进一步推进所有权的实现方式和使用权的有偿流转。

第一，改革征地制度。

在征地制度框架内，主动改变土地级差收益的分配模式，适当扩大政府征地所得对农村和农民的补偿，通过占补平衡和挂钩项目，从城市的土地收益中以较大比例返还给农村，用于土地整治和补偿放弃宅基地与承包地的农民。只要严格保证农村减少的建设用地得到复垦，就可以适当拉长和扩大挂钩项目的时间和空间，从而让更多的农民参与到城乡建设用地增减挂钩项目中来，实现更多的级差地租收益，增加农民可分享的利益。在坚持城乡统一规划、严保耕地的前提下，为农村建设用地入市提供创新的合法通道，使农村集体建设用地为城镇化、工业化发挥更大的作用。同时，建立统一的城乡土地市场，为集体建设用地公开、合法、有序地入市创造较为完备的条件。

第二，加快推进农村土地使用制度改革。

建立统一开放、规范有序的建设用地市场，积极探索集体建设用地的有偿、有期限流转，健全土地流转市场体系。一是建立农村土地流转服务体系，成立规范的土地流转服务机制。二是探索建立进城农民工承包地和宅基地、住房等土地资源的自由处置权，允许农民依法对土地以出租、转让、置换、赠予、继承、作价、入股等方式流转。三是积极培育农村土地流转合作社，农民可以以自己的土地股份加入合作社，以合作社的名义签订合同，由合作社与土地使用单位进行农村土地流转，农民可以对收益按股份进行分红，从而降低了农民在土地流转过程中承担的风险，使得农民在土地承包过程中能够得到更多更稳定的收益。

第三，加快建立城乡统一的建设用地市场。

实现城乡建设用地同地同价，积极推进城乡建设用地增减挂钩，深入实施万顷良田建设工程，促进农村土地资源有效、有序集聚。进一步落实农村集体建设留用地政策，完善生地补偿安置政策，维护农民利益。通过土地制度创新，做到"发展空间支持城市和工业、增值收益用于农村和农民"。

第四，加快建立落实保障农民土地承包经营权益的制度。

需要完善农村社会保障体系，建立健全农村社会保障制度：一是建立起农村最低生活保障制度，以保障农民的基本生活。建立起农村最低生活保障制度，土地收入就不是他们的唯一收入了，农民就不会再以土地收入作为维持他们最低生活的主要手段，从而有信心进行土地流转，使土地流转顺利进行。二是建立健全农村社会养老保险。当前，中国的农民养老依然是靠家庭收入，若家庭收入不稳定，农民最后的保障防线依然是在土地上，所谓"有土地就有饭吃"，正是这种思想妨碍了农村土地的正常流转。三是建立健全医疗保障制度。为了解决这一难题，政府可以采取家庭和社会相结合的模式，逐步实现城市社会养老保险及医疗保障制度，并逐步实现城乡一体化。

地方政府融资平台法律规章

地方政府融资平台的高速发展所带来的银行信贷风险、政府信用风险、财政风险乃至可能引发的金融系统性风险等，已将地方政府融资平台的风险控制问题推向风口浪尖。

政府融资平台出现扭曲与异化

尽管地方政府融资平台的产生具有一定的正当性，但在资本与权利的纠结下，地方政府融资平台已经走向了扭曲与异化，并面临《公司法》、《预算法》、《担保法》等多重法律困局。

由于地方政府融资平台名义上具有独立法人资格，其债务不会纳入政府债务范围，这使地方政府的显性债务大为降低，从而规避了《预算法》第二十八条的限制。这对地方政府财政的稳健运行和经济的可持续发展构成了潜在威胁，成为引发财政风险的重要因素。在规范地方债务问题上，《预算法》亟待修改与完善。

近年来，为规范政府融资平台管理工作，国家有关部门陆续出台文件。国务院在2010年6月出台了《国务院关于加强地方政府融资平台公司管理有关问题的通知》（国发〔2010〕19号），目的是有效防范财政金融风险，加强对地方政府融资平台公司管理。2011年3月，银监会发布了《中国银监会关于切实做好2011年地方政府融资平台贷款风险监管工作的通知》（银监发〔2011〕34号），按照"逐包打开、逐笔核对、重新评估、整改保全"十六字方针，以降旧控新为目标，进一步做好地方政府融资平台贷款风险监管工作，严格对融资平台进行控制。2012年末，国家有关部委连续发布了《关于加强土地储备与融资管理的通知》（国土资发〔2012〕162号）和《关于制止地方政府违法违规融资行为的通知》（财预〔2012〕463号），进一步明确了有关政策和具体要求，有利于规范地方政府融资行为，促进地方政府融资平台合规经营及银行贷款风险防控。2013年4月，银监会下发了《中国银监会关于加强2013年地方政府融资平台贷款风险监管的指导意见》（银监发〔2013〕10号），各银行业金融机构要遵循"总量控制、分类管理、区别对待、逐步化解"的总体原则，以控制总量、优化结构、隔离风险、明晰职责为重点，继续推进地方政府融资平台贷款风险管控。

表19-1　规范地方政府融资平台出台的政策

日期	部门	文号	文件名称	主要内容
2010年6月	国务院	国发〔2010〕19号	《国务院关于加强地方政府融资平台公司管理有关问题的通知》	防范财政金融风险，加强对地方政府融资平台公司管理
2011年3月	银监会	银监发〔2011〕34号	《中国银监会关于切实做好 2011年地方政府融资平台贷款风险监管工作的通知》	按照"逐包打开、逐笔核对、重新评估、整改保全"十六字方针，进一步做好地方政府融资平台贷款风险监管
2012年11月	国土资源部、财政部、中国人民银行、银监会	国土资发〔2012〕162号	《关于加强土地储备与融资管理的通知》	加强土地储备机构、业务和资金管理，规范土地储备融资行为，切实防范金融风险
2012年12月	财政部、发展改革委、人民银行、银监会	财预〔2012〕463号	《关于制止地方政府违法违规融资行为的通知》	规范地方政府融资行为，促进地方政府融资平台合规经营及银行贷款风险防控
2013年4月	银监会	银监发〔2013〕10号	《中国银监会关于加强2013年地方政府融资平台贷款风险监管的指导意见》	以控制总量、优化结构、隔离风险、明晰职责为重点，继续推进地方政府融资平台贷款风险管控

地方债务的化解需要制度变革

从表面上看，地方政府融资平台的泛滥是财政法制度设计缺位、错位与越位的结果，但其在实质上是财政分权危机的映射。从法律文本来看，中国现行宪法和既有法律对财政分权未作出规范，奠定中国现行财政分权格局的《关于实行分税制财政管理体制的决定》仅是国务院颁布的一个规范性文件，这对于财政法治而言无疑是一个尴尬的事实。考察地方政府融资平台的制度变迁，可以看出，中央政府与地方政府围绕着地方政府融资平台展开的利益博弈并非一种基于宪法的博弈，而属于一种缺乏制度安排条件下的讨价还价。

地方政府融资平台反映了中国财政分权的制度困境或者说是制度转型的财政困境。规制地方政府融资平台和化解地方政府债务必须打破头痛医头、脚痛医脚的传统思维，治理地方政府融资平台，必须从运动走向制度，树立依法治国和财政法治的理念，从财政法治的结构性变革中寻求其蜕变与新生。

第一，取缔不具有公益性的地方政府融资平台。

地方政府融资平台虽然是导致巨额地方债务的关键因素，但对其并不能简单否定，也不宜采取"一刀切"式的治理措施，而应区分具体情况实行类型化治理。在财政法治视野下，宜采用公共财政的理念作为地方政府融资平台类型化治理的价值衡量标准。倘若地方政府通过其融资平台所募集的资金用途偏离了社会公共利益，则必须接受严格的法律规制。公共财政的法律机制尚未建立起来，地方政府的权力寻租仍然存在。因此，必须用公共财政的理念审视地方政府的财政支出，将那些打着公共利益的旗号而事实上不具有公益性的地方政府融资平台坚决予以取缔。

第二，地方政府融资平台应市场化运作。

财政分权是任何国家的法治建设都无法回避的重大问题，更应当成为中国财政法治前进的方向。一是建立起规范的公司治理结构，尽量淡化其行政管制色彩。二是实行严格的信息披露规则，强化其公司治理的透明度。三是降低对银行贷款的过度依赖，探索多元化的融资渠道。为了尽量降低财政风险，地方政府融资平台可以通过资产证券化、信托方式、股权融资方式、产权交易方式等多渠道募集资金。

第三，建立地方政府融资平台的替代机制。

寻求地方政府融资平台的替代机制极为必要，市政债券与均等化转移支付无疑是最有价值的两种思路。

首先，使地方政府融资合法化，需要修改《预算法》。对"地方政府不得发行地方政府债券"进行适时修改，允许地方政府融资和发行债券。先立法后发债，制定"地方政府债券法"，对地方政府债券的发债主体资格、发债申请、审查和额度批准、发债方式、地方债适用范围、资信评级、偿债机制以及处罚措施等予以严格规定。为了控制地方政府的融资冲动和降低地方债务的财政风险，需要建立专门的市政债券监管机构，引入市场化的信用评级制度和设立地方政府偿债基金等配套措施。

其次，均等化转移支付也是很值得借鉴的一种化解地方债务的制度构想。当前，中国的财政转移支付立法存在着政府间事权与财权划分不清、财政转移支付资金的分配缺乏合理的标准、财政转移支付方式不规范等诸多问题，与财政法治的理想图景相距较远。应加快制定"财政转移支付法"，重点解决中央与地方之间事权、财权严重失衡的问题，将财政均等化的理念贯彻到财政转移支付的具体制度设计当中，提高转移支付的科学性、规范性、稳定性和透明度。

农村金融法律规章

农业现代化的一个典型特征就是规模化、集约化经营，加强和完善农村金融及其有关的法律制度，促进城乡一体化，对于发挥其在实现区域经济协调发展、城乡统筹发展中的作用至关重要。

农村合作金融法律及配套法规

当前，有关合作金融方面的法律规范比较分散，而且效力层级低，缺乏独立性。为适应金融体制改革和发展农村金融事业的需要，亟需加强合作金融立法。

制定"农村合作金融法"，对农村合作金融组织的产权组织形式、融资渠道、经营机制、管理模式、运营规则、职能作用作出明确规定，规范农村发展过程中，在资金、利率、税收等方面对合作性金融组织的优惠政策，强化股权约束，建立可持续发展的长效机制。需要建立规范化和专业化的运营机制，尤其是建立信用制度和信用档案，建立合理可行的内控和风险防范机制。监管部门探索研究农村合作金融组织的法律地位，为其规范发展打造良好的法律制度环境。

同时，制定货币政策向欠发达地区倾斜的法律制度。应根据各地经济金融差别及发展不平衡的现实，实行因地制宜、分类指导的政策，增加货币政策执行的灵活性。为了扩大商业银行对民族自治地区开发的信贷支持力度，可适当降低欠发达地区商业银行的存贷款准备金和备付金率。在资金规模上，要向欠发达地区倾斜，还可以实行差异化的货币政策和信贷政策，使其向重点地区、重点行业倾斜。对国家重点扶持发展的基础设施建设、技术改造及产品结构调整项目，可适当降低贷款利率。为吸引区域内外部资金，可赋予欠发达区域人民银行调整利率的权限，适当提高欠发达地区的存款利率，以引导更多社会闲散资金转化为欠发达地区开发建设资金。

农业政策性金融法

世界上农业金融体制起源比较早、发展得比较完善的国家，一开始就对农业金融进行立法，并随着形势的发展变化对法律加以调整和修订，以适应不同的形势和需要。美国、日本、印度等国都有完备的法律体系来规范城镇化金融机构的运作，使其有法可依，有章可循，避免人为因素的干预，以保障它们更好地为农村经济发展服务。而且在农业现代化水平较高的美国尤为重视城镇化金融法制建设，在城镇化金融每次大的改革和调整过程中一般都是法律先行，并通过金融法制建设去实现城镇化金融的政策目标。美国农场经济长期既定的政策目标，就是稳定农产品供给和不断提高农民收入，1987年《农业信贷法》和1971年《农场信贷法》正是突出了以上目标，其规定凸显出政府支持农场经济发展的政策价值取向，保证了任何农户均可获得金融支持。

我国需尽快出台"农业政策性金融法"，明确农业政策性金融机构的法律地位、权利义务、经营宗旨、经营目标和业务范围等带有全局性和方向性的重大问题，保护其合法权益。界定政策性亏损与经营性亏损，建立企业还贷约束机制，使国家运用政策性贷款、企业使用政策性贷款、金融机构管理政策性贷款都有法可依，为农业政策性金融创造宽松、和谐的法制环境。

农业发展银行是中国迄今为止唯一具有稳定形态和特定功能的农业政策性金融组织，2004年以前，专司粮棉油收购贷款，政策性职能范围狭窄；2004年以后，陆续获准办理农业产业化、农业综合开发等商业性贷款，商业性职能在加强，但政策性职能作用的发挥有限。需要进一步明确农业发展银行的定位和作用，更好地发挥其功能。一是明确农业发展银行政策性银行的定位，弥补商业性金融机构内在的缺陷，完善农村金融体系整体功能；二是根据政策性金融机构的职能定位，拓展业务范围，包括对扶贫开发、农业综合开发、农业基础设施建设以及生态建设等政策支持；三是建立市场化的融资机制，逐步摆脱依赖中央银行再贷款的局面，可以通过发行农业政策性债券、适当增加财政性资金来源，设立国家弱势农业发展基金等方式来筹措资本金。

农业保险法

各国大都把农业保险制度的建立作为城镇化金融法制建设的一个重要组成部分，发挥农业保险在城镇化金融中的重要作用，并出台相关细则，以保障农业保险体系的顺利建立和业务的协调运作。美国的农业保险立法走在世界前列，为了保障农业生产的顺利进行，相继出台了《联邦农作物保险法》和《克林顿农作物保险改革法》；加拿大也于1959年出台了《农作物保险法》；相较于其他亚洲国家，日本的农业保险法律制度也较为完善，日本于20世纪20~40年代颁布了三部有关农业保险的法律，即《家畜保险法》、《农业保险法》和《农业灾害补偿法》；作为发展中国家的菲律宾也认识到农业保险在农业生产中的重要作用，于1978年颁布了《农作物保险法》。

2012年，中国《农业保险条例》颁布实施，这是第一部专门针对农业保险的行政法规。但是，这样的立法现状存在两个方面的问题：一方面，立法层次低，除《农业保险条例》一项行政法规外，其余大部分为部门规章、其他规范性文件或政策性规定；另一方面，立法不系统，缺少一个统领农业保险的基本法律规范，导致执法冲突、稳定性差等弊病。正是由于中国农业保险法律规制现状与农业保险本身的重要性极不相称，亟需制定一部具有更高效力的"农业保险法"。

"农业保险法"是为了实现国家农业保险政策目标，在农业保险市场失灵的条件下，规范国家干预农业保险经济关系的法律规范，需要体现以下基本思路：

第一，具有国家主导性。"农业保险法"不同于一般商业保险法强调双方当事人以意思自治为指导，订立保险合同，国家在商业保险法中仅扮演监管者的角色。而在"农业保险法"中，国家却发挥着积极的主导作用。因此，在"农业保险法"中，一般规定了国家支持农业保险的方式及其应有的职权（职责）。

第二，具有社会效益优先性。不同于一般商业保险法的价值取向在于经济效益最大化，"农业保险法"价值取向在于社会效益优先，兼顾经济效益。由于农业生产部门的特殊性和农业在整个国民经济的基础地位，大多数国家将农业保险作为支持和保护农业的手段，因此，农业保险经营不以营利为宗旨。

第三，具有推进农业政策的导向。将农业保险视作实现农业政策的工具，应包括以下几个方面：一是明确农业保险的实施范围和实施方式；二是明确政府在农业保险中应发挥的作用，包括保费补贴、费用补贴、优惠政策等；三是完善农业保险组织体系，建立商业保险公司、专业性农业保险公司、农业相互保险公司、外资或合资保险公司等多元化的农业保险经营体系；四是确定法定保险和自愿保险相结合的制度，适当推行强制保险。

民间融资管理条例

长期以来，民间融资游走于灰色地带，政策打压、资金链断裂、企业家出逃等恶性事件，引发颇多争议。因正常市场需求而产生的民间借贷市场长期得不到政府的支持和保障，只能在地下层面暗流涌动，乱象频生，而民间金融业者的活动，与《刑法》中规定的一些犯罪，如非法吸收公众存款罪、集资诈骗等，界限往往十分模糊，这使得他们始终像是在玩一场危险的游戏，稍有不慎即有牢狱之灾。将民间融资合法化、规范化，成为当前金融改革的当务之急。

　　2013年11月22日，浙江省十二届人大常委会正式通过了《温州市民间融资管理条例》，是全国首部金融地方性法规和首部专门规范民间金融的法规，它的出台对防范化解民间金融风险、维护民间融资市场秩序、促进温州民间金融不断规范有重要意义。

　　民间借贷的大量存在，所反映出的是整个中国的金融结构不能很好地适应经济发展的需求。现在中国民营企业、小微企业的融资难和公众的投资难并存的现象，其本身就是金融体系过度管制所造成的一个后果，这一后果对经济发展起到抑制作用。中国未来无论是经济或金融的转型与改革，都离不开民间力量的参与，而民间力量的参与可能是改变中国金融业低效率状况的一条必由路径。

　　民间借贷合法化之后，并不会出现高利贷泛滥的情况，当然这主要取决于金融的自由化程度和改革的步伐。只有那些走投无路的借款人才去借高利贷，理解了这一本质，就不应指望靠打压或惩罚能解决高利贷问题。从某种意义上说，地下金融、影子银行的存在是对正规金融体系无效时的一种救急或救济，贷款价格从根本上讲，还是取决于供给和需求关系，从金融的角度上讲，还取决于风险与收益的平衡。所以从这个角度上讲，要解决高利贷问题，还要靠金融改革。当金融体系经过改革，效率提高时，高利贷等地下融资的需求就会自然消失。而单纯的行政性限制，无助于问题的解决。

　　民间借贷的"无序时代"将逐渐走向终结，但要真正进入法制时代，不可能仅靠一部地方法规而一蹴而就。《温州市民间融资管理条例》对于规范民间金融秩序而言，只是一个阶段性的成果、一个新的开始，接下来还任重道远。当前只是通过推动立法程序相对简单的地方民间借贷立法，推动民间融资合法化破冰，进而在全国范围内推行，最终需要形成"民间融资法"。其中更多政策或体制上的突破，还需要在国家层面去推动。

　　民间融资的规范化、法制化发展将为中国城镇化的推进，为草根金融的茁壮成长发挥积极的作用。

第**20**章　城镇化金融监管

城镇化金融的健康发展离不开金融监管，把金融监管、金融创新、行业竞争力提升与金融稳定作为一个整体来强调，是金融发展的重要规律，也是金融监管的着力点。

"央妈"的责任

20世纪以来，金融监管一直是困扰世界各国金融与经济安全稳定的重大问题之一。金融稳定事关经济社会稳定大局，是金融改革创新的基础和保障。

监管规制的回归

2009年金融危机之后，人们开始反思是什么改变了我们的传统，为什么会出现大量的次级贷款、然后引发金融危机。究其危机发生的原因，与金融创新畸形扩张同时又缺乏有效金融监管密不可分，越来越多的人意识到金融监管的重要性。从大萧条时期到1999年是一个大转折，再到2010年新的美国金融监管法案出台，这些都体现了监管规制的强化和回归。

从2009年开始，美国用两年多的时间酝酿金融改革，经过民主党、共和党长期的争论和协调，2010年7月21日通过了《多德—弗兰克华尔街改革与消费者保护法案》。这个法案分16个部分，内容非常丰富，执行过渡期也很长，应该说是回归了更严格的监管。

诺贝尔经济学奖获得者莫顿（Merton）认为，金融就是人们在不确定环境中进行资源的时间配置。传统金融主要强调资金的来源和资金的运用。现在有人提出新金融的概念，新金融实际上就是在原来存款、贷款、汇款的基础上，过渡到更加依赖市场，做一些销售或者证券发行。新金融脱离了"存款"，高杠杆运作，对监管的需求增强了。

金融体系中，有的以银行业为主，有的以资本市场为主。简单讲，一种是债务融资，一种是股权融资。一些新兴市场经济体以及前苏联、日本、德国主要是以债务融资为主，股权融资的主要代表是美国和英国。中国的金融体系是银行主导型的，当前中国提出要加大直接融资的比例，提高直接融资在供应、分配、调节资金中的作用。在银行主导与市场主导的国家，不同资源配置方式产生的监管制度也是不同的。

但无论哪种金融结构，都需要金融监管，市场失灵是理论上需要监管的重要原因。现代经济学的研究成果表明，市场机制不是万能的，在市场失灵的情况下，应当发挥政府这一"看得见的手"的作用。金融领域作为整个经济体系的重要组成部分，不可避免地存在着市场失灵的问题。市场失灵主要是信息不对称造成的，包括逆向选择、契约不完备，还有市场配置过程当中不公正、不公平，都会带来市场低效。这时，监管者会调整市场的不足，市场需要"看得见的手"帮助。监管可以解决市场失灵和外部性问题以及维护金融消费者利益。

尽管对经济学家的监管理论有不同的认识和看法，但是在实践当中，监管可以做到事前预防，通过一些指引（guidelines）进行事前干预。即使在美国这样的自由市场经济国家，监管机构在维护市场秩序中也是必不可少的。

世界各国的金融监管体制按监管主体主要分为三类：一是央行负责监管，如新加坡。二是央行与监管当局分离，银证保监管主体分开。如中国银行、证券、保险分业监管体制。三是央行与监管当局分离，金融业务由一家综合监管机构监管。如1998年，日本由于长期经济衰退，把原来放在大藏省的监管职能独立出来，设立金融监督厅负责银证保统一监管；韩国于1997年成立金融监督院；澳大利亚单独成立了审慎监理署；德国于2002年组建了金融监管局；英国在1997年设立了金融服务管理局，国际金融危机后于2010年又作了调整，将金融服务管理局并入英格兰银行。

随着经济规模的加大、金融危机影响程度的加深，每一次危机都是一次历史性变革，都会提出一些监管的新要求，总体来讲，每一种监管制度都是一个时期的历史选择。

最后的"守门人"

改革开放30年来，中国金融监管体系从无到有，确立了人民银行、银监会、证监会和保监会"一行三会"的金融调控监管模式。不可否认，30年来中国金融监管体系改革已经取得了巨大的成就。

中国的货币政策具有多重目标：一是维护低通胀；二是推动经济合理增长；三是保持较为充分的就业，维持相对低的失业率；四是维护国际收支平衡。防通胀一直是中央银行最主要的任务之一。

在金融宏观调控的工具选择上，当前中国采用了数量型调控、价格型调控以及宏观审慎政策相结合的调控模式，将货币政策工具箱中的多种工具搭配使用，但当价格型工具受到特定制约时，则需灵活运用数量型工具和宏观审慎性政策工具。根据国内外经济金融形势的发展变化，灵活选择和搭配使用公开市场操作、存款准备金率、利率等多种工具。

中国的货币调控形成了两个着力点。其一，人民银行发行多种短期央票，以回收过量放出去的基础货币。其二，人民银行以数量型工具，即提升法定存款准备金率，作为抑制商业银行货币创造的主要手段。近年货币调控主要依靠央票和法定存款准备金率这"两把刀"。

2014年中国人民银行工作会议指出，要坚持稳中求进工作总基调，以改革创新统领中央银行各项工作，继续实施稳健的货币政策，不断完善调控方式和手段，增强调控的前瞻性、针对性和协同性，大力推动金融改革，切实维护金融稳定，提升金融服务和管理水平，支持经济发展方式转变和经济结构调整，争取国际收支基本平衡，促进经济社会持续健康发展。

金融是现代经济的中心，是一个国家的整个经济体的血液和命脉。在推进金融体系改革深化的进程中，尤其要注意吸取美国金融危机以及其他国家金融问题的经验和教训，稳步推进金融监管体系的改革，使其更好地适应金融业改革和发展的需要。

把风险关进笼子里

城镇化建设是金融支持经济结构调整的重点和引擎，然而，面对新的金融需求和新的金融服务创新，管控好潜在的金融风险是十分必要的。必须建立完善相应的金融管理制度，把风险关进笼子里。

构建风险预警体系

面对城镇化建设中蕴含的信贷需求，商业银行必须根据各地城镇化建设的不同情况，找准信贷支持的切入点，避免盲目"一哄而上"导致的区域性、行业性等系统性风险。

银行业应注意关注一些重大风险点。比如：地方政府隐性债务风险，融资平台贷款过度依赖"土地财政"存在重大风险隐患，将加剧地方政府偿债风险暴露；在城乡一体化进程中，一些战略性新兴产业和创新性企业的信贷需求急剧增长，企业所处环境的不确定性较大，可能出现项目重复建设，如果无法科学地评估企业的信用违约风险，银行相关的信贷质量将会受到一定影响；商业银行在产品创新时，放松抵押担保条件，加上一些法律和制度的缺失，而造成金融风险加大等。

在做好常规风险防控的基础上，银行应着力防控城镇化业务面临的特殊风险。比如支持符合条件的地方政府融资平台和国家重点在建续建项目的合理融资需求；严格执行房地产调控政策，落实差别化房贷要求，加强名单制管理和压力测试；对于新兴企业信贷所带来的风险，研究新的风险控制办法，并努力提供信贷、咨询等全面优质服务。银行应加强贷前、贷中、贷后全程信贷监管，加强与第三方合作，分散风险，在业务创新中加强管理，防范支持城镇化进程中的相关业务风险。

构建积极有效的金融风险预警体系来掌握金融风险的整体动态，以防范、降低和消除金融风险极为重要。事前风险的防范成本要比事后风险处理的成本低很多，需要主动地识别风险，将风险隐患消灭在萌芽状态。可以从宏观、中观以及微观三个层面上构建不同类别、不同业务的风险预警系统。对于全国性金融风险进行的一系列管理和监测就是宏观层面的预警体系，同时也对中观、微观预警体系建设作出正确的指导以及信息接收处理，方便对金融风险进行分析、解决。而局部性的金融风险防范管理就是中观层面预警体系应完成的事。地区性的金融风险防范管理被称为微观预警，对管理范围内的金融机构进行风险预测监督管理是微观预警的主要任务。

金融安全预警体系仅有完整的指标是远远不够的，必须有配套措施和有效的运作机制，包括合理的法规框架、适当的组织体系和信息管理体系。金融风险的形成原因十分复杂，还应该考虑政治、社会、文化等非经济因素，采取多种措施进行化解。

金融监管评估体系

要建立有效全面的金融风险预警监管体系，建立地方金融机构、区域金融机构和国家层面的多层次金融风险预警系统。重视对金融风险评测模型的研究和开发，及时发现潜在的金融风险，提高金融监管的准确性、科学性和有效性。指标体系选定以后，要进一步确定每一个指标在不同风险状态下的临界值，即预警指标数据达到危机水平时发出预警信号的数值，它是将会发生风险而没能发出预报的概率与发出错误预报的概率相等时的数值。实际操作时，先应参照国际公认标准确定临界值，在没有公认标准的情况下，应结合经济金融背景相似的国家在金融稳定时的各项经验数据及中国的实际情况加以确定。

以资本市场为例。国际上对资本市场发展情况的考量往往通过一些量化指标及评估体系，世界银行和国际证监会组织（IOSCO）的评估框架，从市场自身和监管两个大的方面来考察资本市场现状。通过市场深度、广度、效率、稳定性和监管有效性五个维度（即"4+1"模式）对中国资本市场的现状进行"量化体检"和"机能控制"。

世界银行、国际证监会组织、世界经济论坛、国际货币基金组织等国际机构都对资本市场发展情况的评估做过大量研究，形成了各自的指标及评估体系。以世界银行为例，其评估体系由金融市场的广度、深度、效率和稳定性四方面构成。

资本市场深度。深度指标用于衡量市场发展的规模和活跃程度，是衡量资本市场发展状况的最基础维度。该维度包括约50个指标：从股市、债市的绝对规模以及相对于GDP和人口的相对规模等方面来综合考量。

资本市场广度。广度指标用于衡量资本市场为社会各种企业服务的广泛程度，包括中小企业融资的便利程度。该维度包括约13个指标：从市场集中度、政府债券收益率、债券占比、新发行的企业债占GDP比重等方面进行衡量。

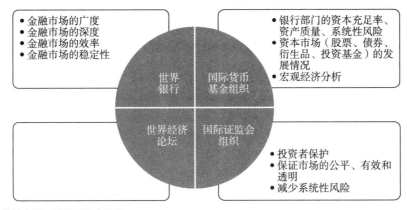

资料来源：国际证监会组织。

图20-1 国际资本市场评估体系的主要内容

资本市场效率。效率指标用于衡量金融资源配置的能力。该维度包括约15个指标：从交易成本、流动性、交易量、换手率等方面来考察衡量资本市场效率状况。

资本市场稳定性。稳定性指标用于衡量资本市场抗冲击的能力和冲击后的恢复能力。该维度包括约12个指标：从市盈率、久期、市场波动率、市场价格波动性等方面进行考察。

表20-1 世界银行评估体系中的主要指标

	深度 Depth	广度 Access	效率 Efficiency	稳定性 Stability
世界银行体系指标	• **股市市值与国内非国债债券余额之和相对于GDP的比重** • 非国债债券相对于GDP比重 • 国债相对于GDP比重 • 国际债券交易相对于GDP比重 • 股市市值相对于GDP比重 • 股票交易金额相对于GDP比重	• **排名前10位上市公司以外的市值百分比** • 排名前10位上市公司以外的交易金额的百分比 • 政府债券收益率（3个月和10年） • 国内债券与债券总额的比率 • 私人债券与债券总额的比率（国内） • 新发行公司债相对于GDP比重	• **股票市场换手率** • 股价同步性 • 非公开信息交易价格冲击 • 流动成本和交易成本 • 政府债券的买入卖出差价 • 债券在证券交易市场的换手率 • 结算效率	• **股价指数，主权债券指数的波动率（标准差/平均值）** • 偏态指数（股价，主权债券） • 盈余操纵的程度 • 市盈率 • 久期 • 短期债券与债券总额的比例（国内，国际） • 主要债券收益率的相关性（与德国、美国比较）

注：黑体为世界银行强烈推荐的指标。
资料来源：世界银行。

国际证监会组织提出了以保护投资者、确保市场公平、高效和透明以及减小系统性风险为目的的9大类共38项原则，根据具体实施程度给予不同的评级，评估结果分为四个等级，分别为全面实施、广泛实施、部分实施和没有实施。

表20-2　国际资本市场评估体系框架分析汇总表

国际金融指标体系	世界银行（World Bank）《检测全球金融体系》及全球金融发展数据库（GFDD）	国际货币基金组织（IMF)和世界银行"金融部门评估方案（FSAP）"	世界经济论坛（WEF）《2012~2013全球竞争力报告》	国际证监会组织（IOSCO）《证券监管的目标与原则》
优势	• 指标简明而全面 • 指标针对资本市场，相关性高 • 适用于各国的一般性比较 • 指标体系经过专家长期研究和不断完善	• 强调金融体系的整体综合评估，包括银行、资本市场、保险市场等 • 侧重于分析金融系统的稳定性 • 结合宏观经济情况进行分析	• 重点评估金融市场的效率与诚信程度 • 从国家竞争力的角度分析金融市场的发展状况	• 侧重于对监管体系有效性的全面评估 • 注重投资者保护和系统性风险防控
不足	不对某一特定市场进行针对性评估	不是针对资本市场的专门评估体系	变量数据通过调查问卷收集，偏主观	量化分析较少，评估方法以问卷和访谈为主

资料来源：世界银行、国际货币基金组织、世界经济论坛、国际证监会组织。

债券市场监管体系

新型城镇化建设巨大的资金需求需要完善的债券市场。借鉴国际和中国改革开放三十多年来的发展经验，债券市场的良好发展需要建立起新型的债券机构体系、完善信用风险管理体系、统一的债券市场监管体系和明确的债券发行定价机制。

第一，建立起新型的债券机构体系。新型债券机构体系应同时解决城镇化建设中的资金使用及资金来源问题。针对城镇化进程中的资金缺口，引入各方资金，包括保险资金、社保基金、养老金、住房公积金、企业年金、国外机构投资者等。

第二，完善信用风险管理体系。构建以信用评级制度、信息披露制度和债券保险制度为内容的信用风险管理体系。建立起地方债务的信用评估体系，根据各地的风险和政府信誉引入差别化的利率。同时引入国际权威评估机构参与评级，从地方政府的地方经济发展水平、财政收支水平和结构、地方财政管理和行政效率、地方财政负债水平五个方面进行量化分析与定性界定。建立和完善相应的信息披露制度，从法律上加以明确和规范，提高违法违规成本。建立畅通、有效的信息披露通道，使投资者能够方便、及时地了解相应信息，作出投资决策。完善债券保险制度，在债券的发行环节中，积极引入专业的债券担保机构，降低和分散债券投资风险。对债券担保机构的准入、业务发展和投资进行严格的监管。

第三，建立统一的监管体系。要实现债券市场的统一监管，形成合力来促进债券市场快速、健康发展。统一债券市场的监管规则，以尊重投资人、筹资人的自主权为出发点，在此基础上保证信息的充分披露，保证交易的公开、公正、公平。设立专门的债券监管机构，从现有的各个主管部门中把债券注册发行和监管的具体职能独立出来。

第四，明确债券发行定价机制。实现债券发行利率的市场化定价机制，主要根据债券的资信等级、风险大小等因素来确定债券利率水平，使其能体现不同地方政府在经济基础、财政状况、金融生态环境、偿债能力、政策扶持力度和发展潜力、基础设施等方面存在的差异。

综合化金融监管

近年来，随着金融改革与创新力度的加大，以及金融衍生产品的不断创新和经营业务范围的扩展，中国金融业已经突破了分业经营的底线，混业经营模式已经有逐步取代分业经营模式的趋势。

综合经营模式渐行渐近

发展全能式金融机构，已成为国内许多金融机构的发展目标。主要有以下几类典型的综合经营模式：第一种类型是银行业进军信托、租赁、保险业等，打破分业经营的界限。第二种类型是保险业进军银行、信托等，不断整合金融资源。第三种类型是融实业和金融为一体的实业企业。最初以中信集团和光大集团为代表，近年来，产业资本跟金融资本深度的介入和结合，如中石油、国家电网、中海油、华润、中粮、华能等十余家央企已将金融产业定为自已的战略板块。第四种类型是以华融、信达、长城、东方四大金融资产管理公司为代表的金融机构，旗下已控股银行、证券、保险、信托、金融租赁、基金等众多金融机构。其中，信达资产管理公司股票2013年12月12日在香港上市交易，开启资产管理公司上市先河。第五种类型是地方政府组建的金融控股公司。

综合上述可以看出，伴随中国金融业的改革发展与创新实践，部分金融机构乃至非金融机构，试图努力创新综合经营模式，通过各种形式搭建综合金融服务平台，形成了具有各自特色、多种模式并存发展的综合经营竞争格局。

全球化金融监管呈现综合化趋势

自从爆发国际金融危机以来，巨大地冲击了全球的金融和经济的快速发展。各国的金融监管部门对国际金融的监管体系进行了改革，以求减小这些冲击而保证经济的快速发展。伴随着各个国家逐步放松或取消对资金流动和金融机构跨地区、跨国经营的限制，全球金融已经成为了一个不可分割的整体。为了有效地规避现代金融的各种弊端，客观上需要有一个全球性的风险预警机制和监管框架；为了抑制跨国金融机构进行监管套利，需要一个趋同的监管标准；为了避免发生全球性金融危机，需要在全球范围内拥有危机防范和处理的机制。

全球金融市场一体化的趋势随着信息技术的发展和竞争的加剧而不断地加强，一些实行分业经营的国家随着金融创新和金融自由化水平的提高逐渐向混业经营体制转变，从而促使一些国家对监管体制实行了调整而实行统一监管。所谓统一监管体制就是由统一的监管主体对从事银行、证券和保险等不同类型业务的金融机构进行统一监管的制度。英国作为首次开展统一监管模式的国家，统一监管体制经过短短几年的发展已经席卷全球。当前西方实施金融监管体制的国家有73个，其中采取不同形式统一监管的国家至少有39个，统一监管的比例为53.4%。

金融监管方式从单一合规性监管转向合规性监管与风险性监管并重，由于合规性监管注重事后补偿和处罚，从而使得监管人员长期扮演救火队员的角色，从而起不到风险预测和防范的作用。风险性监管相对于合规性监管更加注重于风险的事前防范，因此，为了实施全面的风险管理，国际银行监管组织相继推出了一系列以风险监管为基础的审慎规则。

因此，应考虑当前国际金融监管的现实状况和一些新特点，结合中国的实际情况，才能使中国的金融监管更加完善，可以从以下方面完善金融监管体系：

第一，金融监管体制由分业监管逐渐向功能性监管转变。为了明确职责分工，各级监管机构应当具有合理的组织机构。中国正处于自由化浪潮和中国金融业混业经营的大背景下，除了建立适合中国国情的金融监管体制外，还应当向功能性金融监管方式转变。当前中国实行分业经营和分业管理，为了使各个金融监管之间的沟通和协调更加顺畅，应当依照功能性监管的原则明确各监管机构的职责范围并向功能性监管转变。

第二，完善监管主体制度。银监会、证监会和保监会共同组成了监管当局，当前很多金融业务出现了监管交叉和监管真空的现象，这是因为随着金融业的快速发展，各个金融领域的边界变得越来越模糊从而很难做到泾渭分明。中国现行的监管体制存在着一定的局限性，国际上现行的业务模式为混业经营，监管模式为混业监管，所以中国的监管体制与国际趋势出现了一定的不相适应。

第三，为了建立健全中国金融监管的自律机制，除了进一步扩充监管的内容和范围外，还应当丰富监管方式。金融机构同业自律机制作为增强金融业安全的重要手段之一，受到各国普遍重视。应充分借鉴国外发达国家的优秀监管经验，统一审核标准，增强金融机构的自律性。

第四，强化全社会对金融行业的监督。一方面，信息披露要求金融机构对其财务状况、经营状况等基本情况进行公示，使金融监管机构可以充分有效地接收企业的信息，从而更主动地进行监管，也能使金融风险管理更为有效。另一方面，信息披露通过公示的方式，使全社会对金融机构形成了有效的监督，在监管成本得以降低的同时，实现了监管效率的提高。

2013年8月，国务院批复同意建立由中国人民银行牵头的金融监管协调部际联席会议制度，该制度的一个重要功能是，"加强金融监管协调，保障金融业稳健运行"。在业内人士看来，联席会议制度的出台，部分弥补了混业监管改革的缺位。

积极开放的金融心态

金融创新是城镇化金融深化的突破口，城镇化为中国经济的未来持续发展提供了巨大红利，从金融机构的角度来说，既要把握机遇，又要审时度势、谨慎推进，以系统性的产品创新、流程创新、制度创新来适应城镇化带来的各种新问题。

金融创新对未来金融体系产生决定性影响

创新这一概念是20世纪初美籍奥地利经济家约瑟夫·熊彼特首次提出的，熊彼特使用"创新"一词是用来定义将新产品、工艺、方法或制度引用到经济中去的第一次尝试。20世纪70年代以来，金融领域发生了革命性的变化，人们将金融领域的这些变化称为金融创新。

金融创新会对未来金融体系的变化产生决定性影响。从20世纪70年代以来，金融创新层出不穷，若以目的性为标准对金融创新进行分类，金融创新可以分为竞争性金融创新、合作性金融创新与监管性金融创新三大类别。不同类型的金融创新对金融监管也提出了不同的要求。金融创新与金融监管在博弈互动过程中，共同促进金融业发展。竞争性创新是指个别金融机构为了商业利益进行的业务创新，它可能最终变成全行业的活动。

被赋予全新内涵的城镇化建设涉及户籍、土地、社会保障、收入分配等多项重大制度改革，是一项投入巨大的复杂系统工程，资金需求规模大、期限长、主体多元、结构复杂，涉及贷款、债券、信托、股权融资、金融租赁等多种融资形式。要满足这种多层次的资金需求，必须要有金融业的大力支持，需要积极推进金融创新工作。

值得注意的是，在新型城镇化建设的过程中还会产生各种金融需求，这涉及债券发行、股票融资、信贷投放、保险保障需求等各个金融子行业相关领域。此外，新型城镇化对金融服务的需求意味着金融业在加大支持力度的同时还需努力适应新形势、创新新产品，以提供新型金融融资支持服务。

伴随新型城镇化的快速发展，作为与实体经济紧密相连的金融业，金融需求将是一个不断产生、持续释放的长期过程。新型城镇化更追求质量和效率，对金融服务提出了新的更高的要求。智能、集约、低碳、绿色的新型城镇化建设，不仅对中小城镇基础设施贷款提出金融新需求，而且中小城镇建设、生态城镇建设的资金需求也将明显增加。

新型城镇化的出发点和落脚点是人，由此决定了城镇化金融服务的综合性，需要构建综合化的金融服务体系。新型城镇化不是机械地增加城市人口和盲目地扩大城市规模，而是一体化地推进基础设施、产业发展、社会保障、居民生活等各方面。尤其是人的就业、生活、住房、医疗、教育、文化娱乐等，涉及众多经济领域和主体，决定了其金融需求的复杂性、多样性。需要健全城镇化建设相应的投融资体系，发挥货币和资本两个市场的作用，依托银行、证券、期货、保险等共同构建综合化的金融服务体系。

同时，城镇化建设金融需求具有较强的公益性，需要加大金融创新。新型城镇化既需要通过加大公用市政设施、保障安置房、医院学校等硬件设施的投入，有效解决人口转移承载能力，更需要不断完善养老、医疗、教育、公共卫生，以及与城市生活密切相关的社区服务等，为居民提供必需的"软配套"。金融机构需要结合政府推行的土地、财税、户籍等改革措施，及时跟进、突破，积极创新金融产品。

金融创新与金融监管和谐发展

综上理论分析，我们可以说，金融创新是金融自由化的必然产物，而金融监管则是国家干预主义在金融业的逻辑延伸。经济发展史表明，绝对的自由化和绝对的政府干预的作用都是有限的。因此，当代大多数国家都采取"自由"与"干预"相结合的经济体制。金融创新与金融监管就这样互相作用，作为一对矛盾的统一体，在自身发展的同时，共同促进金融改革的深化。

金融创新促使金融监管不断变革。金融创新的出现在一定程度上对金融监管体系提出了新的挑战。一方面，由于中国传统的货币政策的制定以及执行需要对资产流量进行一个准确的测量，但测试工具的不准确往往导致货币政策难以发挥作用；另一方面，金融创新在一定程度上也增加了金融监管的难度，加剧了金融活动的不确定性，增大了金融风险。但我们必须看到，正是由于金融创新的出现，金融监管也在不断寻求更为有效的体制和运行方式，从而推动了金融监管体系的不断变革。

随着金融创新的迅速发展，金融环境的日新月异，金融机构的结构与经营模式日益复杂，金融监管的难度越来越大。但金融市场化，并不等于放松监管或者不监管，而是监管调整和优化的过程。取消原来不太适应市场本身的一些限制性措施，根据市场风险特征的变化，来调整监管理念方法以及相关的架构，转向与市场机制相适应的监管机制，以维护整个金融体系的稳定。

金融监管是一项关系到国民经济和社会发展全局、关系到企业和公民切身利益的复杂的系统工程，需要以完善的法律体系来加以切实有效的保障，进而维护各经济主体的利益。金融监管的内容其中最大量和最主要的是对日常经营的风险性和规范化进行监管。中国金融监管法律制度也应顺应这一趋势。在金融监管立法中，一方面要重视填补空白，为金融监管提供法律保障。另一方面，还要注重适时修订法律，加快修订证券投资基金法进程，同时还要研究对现行的《商业银行法》等法律、法规中一些不适应经济发展和金融监管的条文进行修订、完善。

金融监管作为一种管制手段对金融创新既有促进作用也有抑制作用。不同类型的金融创新对金融监管也提出了不同的要求，金融创新与金融监管在博弈互动过程中共同促进金融业发展。如果过度强调风险，就会扼杀掉金融创新，金融改革将会停止不前。如果过度放松监管，就有可能形成风险泡沫危害金融秩序和经济发展。

根据中国金融发展的特点，工作重心应主要放在风险监管方面，逐步调整监管的制度、手段和方法，并完善风险预警、风险评价、风险化解和风险隔离等机制，更好地把握金融市场风险，以便化解和减少各种金融风险。在实际监管中，各监管部门要以非现场监管为重点，健全和完善非现场监管网络，增加非现场监测的方法，强化对金融机构法人的风险监管。要加强金融诚信档案建设，加强日常信息的交流共享，全面、准确地了解各金融机构的风险状况，排除风险隐患。要选定和完善风险指标体系，对金融非现场监管数据进行深层次的多维分析，不断提高风险预警能力和水平。各监管部门间要建立灵活、有效的沟通机制，大力合作，以便及时处置可能出现的危机，防止因个别突发事件引发系统性金融风险甚至金融危机。

在电子信息技术快速发展及金融多元化的大背景下，金融衍生产品相继推出，金融服务的行业边界也日渐模糊，即使是相对独立的金融控股公司，业务也表现出复杂化、横向化、抽象化等特点。随着新技术、新的商业模式的融合，特别是移动互联的崛起，各种金融创新会越来越多，对传统利益格局的挑战与颠覆也越来越大。监管者需要在守住风险底线的同时，加大对现有法律法规的梳理和评判，及时修订制约创新发展的规章、制度。

金融监管创新，是金融当局自觉适应金融的变化，而超前进行的制度、方式方面的变革。其重点在于构建规范化、制度化的监管体系，培育和健全市场自律自治能力，发挥市场内生的激励相容效应，最大限度地减少金融创新监管的边界模糊领域和真空地带。

毫无疑问，金融监管如何实现与金融创新协调发展，考验着监管层的智慧。

参考文献

[1] 巴曙松. 城镇化大转型的金融视角[M]. 厦门：厦门出版社，2013.

[2] 迟福林. 改革红利：十八大后转型与改革的五大趋势[M]. 北京：中国经济出版社，2013.

[3] 陈实，黄旭. 新型城镇化与商业银行消费信贷[N]. 上海证券报，2013-06-07.

[4] 陈鑫燕等. 社会融资规模视角下金融与经济发展关系研究[J]. 浙江金融，2014（2）.

[5] 冯蕊. 城乡经济二元结构与金融二元结构的关系研究[J]. 商业时代，2013（22）.

[6] 胡滨. 金融监管蓝皮书：中国金融监管报告（2014）[M]. 北京：社会科学文献出版社，2014.

[7] 李树生等. 中国农村金融创新研究[M]. 北京：中国金融出版社，2008.

[8] 厉以宁. 中国经济双重转型之路[M]. 北京：中国人民大学出版社，2013.

[9] 马晓河. 城镇化是新时期中国经济增长的发动机[N]. 国家行政学院学报，2014-04.

[10] 乔露. 融资租赁行业税收制度沿革以及营改增税制下融资租赁业务税收问题探讨[J]. 今日中国论坛，2013（6）.

[11] 人民银行徐州市中心支行课题组. 金融支持苏北农村城镇化建设研究[J]. 中国农村金融，2011（6）.

[12] 孙充正，周小英. 国际金融监管的发展趋势及对我国金融监管的启示[J]. 中小企业管理与科技，2014（1）.

[13] 王保安. 中国经济升级版应如何打造[J]. 求是，2014（1）.

[14] 王建. 城镇化与中国经济新未来[M]. 北京：中国经济出版社，2013.

[15] 王祖继. 新型城镇化中的保险服务[J]. 中国金融，2014（2）.

[16] 易鹏. 中国新路——新型城镇化路径[M]. 成都：西南财经大学出版社，2014.

[17] 阎庆民. 为什么需要金融监管[N]. 经济观察报，2012-01-06.

[18] 岳文海. 我国城镇化基础设施融资模式研究[J]. 中州学刊，2013（10）.

[19] 中国金融40人论坛课题组. 土地制度改革与新型城镇化[J]. 金融研究，2013（5）.

[20] 张军. 中国经济再廿年中[M]. 北京：北京大学出版社，2013.

[21] 郑新立. 中国经济升级版待过四道坎[N]. 人民论坛，2013-10-22.

[21] 周小明. 2013年度中国信托业发展评析[EB/OL]. 中国信托业协会网站.

[22] 张占斌等. 城镇化建设的投融资研究[M]. 石家庄：河北人民出版社，2013.

后 记

　　城镇化是我们这个时代最热门的话题，关系着中国经济的长远发展，也关系到每个家庭的生活。作为一名金融从业者，我也一直在思考，金融在城镇化进程中是一个什么角色？在城镇化进程起什么作用？如何做好城镇化金融工作？带着这个问题我作了一些研究。在研究的过程中感觉到，全面地了解中国金融结构，找出金融与城镇化的结合点，明确城镇化金融的方向，对于做好宏观、微观的经济，金融工作，甚或是了解中国社会的发展状况都是有帮助的。基于此，便有了系统地描述城镇化金融的想法。

　　但在写作的过程中发现，城镇化金融是一个非常宽泛的领域，本身金融就比较宽泛，包括了银行、证券、信托、保险和租赁等领域，而每个领域内又细分为很多内容，这些庞大的体系与城镇化结合，又形成了很多纵向与横向的结合点。而同时，在每个经济生活领域，又存在着多样的金融形态，如何在这些庞大、交错的经济现象中找出体系完善、线索清晰、贴近生活又能够有一定深度的金融论题不是一件容易的事。

　　由于作者知识领域、理论水平以及实践经验等多方面的限制，本书中的观点还有很多不完善之处。有的还比较粗略，仅是画出个轮廓；有的只是作些表象的描述，仅是点到为止；有的只是选取个别散点的事件，没有系统论述……事实上，每个章节都值得深入研究，独立成书。但不管如何，能够对城镇化金融有个浮光掠影的扫视也罢，有个山水画般的局部渲染也罢，只希望能让阅读者有所收获，能对城镇化金融知识的普及作点贡献。

　　在本书的写作过程中，得到了领导和同事的积极帮助，特别是得到了中国金融出版社戴硕主任的大力支持，他帮助一起拟定提纲，明确方向，确定风格，落实章节要点，这是本书能够最终完成的最根本原因。

　　最后，还要感谢中国金融出版社的肖炜编辑所付出的辛劳，以及对本书提出的各种建设性的修改意见和建议。

李海峰

2014年12月1日于北京清芷园